# 青岛市民营经济和中小企业发展
蓝皮书

邓玉勇 著

THE BLUE BOOK OF PRIVATE ECONOMY AND
SMALL AND MEDIUM ENTERPRISES IN QINGDAO

经济管理出版社
ECONOMY & MANAGEMENT PUBLISHING HOUSE

图书在版编目（CIP）数据

青岛市民营经济和中小企业发展蓝皮书／邓玉勇著．—北京：经济管理出版社，2023.11
ISBN 978-7-5096-9496-1

Ⅰ.①青… Ⅱ.①邓… Ⅲ.①民营经济—关系—中小企业—经济发展—研究报告—青岛　Ⅳ.①F127.523②F279.275.23

中国国家版本馆 CIP 数据核字（2023）第 234950 号

组稿编辑：赵亚荣
责任编辑：赵亚荣
责任印制：许　艳
责任校对：陈　颖

出版发行：经济管理出版社
　　　　　（北京市海淀区北蜂窝 8 号中雅大厦 A 座 11 层　100038）
网　　址：www.E-mp.com.cn
电　　话：(010) 51915602
印　　刷：唐山昊达印刷有限公司
经　　销：新华书店
开　　本：720mm×1000mm /16
印　　张：15.5
字　　数：295 千字
版　　次：2024 年 1 月第 1 版　2024 年 1 月第 1 次印刷
书　　号：ISBN 978-7-5096-9496-1
定　　价：88.00 元

·版权所有　翻印必究·
凡购本社图书，如有印装错误，由本社发行部负责调换。
联系地址：北京市海淀区北蜂窝 8 号中雅大厦 11 层
电话：(010) 68022974　邮编：100038

前言

民营经济是社会主义市场经济的重要组成部分,在促进经济发展、保障就业增加、稳定财政收入等方面发挥了举足轻重的作用。2023年7月,国务院发布《中共中央 国务院关于促进民营经济发展壮大的意见》(以下简称《意见》)。《意见》明确提出"民营经济是推进中国式现代化的生力军",进一步凸显了民营经济的重要地位。民营经济已成为推动经济社会可持续健康发展的重要力量。及时动态跟踪民营经济发展状况,认真总结经验,及时发现问题,采取措施,对做好"六稳""六保"工作,稳定宏观经济大盘,具有十分重要的作用。

民营经济也是一个城市经济高质量发展的重要推动力。"民营活"则全局活,"民营兴"则经济兴。青岛市以创建全国民营经济示范城市为引领,强化要素支撑、叠加平台效能,持续优化发展环境,狠抓实体经济和数字经济,民营经济发展质量持续提高。民营经济贡献了区域50%以上的固定资产投资、60%以上的税收、60%以上的进出口额、70%以上的上市企业、80%以上的城镇劳动新增就业、90%以上的企业数量、90%以上的市场主体;14项经验入选全国推广首批支持民营企业改革发展典型做法,入选全国首批创建"民营经济示范城市"名单;在全国工商联"万家民营企业评营商环境"调查中位列十佳城市之一;政府互联网服务能力全国第五[①]。全市民营经济呈现"健康有序、蹄疾步稳、质效同升、结构稳调"的局面。

民营经济的主体是中小企业,绝大多数的中小企业也是民营企业。新形势下,通过设计综合评价指标体系,构建中小企业高质量发展指数,对中小企业高质量发展进行评价,不仅可以实现对中小企业发展情况的有效监测,

---

① 《政府互联网服务能力蓝皮书:中国地方政府互联网服务能力发展报告(2021)》中,青岛以87.73分在337个地方政府中位列第5名,在333个地级行政区中位列第3名。

及时帮助政府发现问题，防范化解风险，为政府精准施策提供决策依据，进而提升政府管理水平，而且可以从另一个视角反映出民营经济发展的情况。

创新是城市发展的灵魂，创新决定城市未来，科技创新型企业决定了城市产业的未来。发展科技创新孵化载体和举办创新大赛是培育科技创新企业，特别是科技型中小企业的重要手段。两者的发展状况和绩效从另一个侧面反映了城市民营经济、中小企业发展的活力和潜力。

正是基于以上逻辑，笔者从三年前开始筹划撰写《青岛市民营经济和中小企业发展蓝皮书》，并将全书分为民营经济发展篇、中小企业高质量发展指数篇、创新创业篇三个板块。

民营经济发展篇分为两章。第一章2020年青岛市民营经济发展研究报告，在描述青岛市民营经济发展的总体状况，对青岛民营经济发展环境进行SWOT分析基础上，提出了青岛市民营经济未来发展的重点领域。第二章2021年青岛市民营经济发展研究报告，按照"目标要求—发展举措—发展现状—问题分析—对策建议"的思路展开描述，结合《青岛市民营经济发展运行监测指标体系》，总结了目前民营经济发展特点，根据年中民营企业问卷调查、集中座谈和实地调研情况，从总体状况、产业层级、创新能力、营商环境、要素保障和绿色发展六个方面分析了发展中存在的问题，并围绕以上问题，提出针对性与差异化结合培育壮大民营企业群体、招商与培育结合提升产业能级、全方位支持民营企业技术创新、继续深化"亲清"政商环境建设、促进资源要素合理流动、积极融入国内国际双循环、提高企业绿色发展水平等对策建议。

中小企业高质量发展指数篇同样分为两章。第三章2020年青岛市中小企业高质量发展指数报告，论述了中小企业高质量发展指数编制的意义，对中小企业高质量发展指数的国内外研究与实践现状进行了梳理，遵循科学性、系统性、可比性、可得性和特色性原则，结合各类文献、各地经验和现有统计指标体系，最终选取了7个一级指标、30个二级指标。在此基础上，以2019年为基期，计算了2020年青岛市中小企业高质量发展指数，并针对指数分析中发现的问题提出对策建议。第四章2021年青岛市中小企业高质量发展指数报告，是2020年报告的延续，计算结果显示，绝大多数指数呈现上升优化趋势，说明青岛市中小企业高质量发展趋势良好。

创新创业篇分为四章。第五章青岛市创业创新服务体系发展报告，全面梳理了青岛市创业创新服务体系的现状，针对调研发现的问题，提出了对策建议。第六章青岛市"市长杯"中小企业创新大赛创新力报告，总结了青岛市"市长杯"中小企业创新大赛的发展历程和特点，统计分析了五届大赛的参赛项目和获奖情况，并对大赛的效果进行了评价，最后对大赛的未来发展进行了展望。第七章 2021 年青岛市科技企业孵化载体发展报告和第八章 2022 年青岛市科技企业孵化载体发展报告则对青岛市科技企业孵化载体发展现状、产出绩效、孵化活动特点、未来发展思路进行了总结描述。

本书遵循系统性、准确性、时效性、多维度等原则，力求完整、清晰展现青岛市近年来民营经济和中小企业的发展情况，既要看到青岛市民营经济和中小企业发展的成就和韧性，也要发现其中存在的问题和不足。为了达到以上要求，笔者在写作过程中实地走访了相关民营企业、部分在建项目，与政府部门、产业园区、民营企业的相关领导和工作人员进行了多次座谈，并查阅了很多文献资料。

在本书的写作和出版过程中，青岛市民营经济发展局、青岛市工业和信息化局、青岛市科技局、青岛市中小企业公共服务中心、青岛市科技企业孵化器协会等单位为实地调研、数据采集、专家座谈等提供了诸多便利。青岛科技大学的董华、李默、孙小淇、秦俊平、赵宁等老师和研究生参与了《2020 年青岛市民营经济发展研究报告》初稿的写作。与责任编辑赵亚荣老师合作多次，她耐心、认真、负责的态度令人钦佩。这本著作的出版同样离不开赵老师的辛苦付出。在此一并表示感谢。

以上感谢并无推脱责任之意，鉴于个人水平有限，不足之处在所难免，书中错误由笔者负责！

任何意见或建议，请及时联系笔者。电子邮箱：glendeng@163.com。

邓玉勇
2023 年 8 月于青岛

目录

民营经济发展篇

第一章　2020年青岛市民营经济发展研究报告 ············ 003
 第一节　青岛市民营经济发展状况 ············ 003
 第二节　青岛市民营经济发展环境分析 ············ 011
 第三节　青岛市民营经济发展的SWOT分析 ············ 020
 第四节　青岛市民营经济发展目标分析 ············ 031
 第五节　青岛市民营经济产业分析 ············ 032
 第六节　青岛市民营经济高质量发展的对策建议 ············ 064

第二章　2021年青岛市民营经济发展研究报告 ············ 067
 第一节　青岛市民营经济示范城市建设的目标要求和形势 ············ 067
 第二节　青岛市民营经济发展举措 ············ 072
 第三节　青岛市民营经济发展现状 ············ 078
 第四节　青岛市民营经济发展中存在的问题 ············ 085
 第五节　青岛市民营经济发展对策建议 ············ 091

中小企业高质量发展指数篇

第三章　2020年青岛市中小企业高质量发展指数报告 ············ 099
 第一节　中小企业高质量发展指数编制的背景和意义 ············ 099
 第二节　中小企业高质量发展指数的国内外研究与实践现状 ············ 101
 第三节　青岛市中小企业高质量发展指数的构成 ············ 110
 第四节　青岛市中小企业高质量发展指数计算与分析 ············ 117

第五节　青岛市中小企业发展政策建议 …………………………… 127

第四章　2021 年青岛市中小企业高质量发展指数报告 ……………… 129
　　第一节　青岛市中小企业发展概况 ………………………………… 129
　　第二节　青岛市中小企业高质量发展指数计算 …………………… 137
　　第三节　青岛市中小企业高质量发展指数分析 …………………… 140
　　第四节　青岛市中小企业高质量发展的对策建议 ………………… 148

创新创业篇

第五章　青岛市创业创新服务体系发展报告 ……………………………… 153
　　第一节　青岛市创业创新服务体系的演进、发展现状及特点 …… 153
　　第二节　青岛市创业创新服务需求和问题分析 …………………… 161
　　第三节　青岛市创业创新服务体系对策建议 ……………………… 178

第六章　青岛市"市长杯"中小企业创新大赛创新力报告 …………… 184
　　第一节　青岛市"市长杯"中小企业创新大赛的背景和发展历程 … 184
　　第二节　青岛市"市长杯"中小企业创新大赛参赛项目分析 …… 187
　　第三节　青岛市"市长杯"中小企业创新大赛效果分析 ………… 198
　　第四节　青岛市"市长杯"中小企业创新大赛未来展望 ………… 203

第七章　2021 年青岛市科技企业孵化载体发展报告 ………………… 206
　　第一节　青岛市科技企业孵化载体发展基本情况 ………………… 206
　　第二节　青岛市科技企业孵化载体发展中存在的问题 …………… 211
　　第三节　标杆城市孵化载体发展先进经验 ………………………… 213
　　第四节　青岛市科技企业孵化载体发展对策建议 ………………… 214

第八章　2022 年青岛市科技企业孵化载体发展报告 ………………… 216
　　第一节　青岛市科技企业孵化载体发展现状 ……………………… 216
　　第二节　青岛市科技企业孵化载体产出绩效情况 ………………… 218
　　第三节　青岛市科技企业孵化活动特点 …………………………… 221
　　第四节　未来科技孵化服务的发展思路 …………………………… 224

参考文献 …………………………………………………………………… 225

附　录 ……………………………………………………………………… 229

- 民营经济发展篇

- 中小企业高质量发展指数篇

- 创新创业篇

第一章
2020年青岛市民营经济发展研究报告

第一节 青岛市民营经济发展状况

民营经济是我国经济制度的内在要素,是我国现代化经济体系的重要组成。2020年,随着壮大民营经济的全面推进,青岛市民营经济克服了新冠疫情的影响,主要指标均实现有效增长,为全市经济的全面复苏和稳定增长提供了坚强有力的支撑。

一、市场主体规模扩大,增速保持稳定

(一)民营经济主体发展情况

2020年,全市新登记民营市场主体36.22万户,同比增长14.84%,占全市新登记市场主体户数的99.34%,新登记民营市场主体占比居副省级城市第三位,较2019年上升1个位次。其中,新登记民营企业14.04万户,同比增长18.42%,占全市新登记企业户数的98.32%;新登记个体工商户21.71万户,同比增长10.90%;新登记农民专业合作社4642户,同比增长353.32%。

截至2020年12月,全市实有民营市场主体176.40万户,同比增长16.66%,增速居副省级城市第二位,占全市市场主体总量的98.13%,较2019年底提升0.27个百分点,占比创五年来新高。其中,实有民营企业数量62.53万户,同比增长18.47%,占全市实有企业总量的94.89%;个体工商户数量112.05万户,同比增长15.48%;农民专业合作社数量1.83万户,同比增长30.64%(见图1-1和图1-2)。

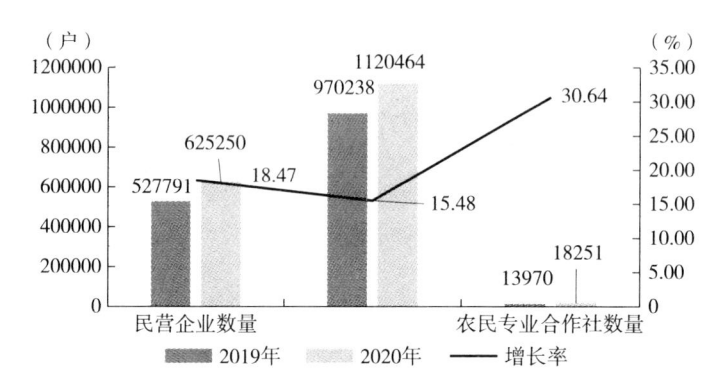

图 1-1 2019~2020 年青岛市实有民营市场主体数量和增长情况

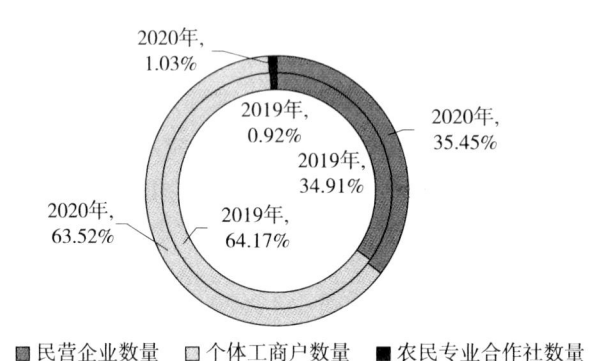

图 1-2 2019~2020 年青岛市民营市场主体构成

(二)民营经济注册资本情况

2020 年,全市新增民营经济注册资本 10600.07 亿元,占全市新增注册资本的 75.92%。其中,新增民营企业注册资本 9815.55 亿元,占新增企业注册资本的 74.49%。

截至 2020 年 12 月,全市实有民营经济注册资本 47950.63 亿元,同比增长 30.27%,占全市实有注册资本总量的 70.88%(见图 1-3)。其中,实有民营企业注册资本 45647.93 亿元,同比增长 29.31%,占实有企业注册资本的 69.86%。企业户均注册资本 730.07 万元,较 2019 年底(668.85 万元/户)增长 9.15%。个体工商户注册资本 1977.46 亿元,同比增长 63.03%。农民专业合作社注册资本 325.24 亿元,同比增长 10.69%(见图 1-4)。

(三)民营经济创业密度

截至 2020 年 12 月,全市实有民营市场主体约 176.40 万户,每万人拥有民营市场主体1857户,位于深圳(2612户/万人)、西安(2336户/万人)之后,居副省级城市第三位(见图1-5)。

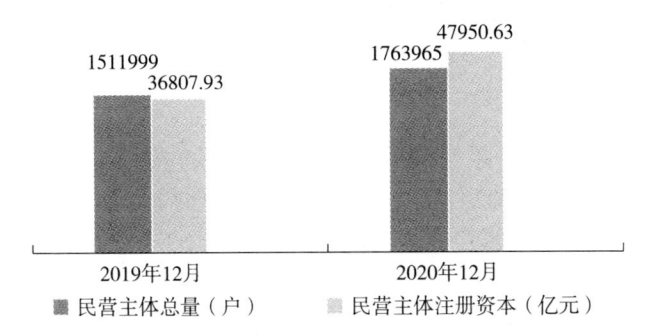

图1-3 2019~2020年青岛市实有民营市场主体和注册资本量

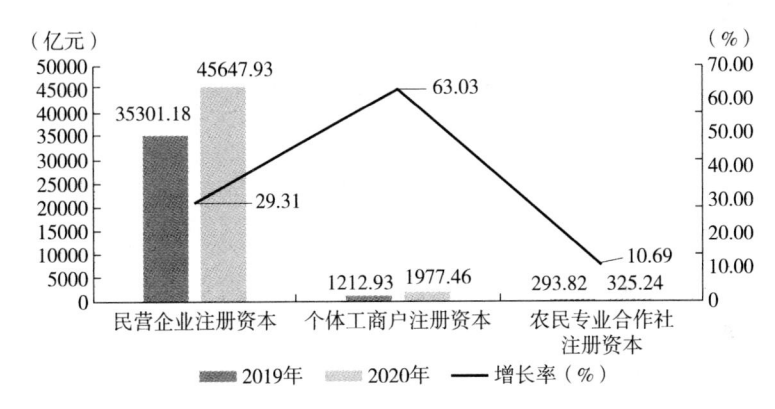

图1-4 2019~2020年民营经济注册资本变化

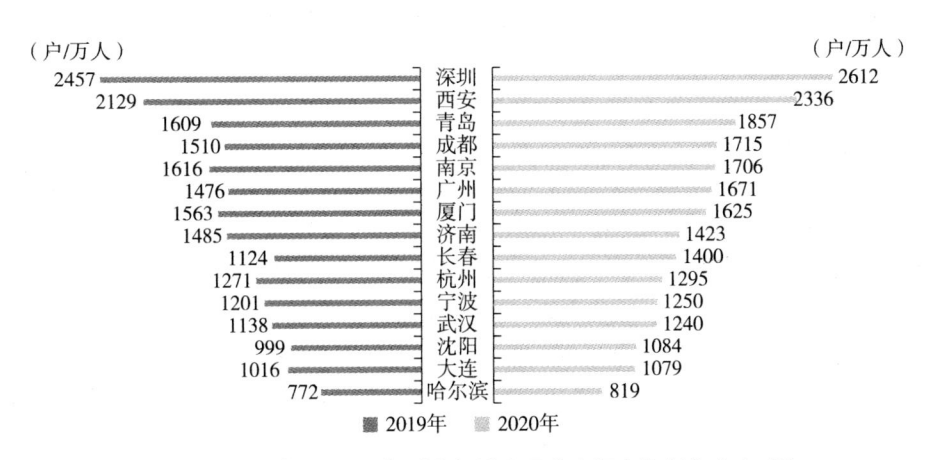

图1-5 2019年和2020年副省级城市民营市场主体创业密度对比

二、民间投资增速明显，融资状况趋好

(一)民间投资

青岛市遵循市场逻辑，借助资本力量激发经济发展的内生动力，民营经济发展活力明显增强。2020年，全市民间投资增长13.0%，高于全市固定资产投资9.8个百分点，高于全省民间投资增速6.1个百分点，高于全国民间投资增速12个百分点。民间投资占全市投资的比重达到57.5%，较2019年底提高5个百分点，民间投资成为全市投资增长的重要动力。全市民间投资在建项目4192个，拉动全市投资增长6.8个百分点，成为推动全市投资增长的重要力量(见表1-1)。

表1-1 2019~2020年民间投资变化情况

	民间投资项目(个)	民间投资增速(%)	民间投资占比(%)
2019年	3504	20.9	52.5
2020年	4192	13.0	57.5

资料来源：青岛市统计局。

(二)民营企业融资

从银行贷款情况看，2020年，青岛市小微企业贷款余额持续增长，截至2020年末，全市小微企业贷款余额(本外币)3301.24亿元，同比增长22.99%，高于各项贷款增速7.31个百分点。其中，全市普惠小微贷款余额(本外币)1299.27亿元，同比增长40.79%，高于各项贷款增速25.11个百分点。

从直接融资情况看，2020年，青岛市各类企业通过发行股票和交易所债券累计融资1229亿元，民营企业累计融资额为67.25亿元，占直接融资总规模比重为5.47%，较2019年底增长1.8个百分点。其中，4家民营上市公司首发融资34.67亿元，3家民营新三板公司通过公开发行及定向增发融资2.58亿元，3家民营上市公司通过可转债融资30亿元。目前，10家民营上市公司正在推进再融资，预计募集资金93.98亿元。云路先进材料、易邦生物、朗夫科技、雷神科技等2020青岛高企上市潜力10强企业也已进入上市备案、辅导等阶段。

三、企业实力不断增强,创新能力提高

(一)百强民营企业

中华全国工商业联合会(简称"全国工商联")发布的2020中国民营企业500强榜单显示,青岛有5家民营企业入围该榜单,分别是青建集团、山东新希望六和集团、新华锦集团、利群集团、青岛世纪瑞丰集团。2020年上榜的这5家青岛民营企业2019年度营业收入总额达到1907.08亿元,较上年增加106.13亿元,同比增长5.89%,显示出青岛市民营企业规模持续壮大的发展趋势。

山东省工商联等发布的2020年山东民营企业100强榜单显示,青建集团、山东新希望六和集团等12家青岛民营企业上榜,上榜数量较2019年(8家)同比猛增50%,占全省的比重超过1/9。青岛上榜的12家企业2019年营业收入总额达到2843.24亿元,较上年增加248.89亿元,同比增长9.59%。

2020年青岛民营企业100强营业收入总额合计为5816.22亿元,较上年(5065.48亿元)增长14.82%。入门企业总收入9.2亿元,较2019年(7.3亿元)提高了26.02%。百强企业固定资产净值总额达到650.03亿元,较上年增长31.46%。研发费用总额68.29亿元,较上年增长5.79%。共有专利10666项,较上年增长20.18%。

100强民企在青岛各区(市)均有分布。其中,西海岸新区29家;崂山区和城阳区均有14家,并列第二;市北区10家;胶州市9家;市南区6家;即墨区、莱西市、平度市均有5家;李沧区3家(见图1-6)。

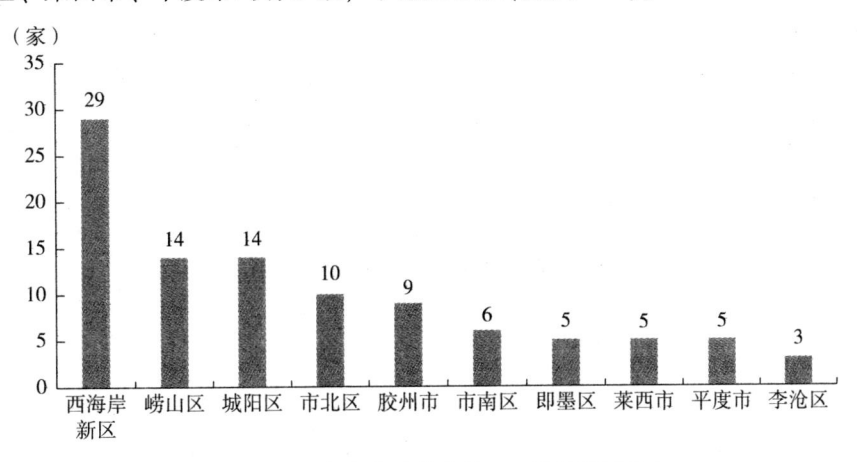

图1-6 2020年青岛民营企业100强的区域分布

(二) 四新企业

2020年，全市新登记四新民营企业6866户，其中，"新技术"企业1582户，"新产业"企业1082户，"新业态"企业4195户，"新模式"企业7户。截至2020年末，全市实有四新民营企业19450户，其中，实有"新技术"企业4789户，"新产业"企业5410户，"新业态"企业9226户，"新模式"企业25户。

(三) 新锐企业

2020年，新认定"专精特新"企业1521家，同比增长66.30%，累计达到3274家。评选"隐形冠军"企业33家，居历年之最，累计达到112家。40家企业获评省瞪羚企业，累计达到70家。42家企业获评工信部专精特新"小巨人"企业，累计达到47家。10家企业入围全球独角兽企业500强榜单，列山东省第一、北方城市第二、全国第五。

(四) 孵化平台

2020年，集聚创新创业要素资源，为初创企业、高成长企业提供全方位、全链条、全生命周期服务的双创孵化平台数量继续保持增长。全年新认定市级中小企业公共服务示范平台15个，小微企业创业创新基地17个，小企业产业园20个。

青岛国际院士港产业加速器和巨峰科创小微企业创业创新基地2家基地被授予"国家小型微型企业创业创新示范基地"。海尔卡奥斯物联生态科技有限公司、青岛檬豆网络科技有限公司和青岛传化公路港物流有限公司3家平台被授予"国家中小企业公共服务示范平台"。海创汇瞪羚独角兽加速器、青岛国际院士港产业加速器、蓝贝创新园和青岛天安数码城科技企业孵化器被认定为首批"青岛市瞪羚独角兽企业加速器"。截至2020年末，青岛市拥有各类中小企业公共服务示范平台、小微企业创业创新基地等共计212家，其中中小企业公共服务示范平台74个，市级小微企业创业创新示范基地84个，青岛市小企业产业园54个 (见表1-2)。

表1-2 2020年青岛市双创孵化平台情况

名称	2020年新增(个)	2020年实有(个)
市级小微企业创业创新基地	17	84
中小企业公共服务示范平台	15	74
青岛瞪羚独角兽企业加速器	4	4

资料来源：青岛市民营经济发展局。

中小企业创新大赛是提升民营企业，特别是中小微企业创新创业水平，营造创新创业氛围的重要平台。2020年"创客中国"（青岛赛区）暨第六届"市长杯"中小企业创新大赛征集参赛项目数首超500个。经过前期19场区（市）海选和初赛、2场市级复赛，共计25个项目进入决赛。最终，中科航星科技有限公司的高性能低成本轻型航空发动机获得一等奖；核芯互联科技（青岛）有限公司的国产高速高精度数模转换器（ADC）项目、青岛洪珠农业机械有限公司的马铃薯生产全程机械化装备获得二等奖；青岛精锐机械制造有限公司"四两拨千斤"的平衡式气控角座阀、青岛国数信息科技有限公司的EESig半实物场景化电子仿真平台、青岛同和浩瀚纺织有限公司的新型接触冷感纤维应用获得三等奖。

四、国际贸易增长强劲，市场更加多元

（一）总体情况

2020年，青岛市民营企业进出口4222.7亿元，同比增长19.5%，高于全市进出口增速11.3个百分点，占同期全市外贸总值的65.9%，较上年提升6.3个百分点，拉动全市进出口增长11.6个百分点，领跑全市各类外贸主体。其中，出口2698.9亿元，同比增长24.0%；进口1523.8亿元，同比增长12.3%（见图1-7）。

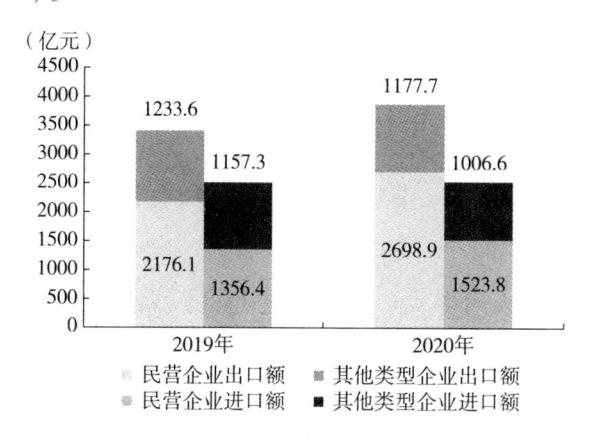

图1-7 2019~2020年青岛市外贸进出口情况

（二）贸易方式结构

2020年，青岛市民营企业以一般贸易方式进出口3337.1亿元，同比增长

32.1%，占同期全市民营企业进出口总值的79.0%；以保税物流方式进出口562.1亿元，同比下降18.7%；这反映出民营企业贸易自主性较高。此外，以加工贸易方式进出口289.7亿元，同比增长4.7%。

(三) 贸易地区分布

2020年，青岛市民营企业进出口额排前五位的是东盟地区、欧盟地区、美国、日本和韩国，进出口额分别为740.0亿元、567.7亿元、516.8亿元、318.5亿元和254.1亿元，同比分别增长43.5%、20.5%、29.0%、19.3%和20.4%，对上述5个国家和地区进出口合计占全市民营企业进出口总值的56.6%。与2019年相比，东盟地区的进出口额超过欧盟地区，成为青岛市民营企业第一大外贸地区；韩国替代巴西成为青岛市民营企业第五大外贸地区。此外，民营企业对共建"一带一路"国家和地区进出口1387.2亿元，强势增长42.2%，占比由上年的30.6%提升至32.9%。

(四) 贸易产品结构

从贸易产品结构看，2020年，机电产品、劳动密集型产品出口明显增长，猪肉、铁矿砂进口呈快速增势。出口方面，出口机电产品1063.8亿元，同比增长33.3%，占比39.4%；出口劳动密集型产品732亿元，同比增长27.2%，占比27.1%；出口农产品287.5亿元，同比下降0.7%，占比10.7%。进口方面，进口农产品440.8亿元，同比增长17.4%，占比28.9%；进口铁矿砂197.7亿元，增长36.8%，占比13.0%；进口原油170.7亿元，同比下降14.1%，占比11.2%。

五、税收贡献超过六成，吸纳就业稳定

(一) 税收贡献

青岛市坚持强化举措对冲新冠疫情影响，全力支持市场主体纾困减负，助力民营经济平稳运行。2020年，全市民营经济实现税收1146.8亿元，同比增长1.2%，高于国内税收4.3个百分点。2020年5月以来，税收降幅逐渐收窄，11月以来，民营经济税收率先实现由负转正。民营税收占同期全市国内税收总额的67.1%，较上年提高2.9个百分点，税收贡献率持续加大。2020年全年新增减税降费340亿元左右，税收减免、延期缴纳、优化退税等宏观政策持续发力，为加快生产恢复、稳住经济基本盘提供了内生动力。

(二)吸纳就业

青岛市在稳固疫情防控成果的同时，援企稳岗政策的落地保证了民营企业正常经营，民营经济继续发挥吸纳就业主渠道作用。2020年，全市民营经济新吸纳就业36.97万人，同比增长11.33%，高于全市城镇新增就业3.84个百分点，占就业总量的82.62%。民营经济三次产业吸纳就业的比重为0.67∶31.32∶68.01，分别较上年同期上升0.14个、-0.82个、0.68个百分点，第三产业比重接近七成，就业结构持续优化。

第二节 青岛市民营经济发展环境分析

一、政策环境

(一)国家政策环境

民营经济是我国经济的重要组成部分，呈现出"五六七八九"的特征[①]，为我国经济社会发展做出了重要贡献。国家充分重视民营经济的发展，近年来，出台了一系列有利于民营经济发展的政策措施。

2018年11月1日，习近平总书记在民营企业座谈会上的讲话再次强调了非公有制经济在我国经济社会发展中的地位和作用，反映了鼓励、支持、引导非公有制经济发展的方针政策的一贯性。税务总局在《关于实施进一步支持和服务民营经济发展若干措施的通知》中，出台了26条税收政策用以支持民营经济发展，力将减税降负进行到底；中国人民银行支持民营企业融资，为小微企业和民营企业增加再贷款和再贴现额度。

2019年4月，中共中央办公厅、国务院办公厅印发了《关于促进中小企业健康发展的指导意见》，指出中小企业是国民经济和社会发展的生力军，是扩大就业、改善民生、促进创业创新的重要力量，在稳增长、促改革、调结构、惠民生、防风险中发挥着重要作用。同年10月，中国共产党第十九届中央委员会第四次全体会议通过《中共中央关于坚持和完善中国特色社会主义制度 推进国家治理体系和治理能力现代化若干重大问题的决定》，指出要毫不动摇巩

---

① 即民营企业贡献了50%以上的税收，60%以上的国内生产总值，70%以上的技术创新成果，80%以上的城镇劳动就业，90%以上的企业数量。

固和发展公有制经济,毫不动摇鼓励、支持、引导非公有制经济发展,并针对民营经济发展的法治环境、政策体系、发展制度、市场环境等方面做出总体要求。12月,《中共中央 国务院关于营造更好发展环境支持民营企业改革发展的意见》对外发布,用以进一步优化营商环境,全面激发民营经济发展活力。

2020年1月1日,《优化营商环境条例》正式开始实施,重点针对我国营商环境的突出短板和市场主体反映强烈的痛点难点堵点问题,从完善体制机制的层面做出相应规定。2020年10月14日,国家发展和改革委发布《关于支持民营企业加快改革发展与转型升级的实施意见》,目的在于推动国家相关支持政策加快落地见效,有效应对新冠疫情影响,激发民营企业活力和创造力,进一步为民营企业发展创造公平竞争环境,带动扩大就业。

2020年11月,《中共中央关于制定国民经济和社会发展第十四个五年规划和二〇三五年远景目标的建议》中明确提出,优化民营经济发展环境,构建亲清政商关系,促进非公有制经济健康发展和非公有制经济人士健康成长,依法平等保护民营企业产权和企业家权益,破除制约民营企业发展的各种壁垒,完善促进中小微企业和个体工商户发展的法律环境和政策体系。

表1-3所示为近年国家促进民营经济发展的主要政策文件。

表1-3 近年国家促进民营经济发展的主要政策文件

时间	文件名称
2018年1月	《中华人民共和国中小企业促进法》
2018年1月	《习近平:在民营企业座谈会上的讲话》
2018年11月	《国家税务总局关于实施进一步支持和服务民营经济发展若干措施的通知》
2019年2月	《关于加强金融服务民营企业的若干意见》
2019年4月	《关于促进中小企业健康发展的指导意见》
2019年12月	《中共中央国务院关于营造更好发展环境支持民营企业改革发展的意见》
2020年1月	《优化营商环境条例》
2020年10月	《关于支持民营企业加快改革发展与转型升级的实施意见》

资料来源:笔者整理。

(二)山东省政策环境

为深入学习贯彻党的十九大精神,全面落实习近平总书记在民营企业座谈会上的重要讲话精神,着力破解制约民营经济发展的突出困难和问题,不断优化发展环境，促进全省民营经济高质量发展，更好发挥民营经济在推进供给侧结构性改革、推动新旧动能转换、建设现代化经济体系中的重要作用，2018年底，山东省提出《关于支持民营经济高质量发展的若干意见》，提出山东支持民营经济高质量发展"35条措施"。

2020年11月，为进一步推动民营经济高质量发展，积极发挥民营经济在经济社会发展中的重要作用，山东省印发《山东省民营经济高质量发展三年行动计划(2020—2022年)》，包括有利于山东民营经济发展的6个专项行动，22项具体措施。

2020年12月，《中共山东省委关于制定山东省国民经济和社会发展第十四个五年规划和二〇三五年远景目标的建议》中强调，要聚力改革攻坚，激发各类市场主体活力，加快构建高质量发展体制机制。坚决破除制约民营企业发展的各种壁垒，加强对民营企业全生命周期服务，促进非公有制经济健康发展和非公有制经济人士健康成长。完善促进中小微企业和个体工商户发展的政策体系。构建亲清政商关系，健全政企协商制度。弘扬企业家精神，培育具有全球竞争力的一流企业。完善对各类市场主体一视同仁的基本制度规范。

表1-4所示为近年山东省促进民营经济发展的主要政策文件。

表1-4　近年山东省促进民营经济发展的主要政策文件

时间	文件名称
2018年11月	《关于支持民营经济高质量发展的若干意见》
2018年12月	《关于充分发挥检察职能依法服务和保障民营经济高质量发展的意见》
2018年12月	《关于进一步加强法治保障和法律服务支持民营企业发展的实施意见》
2019年1月	《关于印发共建服务保障全省民营经济高质量发展协作机制的通知》
2020年11月	《山东省民营经济高质量发展三年行动计划(2020—2022年)》
2020年12月	《中共山东省委关于制定山东省国民经济和社会发展第十四个五年规划和二〇三五年远景目标的建议》

资料来源：笔者整理。

(三)青岛市政策环境

青岛市委、市政府一直高度重视民营经济发展。2016年初，青岛市民营经济发展工作领导小组办公室、青岛市工商局联合编制出版了《中国梦·创业梦——青岛市民营经济发展政策指南》，对党的十八大以来中央、省、市扶持民营经济发展的政策措施进行了全方位梳理。"十三五"期间，青岛市又陆续出台了《青岛市"十三五"民营经济发展规划》《关于大力培育市场主体加快发展民营经济的意见》《青岛市壮大民营经济攻势作战方案（2019—2022年）》等若干政策文件，为非公经济发展营造了良好的政策环境。2019年7月，以"青岛政策通"平台为切入点，构建"1155"五位一体多维度惠企利民政策服务体系①。

2020年3月，青岛市民营经济发展局牵头，从稳岗就业、财税扶持、金融支持、降低成本、房租减免、对外贸易六个方面编制了《青岛市应对新冠肺炎疫情支持企业政策一本通》。9月，青岛市政府发布《关于支持民营企业和中小企业改革发展的意见》，进一步细化了鼓励、引导民营企业改革创新发展的政策扶持。

表1-5所示为近年青岛市促进民营经济发展的主要政策文件及其主要内容。

表1-5　近年青岛市促进民营经济发展的主要政策文件及其主要内容

年份	文件名称	主要内容
2017	《关于大力培育市场主体加快发展民营经济的意见》	突出培育重点，明确发展目标；放宽市场准入，降低创业门槛；推动转型升级，支持做大做强，强化要素支撑，夯实发展保障
2018	《〈中共青岛市委 青岛市人民政府关于大力培育市场主体加快发展民营经济的意见〉实施细则》	激发创业主体活力、全力推进"小升规"、积极开展"规改股"、大力推动"股上市"、鼓励支持企业集团化发展、鼓励企业科技创新、强化财税支撑
2018	《关于构建新型政商关系的意见》	既明确了政商交往的"负面清单"，同时也开列了"正面清单"，并建立容错机制，鼓励支持公职人员大胆与民营企业及企业家正常接触交往
2019	《青岛市人民政府关于印发〈青岛市支持实体经济高质量发展若干政策〉的通知》	降本增效、创新创业、产业升级、招商引资、招才引智、金融支持、用地供应
2019	《青岛市壮大民营经济攻势作战方案（2019—2022年）》	开辟了营造"四个环境"、实施"四个行动计划"、配置"五个重点要素"、搭建"五个平台"等18个战场、106项作战任务
2020	《关于印发青岛市推进民营企业创意创新工作实施方案的通知》	聚焦企业创意、多向延展论证、引导投资落地、持续激发放大

---

① 1个平台——青岛政策通平台；1个数据库——青岛政策通数据库；5项功能应用——政策超市、政策解读、政策兑现、诉求疏解、政策督导五项应用；5项服务手段——门户网站、微信公众号、App客户端、市审批服务窗口、权威媒体（日报、广播电视）。

续表

年份	文件名称	主要内容
2020	《关于支持民营企业和中小企业改革发展的意见》	从优化公平竞争的市场环境、完善精准有效的政策环境、鼓励引导民营企业改革创新、构建亲清政商关系及组织保障五个方面提出促进青岛民营企业和中小企业改革发展的28条政策
2020	《青岛市人民政府办公厅关于进一步促进民间投资若干措施的通知》	从畅通市场准入、重点支持领域、强化促进保障三个方面提出17条政策措施，以激发民间投资活力。重点支持领域包括"四新"经济、能源环保、文旅教育、汽车装备、交通设施、农业产业、现代海洋、生物医药
2021	《青岛市民营和中小企业发展促进办法》[a]	共有七章四十一条，从财税与金融支持、创业创新、市场开拓、服务保障、权益保护五个方面制定了多项措施

注：a.《青岛市民营和中小企业发展促进办法》于2020年12月14日经市十六届人民政府第112次常务会议审议通过。

资料来源：笔者整理。

近年来，从中央和地方政府制定的各项政策来看，民营经济发展得到了高度重视。各类文件中多次指出，民营经济是推动社会主义市场经济发展的重要力量，是推进供给侧结构性改革、推动高质量发展、建设现代化经济体系的重要主体，民营经济只能壮大、不能弱化。

有关促进民营经济发展的政策主要围绕减轻企业税费负担、解决民营企业融资难融资贵问题、营造公平竞争环境、完善政策执行方式、构建亲清新型政商关系、保护企业家人身和财产安全六个方面展开。其中，减税降费、融资及营商环境营造三个方面是工作重点。

总体来看，国家、省、市三级的政策执行力及协同性强。从纵向上看，地方紧密与中央结合，积极响应国家号召，不折不扣落实中央政策精神；从横向上看，无论是地方还是中央，各部门政策的配套衔接紧密，各部门之间的政策协同力强，能够把政策的最大效用发挥出来。

二、经济环境

（一）国家推进现代化经济体系建设

党的十九大报告提出，我国经济已由高速增长阶段转向高质量发展阶段，正处在转变发展方式、优化经济结构、转换增长动力的攻关期，建设现代化经济体系是跨越关口的迫切要求和我国发展的战略目标。新时代民营企业是现代化经济体系的重要市场主体。能否顺利建成现代化经济体系，直接取决于能否顺利建成实体经济、科技创新、现代金融、人力资源协同发展的现代化产业体系。

提升产业链供应链现代化水平是加快发展现代产业体系的迫切需要。产业链供应链是大国经济循环畅通的关键。产业链的重要基础是生产链，生产链的基本载体是企业链。企业链是产业发展过程中上下游产需连接的基础要件。产业链现代化建设还需要人才链、资金链、技术链、流通链、服务链等方方面面的有机联系与配合。提升产业链供应链现代化水平，给青岛民营经济发展带来了创新、发展的新机遇。提升产业链供应链现代化水平，需要国有企业、头部企业当好"领头雁"，同时考虑把更多可以分解的产品、零部件等分包给其他企业特别是中小微企业、民营企业进行配套生产和加工。民营企业特别是民营中小微企业需要根据自身情况明确创新思路，分类创新：在大企业产业链中联合创新，引领科技创新，在细分领域进行模式创新，主动当好配角，积极与国有企业在竞争与合作中实现共赢。

(二)国家双循环发展格局正在形成

新冠疫情进一步加剧了国际经贸格局的深度分化。2020年是"十三五"规划的收官之年，疫情叠加世界金融危机以来持续低迷的经济增长，单边主义、贸易保护主义被不断强化，需要我国积极调整经济发展战略，以适应新的环境变化。2020年7月，中央政治局召开会议，提出加快构建完整的内需体系，逐步形成以国内大循环为主体、国内国际双循环相互促进的新发展格局，成为今后一个时期的主要任务。广阔的国内市场将逐渐释放巨大内需红利。更高水平对外开放又进一步提升了国内需求对国际要素的吸引，促进了多维度产业链的构建与合作。

(三)新旧动能转换拓展发展空间

2018年以来，山东积极落实年初制定的《山东新旧动能转换综合试验区建设总体方案》，出台"45条"新政，共分为降本增效、创新创业、产业升级、招商引资、招才引智、金融支持、用地供应、制度保障八个方面内容，旨在支持实体经济发展，推动山东新旧动能转换。山东省新旧动能转换全面起势、开局良好。2020年是山东省新旧动能转换初见成效之年，山东省新旧动能转换综合试验区建设领导小组印发《山东省新旧动能转换综合试验区建设2020年工作要点》，围绕抢抓机遇补短板强弱项培育新经济增长点、培育"十强"产业集群、提升"三核"引领、强化专班领衔作用、增强科技创新能力、深化改革扩大开放、完善推进落实机制七个方面实施攻坚突破,具体明确了24项任务及措施。山东新旧动能转换整体运行良好,为民营经济发展拓展了空间。

(四)胶东经济圈一体化正式启动

2020年1月,山东省政府印发《关于加快胶东经济圈一体化发展的指导意见》,提出加快胶东经济圈青岛、烟台、潍坊、威海、日照等市一体化发展,打造全省高质量发展强劲引擎。本着"开放共赢、协作共进、产业共融、创新共建、惠企共享"原则,《胶东经济圈民营经济中小企业一体化高质量发展行动方案》(以下简称《方案》)正式发布。《方案》立足胶东经济圈产业优势和资源特色,通过联盟的形式,大力实施胶东经济圈"壮大民营经济攻势"共建、民营中小企业家对话互访、民营中小企业培育、融资资源跨区域服务民营中小企业、民营中小企业国际交流合作五大行动,构建合作机制完善、要素流动高效、发展活力强劲、辐射作用显著的民营中小企业发展共同体,打造区域民营中小企业高质量发展高地。

(五)工业互联网建设初见成效

2019年7月,在世界工业互联网产业大会上,青岛明确提出打造"世界工业互联网之都"。2020年3月印发的《青岛市工业互联网三年攻坚实施方案(2020—2022年)》提出"构建全要素、全生产链、全价值链全面连接的新型工业生产制造和服务体系"这一工业互联网发展目标。6月,《青岛市世界工业互联网之都建设工程中小企业三年行动计划》提出力争到2022年,建成面向中小企业培训提升有效、应用场景丰富、示范引领凸显、平台支撑有力、大中小企业融通发展、政策环境优良的中小企业工业互联网服务生态体系的目标。目前,青岛已经引入国家工业信息安全中心、中国信通院、中国工业互联网研究院、国家工业互联网平台应用创新体验中心等一批国字号研究机构,聚集了1833家工业互联网生态企业。海尔卡奥斯平台已成长为比肩美国通用电气和德国西门子的全球三大工业互联网平台之一,聚集了3.4亿用户和390多万家生态资源,对青岛市31个制造业大类基本实现全覆盖,为青岛在全球竞争中抢得了领先身位。在场景应用上,截至2020年12月,青岛已发布1300个"工业赋能"场景和200个"未来城市"场景,已经推动签约应用场景改造提升项目158个。

三、技术环境

青岛市重视创新基础和创新条件创造，科技工作着力抓好创新资源集聚、科技成果转化和新兴产业培育，坚持科技引路、资本搭桥，积极推进民营经济创新发展。

(一) 创新要素资源

产业创新要素资源正加快在青岛集聚。青岛市研究与试验发展人员数逐年上升，已从2014年的约6.8万人上升到2020年的约9.0万人。青岛拥有9家国家重点实验室、29所高等院校、193家省级以上的企业技术中心、292家工程技术研究中心和4000多家高新技术企业，集聚了全国近30%的涉海院士、近1/3的部级以上涉海的高端研发平台。表1-6所示为2014~2020年青岛市研发活动单位和研发人员情况。

表1-6 2014~2020年青岛市研发活动单位和研发人员情况

年份	有研究与试验发展活动单位数(个)	研究与试验发展人员(人)				
		合计	全时人员	非全时人员	博士毕业	硕士毕业
2014	956	67523	47961	19562	3893	10601
2015	1121	69687	48989	20698	3787	10976
2016	1253	78190	55962	22228	4661	13482
2017	1276	79895	58540	21355	5291	14504
2018	1374	92011	67109	24902	—	—
2019	1726	87053	62243	24810	—	—
2020	1914	89678	63731	25946	—	—

资料来源：2015~2021年《山东统计年鉴》。

据青岛市人力资源和社会保障局不完全统计，截至2020年7月底，当年新引进来青就业的"双一流"高校毕业生3068人，占全省总量的22%。2020年上半年青岛新增就业80%以上来自民营企业，"双一流"毕业生中有59%的人才选择进入民企。

(二) 创新投入产出

2020年，青岛市全社会研发投入300.88亿元，研发投入强度2.43%。2020年，全市共取得重要科技成果428项，获得国家级科技奖励13项。其中,技术发明奖 2 项,科技进步奖 11 项。获得省级科技奖励 92 项。其中,自然科学奖 11 项,技术发明奖 5 项,科技进步奖 74 项,最高奖项 1 项,国际合作奖 1 项。技术合同交易额 286.6 亿元,同比增长 68.0%。涉海技术合同成交额 28.4 亿元,同比增长 35.1%。全年有效发明专利 38549 件,同比增长 20.7%。每万人有效发明专利拥有量 41 件,比上年增加 6.6 件。PCT 国际专利申请 1755 件,比上年增加 374 件。高新技术企业总数达到 4396 家,比上年增加 567 家。现有国家知识产权示范企业 12 家,国家知识产权优势企业 107 家,国家重点实验室 9 家,国家级工程技术研究中心 10 家,省级工程技术研究中心 82 家。表 1-7 所示为 2014~2019 年青岛市规模以上工业企业研发经费支出情况。表 1-8 所示为 2014~2019 年青岛市历年专利申报授权情况。

表 1-7　2014~2019 年青岛市规模以上工业企业研发经费支出情况

单位:万元

年份	R&D 经费内部支出合计	R&D 经费外部支出合计
2014	1924791.6	162160.9
2015	2172435.5	162354.2
2016	2349445.1	190234.1
2017	2439782.7	195157.7
2018	2032194.6	232524.5
2019	2023543	137061

资料来源:2015~2020 年《山东统计年鉴》。

表 1-8　2014~2019 年青岛市历年专利申报授权情况　　单位:件

年份	申请受理数				申请授权数			
	合计	发明	实用新型	外观设计	合计	发明	实用新型	外观设计
2014	55174	39995	12778	2401	14176	2863	9582	1731
2015	63691	44973	15915	2803	20168	5170	12309	2689
2016	59549	34967	21013	3569	22046	6559	13159	2328
2017	54331	22492	28350	3489	23870	5939	15073	2858
2018	62208	22521	35240	4447	35126	6496	25227	3403
2019	67968	21609	40560	5799	38737	7704	26866	4167

资料来源:2015~2020 年《山东统计年鉴》。

(三)城市创新能力

2020 年 12 月 26 日,科技部和中国科学技术信息研究所分别公布《国家创新型城市创新能力监测报告 2020》和《国家创新型城市创新能力评价报告 2020》。根据报告，国家创新型城市创新能力指数排名中，青岛位列全国第十，较上年上升两个名次。此次城市创新能力排名前 10 位的城市依次为深圳、广州、杭州、南京、武汉、西安、苏州、长沙、成都、青岛。与上年相比，成都、青岛成功进入前十行列。

四、社会环境

2020 年青岛市常住总人口数量首次超过 1000 万，市区人口占比超过 3/4，大学及以上文化程度的人口数达到 227.1 万。2020 年，全市民营经济新吸纳就业 36.97 万人，同比增长 11.33%，高于全市城镇新增就业 3.84 个百分点，占就业总量的 82.62%。城镇登记失业率 3.03%，控制在较低水平。

全市共有卫生机构(不含村卫生室)4459 处，其中，医院、卫生院 460 处，疾病预防控制中心 41 处，妇幼保健机构 12 处，门诊部(所)、诊所、卫生所、医务室 3573 处。各类卫生技术人员 9.49 万人，其中，医生 3.97 万人。全市拥有医疗床位 6.44 万张，其中，医院、卫生院床位 6.25 万张。

市区常规公交 8553 辆，线路 655 条，年客运量 65014 万人次，日均客运量 178 万人次。市区巡游出租汽车 10568 辆，年客运量 14720 万人次，日均客运量 40 万人次。地铁运营线路 6 条，年客运量 13975.3 万人次，日均客运量 38 万人次。

总体来看，青岛市社会文化环境良好，有利于民营经济发展；城市人口比重呈上升趋势，人口素质、文化水平不断提高；城市基础设施建设有序推进；城市医疗卫生服务条件不断优化，医疗设施进一步完善，医疗水平稳步提高。

第三节 青岛市民营经济发展的 SWOT 分析

一、青岛市民营经济发展的优势

民营经济最能反映一个区域的经济活跃度。随着青岛这两年营商环境的优化，民营经济起色不少。本节将从区位优势、经济总量和产业基础、教育资源、营商环境四个方面说明青岛市民营经济发展的优势。

(一)区位优势明显

青岛作为我国东部沿海的重要开放城市、海滨度假旅游城市和国际性港口城市,具备较为突出的区位优势。在国际上,青岛位于亚欧大陆和太平洋的交汇地带,与日本、韩国隔海相望,在国家"一带一路"倡议中,青岛被定位为新亚欧大陆桥经济走廊主要节点城市和海上合作重要支点,是中国通向世界五大洲的重要口岸之一。青岛港是天然深水良港,是中国第二个外贸亿吨吞吐大港、世界十大港口之一。在国内,青岛地处京津冀地区和长三角地区两大都市圈之间核心地带,是黄河流域主要出海通道和欧亚大陆桥东部重要端点,南与长三角城市群以及苏北经济区承接,西连黄河流域地区。青岛成为连接海外东西走向与国内南北走向的最具发展活力的中心地带。

随着"一带一路"国际合作新平台纵深推进,自贸试验区制度创新加快落地。2019 年 8 月 26 日,《中国(山东)自由贸易试验区总体方案》公布。青岛片区是中国(山东)自由贸易试验区面积最大、位置最重要、试点任务最集中的片区。

(二)产业基础雄厚

2020 年,全市生产总值 12400.56 亿元,按可比价格计算,比上年增长 3.7%,在全国排名第 13 位。三次产业结构为 3.4∶35.2∶61.4。青岛制造业历史悠久、技术雄厚,是全国第九个、全省第一个工业总产值过万亿的城市,在家电、汽车、轨道交通装备、船舶海工装备产业方面都具备良好的基础条件和先发优势。服务业为第一大产业,为实体经济发展提供了重要支撑,生产性服务业成为经济增长的重要驱动力。青岛产业发展力在全国 657 个设市城市中排名第 17 位,被划为 20 个"基石型城市"之一[①]。

青岛着眼城市未来布局产业,对照山东省"十强"产业、青岛市 15 个攻势,优化调整新旧动能转换重大工程产业推进体系,成立 13 个产业专班,规划了产业集群发展、企业梯队壮大、推进重点项目、打造招商高地、加快技术攻关、提速动能转换的路线图,为城市发展提供强大的产业支撑。

(三)教育资源丰富

截至 2020 年末,全市共有各类大专院校(含民办高校)29 所,其中,普通高校 27 所。全年研究生招生 2.0 万人,在校研究生 5.3 万人,毕业生 1.3 万人(不含驻青科研院所研究生)。普通本专科招生 11.4 万人,在校生 37.7

---

① 资料来源:《2020 中国城市产业发展力评价报告》。

万人，毕业生9.4万人。智联招聘发布的《2020青岛市高校毕业生就业环境分析报告》显示，超70%的应届毕业生看重青岛的城市综合实力，近40%的应届毕业生选择在青岛工作，12.6%的应届毕业生期望进入民营企业，这为青岛市民营经济发展提供了坚实的人才保障。

根据第五次人口普查数据，青岛市大学文化程度人口达到129.54万人，占青岛市总人口比重13.64%，比第四次人口普查增长128%，高端人才聚集效应显著，为民营经济发展打下坚实的人才基础。2020年，青岛市开始建设人才驿站，着力打通人才与产业直联通道，探索构建产业化引才聚才对接服务机制，促进来青回青人才与产业需求高效配置，增强来青回青人才的归属感、认同感，引导来青回青人才更快更好地融入青岛、扎根青岛，为青岛民营经济发展吸引人才。

2020年8月，由青岛市民营经济发展局、青岛市委党校、青岛市社会主义学院、青岛伟东云教育集团联合发起成立的青岛民营中小企业大学聚焦青岛市民营经济发展需求和重点难点，以民营中小企业发展需求为导向，大力组织实施青岛市民营中小企业经营管理人才培训培育，努力建设成为青岛市民营企业家和年轻一代中小企业经营管理者的"人才成长平台"，为青岛市民营经济发展储备和提供人才。

(四)营商环境良好

近年来，青岛市认真贯彻党中央、国务院和省委、省政府决策部署，牢牢把握率先走在前列的目标定位。自2018年以来，青岛市持续深化"放管服"改革，立足打造更加公平、更有效率的营商环境，推动营商环境迈向更好、更优，为民营经济蓬勃发展创造了有利条件。依托山东省政务服务网(青岛)站等主要门户网站，深化"一事全办"改革，精简经营许可事项的申请材料，深化"不见面审批"，简化审批流程，提高审批效率。创新市场监管，完善"双随机、一公开"监管，加快综合行政执法体制改革，强化信用体系建设，综合运用重点监管、信用监管等多元化监管手段，促进行业健康发展，营造公平竞争市场环境。持续优化公共服务，推进"互联网+监管"，通过网络监测、信息化监管、数据共享等实现检查监督，完善政务服务"好差评"系统，不断提高政务服务水平。《2019中国城市营商环境报告》显示，在36个城市综合排名中，青岛和济南分别位列第十一和第十五，在五个维度的分项排名中，青岛有多项排名进入前十，其中，基础设施维度排名第九，政务环境维度位列第八，普惠创新维度排名第七。

2020年11月，青岛市人大常委会审议通过了《青岛市优化营商环境条例》，并于2021年3月1日起施行。

青岛市除了有利的经济发展环境，还有开放包容的社会环境。通过开展民声倾听主题活动，政府鼓励市民为青岛发展建言献策，民众群策群力解决了一大批问题，从而不断增强企业和群众的便利感、获得感。

此外，依山面海的地理环境、重工尚商的生产方式、崇利善变的文化心理使青岛很早就形成了较为发达的手工制造业。改革开放后，青岛通过海尔、海信等知名企业确立了自己作为国际重要制造业基地的品牌城市形象，不断涌现出大量的知名企业与品牌产品，成为山东半岛乃至整个山东经济的龙头，为青岛民营经济发展注入了重要的文化基因，是青岛民营经济发展充满活力的保证。青岛作为著名的海滨城市，航运发达，进出口贸易活跃，逐渐形成了多元、开放、理性、包容的社会文化环境，为青岛民营经济发展培育了优秀的企业家精神，使其成为一个创新活跃的城市，为青岛民营经济发展奠定了文化基础。

二、青岛市民营经济发展的劣势

(一) 技术创新能力有待加强

当前，青岛正对标深圳等先进城市，努力推动实现创新驱动发展。深圳、青岛同为非省会副省级沿海城市，2019年青岛常住人口949.98万人，深圳1343.88万人，青岛GDP为11741.31亿元，深圳为26927.092亿元，深圳常住人口是青岛的1.41倍，深圳GDP却是青岛的2.29倍。重要原因在于深圳的创新发展明显强于青岛，青岛与深圳在创新定位、创新投入、创新能力和创新水平方面存在着较大差距，深圳创新驱动发展在许多方面值得青岛借鉴。从研发投入来看，2020年北京市民营企业排行榜中，科技创新百强研发总投入845.04亿元，同比增长20.7%，连续三年增长率超过20%。上海市77家提供研发数据的民企百强合计研发投入388.6亿元，较上年增长78.4亿元，增长率25.26%。相比之下，2020年青岛市百强民企研发费用68.29亿元，与先进城市相比还有不小的差距。

(二) 龙头企业整体实力偏弱

青岛市民营企业在自主创新能力、资源利用效率、信息化程度、内部治理结构、质量品牌效益等方面，与国际先进企业相比还有明显差距，"大而不强"的问题依然突出。青岛市的民营龙头企业近年来虽然取得了长足的发展，但与全国范围内的先进城市相比仍显得不大不强。从2020年中国民营企业

500强榜单来看，青岛上榜企业5家，排名最靠前的青建集团仅居第116位；5家企业总营业收入1907.08亿元，刚刚超过排名第23的金科集团。从2020年青岛民企100强榜单来看，营业收入超百亿企业只有14家，反映出青岛民营龙头企业的规模与实力只能称得上"区域的龙头"，还无法真正在全国范围内成为"行业龙头"。

(三)人才结构性矛盾较突出

人才是民营企业发展的一个核心要素，是产业升级的原动力。目前，人才储备不足是阻碍民营经济发展的一个软肋。尽管每年留青大学生数量较多，但是核心人才、高层次人才的引进仍旧存在短板，领军型创新创业人才数量和企业拥有的高层次科技创新人才较少，战略性新兴产业高端人才的供需矛盾仍旧突出。支撑全市高质量发起15个攻势、助推新旧动能转换的高素质实用型、技能型人才仍旧存在大量缺口。

(四)融资难题尚未彻底解决

截至2020年12月，全市共有民营企业62.5万户，同比增长18.47%，而全市贷款额增长为16.61%。增速的差距可以从一个侧面反映出，民营企业融资难、融资贵问题仍然较为突出。目前，民营企业融资主要依赖银行贷款，股权融资占比较小，民企与创投机构对接有较大空间。青岛民营企业融资难、融资贵的原因包括企业、金融市场和政府三大方面：首先，民营企业融资成本高、融资效率低、资产结构存在缺陷，同时融资风险相对较大，难以满足银行和投资者的盈利、担保以及安全需求；其次，银行贷款管理体制的约束、对民营企业贷款的抵触以及金融中介机构的缺乏和证券融资门槛过高导致金融环境活力不足；最后，政府法律法规、政策对民营企业的保障不足，政府管理的不规范以及对待国有企业和民营企业体制上的不平等造成了竞争上的不平等，也造成了民营企业在融资上的劣势。

三、青岛市民营经济发展的机遇

目前，在"十四五"规划的指导下，以及在国家双循环新发展格局的推动下，全国民营企业正在努力寻找战略定位。而青岛有着上合示范区和山东自贸区青岛片区的优势以及RCEP签订后青岛市地理位置的优势，青岛市民营经济的发展有着得天独厚的条件。山东省新旧动能转换以及胶东一体化都给青岛市民营经济的发展带来了机遇。

(一)双循环新发展格局推动民营企业高质量发展

当前,国家提出以国内大循环为主体、国内国际双循环相互促进的新发展格局。青岛在"双循环"中有着连接南北、贯通东西的"双节点"价值。从国内大循环看,青岛既是东部沿海发达城市,有着较强的经济、科技、产业实力,又是"北方第三城"、黄河流域的经济出海口,是推动黄河流域东西互济、陆海联动的重要平台,拥有连接南北、贯通东西的"双节点"价值,对促进各类市场资源要素加速流动、循环、联通有着独特的枢纽作用。在双循环新发展格局下,民营企业既要立足"国内大循环",牢牢把握中国十四亿人口的超大国内市场,坚持创新导向,提高产品质量,抓住国内市场在生产、分配、流通、消费等环节产生的发展机遇,也应该进一步参与"国际循环",充分利用全球的技术、人才、资本等资源,提升民营企业在全球价值链中的地位,增强民营企业国际竞争力,助推民营企业"两栖发展"。

广大民营企业市场嗅觉灵敏、机制灵活,在"双循环"这一新发展格局面前,更容易成为创新的主体。对相关企业尤其对于数量众多的民营企业来说,借国内大循环的东风,紧抓产业链重塑新机会,开展自动化、信息化、智能化、高端化之升级转换非常重要,谁能抢占"内循环"上游先机,谁必然得到长足的发展。同时,这一新发展格局为民营企业提供了向城市群集聚的"新型城市化"机遇、数字经济引领的"新基建"机遇和消费下沉与消费升级并举的"新消费"机遇。民营企业要在构建新发展格局这个主战场上明确自身定位,抓住战略机遇,实现企业的创新突破和高质量发展。

(二)RCEP有助于促进青岛民营企业快速成长

2020年11月15日,中国、日本、韩国、澳大利亚、新西兰等15个亚太国家正式签署了《区域全面经济伙伴关系协定》(RCEP)。这是一个现代、全面、高质量、互惠的大型区域自贸协定,对青岛来讲是一个极大的机遇。青岛地理位置优越,与日本、韩国等国家关系密切,建立了"国际会客厅",RCEP的签订促进了亚太地区贸易投资的自由化、便利化,使该区域经济合作进一步深化,给青岛的发展以及青岛市民营经济的发展带来了新的机会。

RCEP各成员之间关税减让以立即降至零关税、十年内降至零关税的承诺为主,使RCEP有望在较短时间兑现所有货物贸易自由化承诺。尤其是对于外向型企业来说,协议的达成让企业有了更广阔的发展空间。同时,RCEP的达成有助于构建区域内的供应链和价值链。协定中的"原产地规则"意味着可以给更多企业带来成本的大幅下降。对于民营企业,尤其是民营企业的制造类企业来讲，这无疑是其快速发展的好机会，进口原材料成本的降低、贸易的自由化便利化、关税壁垒的取消增加了制造产品的出口，给制造类企业带来了很大的利润空间，促进了民营经济的快速成长。

(三) 国家战略为民营企业发展提供重要平台

通过上合示范区和山东自贸区青岛片区两大国家战略平台，打造"一带一路"国际合作新平台，使青岛成为长江以北地区国家纵深开放新的重要战略支点。在两大片区的发展建设中，青岛市持续扩大对外经济合作。积极推进国际产能合作，建设境外经贸合作区，开展境外资源开发合作；完善"走出去"服务保障体系，推动本土国际化经营企业做强做大；拓展国际经济合作伙伴，深化双向交流合作。

上合示范区的运作模式为"物流先导、贸易拓展、产能合作、跨境发展、双园互动"。通过多式联运，上合示范区已经构建起"东接日韩亚太、西连中亚欧洲、南通南亚东盟、北达蒙古国俄罗斯"的国际物流大通道，方便各国的贸易往来，促进双向投资合作。青岛片区借鉴国际先进自贸区经验高标准建设，向规则、规制、管理、标准等制度型开放转变。以"一新三地"建设为引领，紧密结合试点任务开展和重点领域突破，抢抓全球产业链供应链重塑、双循环新发展格局机遇。青岛市主要抓住上合示范区以及山东自贸区青岛片区的建设，打造对外开放新高地。加强区内区外联动，加快区市基础设施和产业设施建设，加大面向全国、全球"双招双引"力度，加快资源集聚，实施更大范围、更宽领域、更深层次的开放发展，这给青岛市民营经济的发展带来了极大的便利条件。

(四)"十四五"规划指明民营企业的创新地位

《中华人民共和国国民经济和社会发展第十四个五年规划和二〇三五年远景目标纲要》中，明确指出要激发各类市场主体活力。优化民营经济发展环境，构建亲清政商关系，促进非公有制经济健康发展和非公有制经济人士健康成长，依法平等保护民营企业产权和企业家权益，破除制约民营企业发展的各种壁垒，完善促进中小微企业和个体工商户发展的法律环境和政策体系。同时，建设高标准市场体系。健全市场体系基础制度，坚持平等准入、公正监管、开放有序、诚信守法，形成高效规范、公平竞争的国内统一市场。

国家"十四五"规划的大方向已经确定。青岛市也开始谋划推动民营企业科技创新、产业转型。同时，青岛市提出建设创业城市，就是要把创新和创业紧密结合起来，把创新作为创业的手段和基础，把创业作为创新的载体和动力，通过创新与创业的有效互动，形成对各类创新、创业优质要素资源的强大感召，推动产业链、资金链、人才链、技术链"四链合一"，激发全社会创意创新创造创业活力。青岛市重点在加强工作统筹、整合政策资源、发起壮大民营经济攻势、推动企业创新创业服务、深化民企"双招双引"、搭建公共服务平台、打造企业之家服务品牌等方面下功夫，不断夯实壮大民营经济攻势体制机制的"四梁八柱"，着力推动青岛民营经济高质量发展。

(五) 新旧动能转换促进民营经济转型升级

民营企业占山东市场主体的九成以上，是山东新旧动能转换的重要载体。2018年以来，山东省积极落实新旧动能转换重大工程总体方案和实施意见，为民营经济发展拓展了空间。一是当前山东省新旧动能转换已进入加速期，将继续全面深化改革，加强基础性关键领域改革，深入推进简政放权、放管结合、优化服务改革，进一步放宽市场准入，提高政策透明度，实行公平公正监管，为民营经济发展打造一视同仁、公平竞争的市场环境。二是民营经济将获得更低成本、国际一流的营商环境。民营经济发展成本将更低，门槛更少，全球化的营商环境更优。三是民营经济将获得鼓励创新、促进发展的包容审慎的监管环境。鼓励大胆尝试和促进新产业、新业态、新模式发展新动能的包容审慎的监管环境，将有力促进民营经济发展繁荣。四是民营经济将获得更加尊重知识、知识产权保护更严的优质创新环境。

民营经济将迎来更好的发展环境、更多的发展机会、更优的公平竞争环境、更大的成长空间。在山东省新旧动能转换的战略支持下，民营企业通过产业升级、产品再造、模式创新、管理变革、营销裂变等不同维度的新旧转换来实现企业的自我革命。我国新旧动能转换的关键时期，也将是民营经济继续发展繁荣的新时期。

(六) 胶东一体化加快资源要素有序流动

《山东省人民政府关于加快胶东经济圈一体化发展的指导意见》指出，要实现基础设施互联互通、产业创新协同共进、对外开放携手共赢、生态环境共保联治、公共服务便利共享、要素资源高效配置，这些都为青岛市民营经济的发展带来积极的影响。青岛、烟台、潍坊、威海、日照胶东五市串珠成链、一体化发展，更容易破除行政壁垒和体制机制障碍，通过资源共享、产业联动、分工协作等方式，实现错位发展、协调发展、有机融合。

青岛市启动了胶东经济圈民营中小企业一体化高质量发展行动，并积极创建国家"民营经济示范城市"。2020年7月，青岛市民营经济发展局发布

《胶东经济圈民营经济中小企业一体化高质量发展行动方案》，本着开放共赢、协作共进、产业共融、创新共建、惠企共享原则，立足胶东经济圈产业优势和资源特色，通过联盟的形式，大力实施胶东经济圈"壮大民营经济攻势"共建、民营中小企业家对话互访、民营中小企业培育、融资资源跨区域服务民营中小企业、民营中小企业国际交流合作五大行动，构建合作机制完善、要素流动高效、发展活力强劲、辐射作用显著的民营中小企业发展共同体，打造区域民营中小企业高质量发展高地。这是青岛市民营经济发展的一大机遇。

(七)工业互联网之都建设助推民企数字化转型

2020年初，青岛市锚定城市发展新赛道，以打造世界工业互联网之都为目标，全面发力推动工业互联网发展。工业互联网促进了生产过程的创新，能够有效打破民营企业内部、供应链上下游之间的数据孤立状态，实现资源运用协同，从而提升效率、降低成本，加快高质量发展，具体体现在以下四个方面：①大幅降低技术搜寻成本、市场搜寻成本，降低供求对接的交易费用，增强企业的扩张能力；②提高民营企业的科技水平和劳动生产效率，并降低能耗、物耗成本；③助力民营企业从更深程度上参与行业内分工、行业间分工、价值链分工，促进产业的耦合与协同效应，提升民营企业的经营绩效与发展质量；④催生民营企业新业态、新模式，进而进行资源整合，成为新企业的孵化器。

针对民营企业，尤其是民营中小企业，青岛市制定了一系列政策着力推动企业"上云用平台"，全面推动各行业数字化转型升级。一是根据中小企业实际需求，面向设备数字化改造、信息化建设和智能化生产等企业发展需求，在设备连接、数据管理、大数据分析和智能应用等方面推动企业"上云用平台"，推动规模以上工业企业将研发设计、生产制造、运营管理等核心业务能力向平台迁移。二是定期开展青岛市中小企业"上云用平台"业务培训，在全行业推动工业企业实施数字化、网络化、智能化改造升级。三是通过资金奖励方式，鼓励各工业互联网平台对中小企业购买和使用云计算资源及平台服务给予费用优惠，减轻用户费用负担，引导企业用户上云用平台，鼓励特定行业工业互联网平台面向细分行业和中小企业提供平台服务。青岛市民营企业要借助青岛打造世界工业互联网之都的东风，通过数字化转型走向高质量发展。

四、青岛市民营经济发展的挑战

(一)疫情冲击下不确定性增加

2020年新冠疫情的全球暴发对我国民营经济高质量发展产生了巨大冲击。

疫情之下，市场需求迅速下降，需求结构发生巨大变化。民营企业大部分集中在服务业。服务业中的餐饮、娱乐、商场、百货、旅游、运输、教育等受冲击比较大。民营企业主要从事的另一部分是制造业。制造业体系是通过复杂而精密的产业链条串联起不同生产环节的企业。这些不同环节联系紧密又相互制约和影响，从而将疫情对企业停产停工的暂时影响放大至长期。同时，其他国家因疫情采取的限制措施也可能造成国际贸易中断，从而影响到中国产业链的正常运行。从产业链看，我国绝大多数产业链的末端都是由中小微企业提供服务，中小微企业的经营困境将会在很大程度上影响整个产业链的运营，进而对复工后大型企业的经营也造成较大压力。大多数民营企业规模小，抗挤压能力差，民营经济市场主体生产经营陷入"四大困境"，包括流动资金紧张、营业收入断崖式下跌、外部公共风险转化导致成本攀升、盈利预期大幅恶化导致持续经营堪忧。不少企业面临需求不足、订单不足、流动性不足、生产成本上升等困难，利润空间被压缩，有的企业甚至面临生死存亡的考验。国内大循环的建立、内需的充分释放仍需时间。国内人口老龄化趋势加快，人口红利消退，劳动力市场结构性供需失衡，使经济发展的不确定性进一步增强。

(二) 产业链供应链重组加快

单边主义、贸易保护主义被不断强化，全球产业链、供应链已经开始出现"去中国化"的苗头，许多国家开始着手构建独立、完整、安全的产业链，全球供应链体系朝着更加多元、分散以及区域化、本土化的方向发展。中美贸易摩擦导致了国内民营企业经营严重受阻。首先，自美国发布对中国进口货物加征关税后，生物科技、工业自动化以及新能源制造等高新技术产业受影响最大。这些产业涉及的产品都是青岛市民营经济发展的重点，所以美国出此政策无疑给青岛民营企业带来了严重的打击与考验。其次，民营企业成本增加。贸易摩擦会导致原材料采购成本上涨，加大了国内企业的生存风险，用工成本增加，订单减少，中小企业生存困难。

传统民营企业产业链相对固化，难以像新兴企业或互联网企业一样对价值链和商业模式做变革。由于中美贸易摩擦加剧，对于大部分民营企业来说，在国际市场竞争中处于劣势，导致企业丧失产业链转型的动力。对于任何企业来说，价值链转型升级都是一个艰难的过程，要为此投入大量的资金、较多的精力，存在较大的风险。另外，转型升级后的民营企业需要重新进行市场定位，对于小富即安的中小企业来说风险过大，不敢贸然行动；而对于大型企业来说，当前国际环境不利于自身发展，价值链升级也需谨慎考虑。

(三)区域间竞争日趋加剧

据2019年发布的《中国城市群一体化报告》,全国12大城市群占全国GDP的比重从70.56%上升至82.03%,而长三角、京津冀、珠三角三大城市群占全国GDP的比重甚至超过40%。经济圈、城市群正在重塑我国的经济版图。虽然近年来胶东经济圈在区域一体化发展上取得了一定的成绩,但与长三角、珠三角、京津冀等城市群相比,无论是在经济体量还是经济活力、营商环境上,都存在着不小的差距。目前,珠三角城市群拥有比较完备的上下游产业链,城市之间有良好的优势互补与功能互补,城市群形成了发展的合力。反观胶东经济圈,改革开放40多年里,在以GDP作为地方政府主要考核指标前提下,各地政府集中精力忙于招商引资,大力发展工业。青岛、烟台、威海、日照、潍坊几乎全是临港经济,主要发展石化、冶金等产业。这也从侧面反映出胶东五市产业互补性弱,同质化竞争比较严重。在第一、第二产业方面,胶东五市相关产业的互补性比较弱,在第三产业方面,特别是现代服务业领域,青岛和其他城市能够形成一定的互补性与差异性。

据国家统计局相关数据,2020年,长三角城市群共有41座城市,2020年度全国GDP十强城市中,长三角城市群共计上榜4座城市,全国GDP三十强城市中,长三角城市群共计上榜11座城市。2019年,长三角城市群GDP总量约为20.27万亿元,GDP突破万亿的城市共6座,包括上海、杭州、苏州、南京、无锡、宁波;珠三角城市群共有9座城市,其GDP总量共计8.69万亿元,GDP突破万亿的城市共3座,分别是深圳、广州、佛山;胶东经济圈五市2019年GDP总量为29996.37亿元,GDP突破万亿的城市仅有青岛。而据企查查相关数据,长三角城市群的上市企业数量为3900家,京津冀城市群上市企业数量有2090家,珠三角城市群是1829家,胶东经济圈的上市企业数量为345家。从数据上可以看出,胶东经济圈上市企业数量远少于京津冀城市群和珠三角城市群,城市GDP差距也较大,胶东经济圈与京津冀城市群和珠三角城市群依然差距较大。胶东经济圈发展存在的问题未来急需解决。

(四)区域人才流失加重和人口增长放缓

山东省近年来的人才流失现象较为严重。第一财经统计数据显示,身为第三经济大省的山东,2017~2019年人口净流出分别为41.97万人、19.55万人、19.93万人,三年合计净流出达到了81.45万人。根据山东齐鲁人才网发布的《2018山东秋季人才流动报告》对山东人才流向地区做出的数据分析:山东2019届毕业生中选择留在山东的人数仅占17.7%,不足两成;江苏省成为第一流向地区,占比19.1%;浙江省对山东毕业生吸引力也较强,占比为18.3%;北上广占比分别为10.8%、7.8%和8.7%,山东省成为人才输出大省。人才作为经济发展的重要资本,人才流失也就意味着资产流失,这必然对山东地区社会经济高质量可持续发展产生不利影响。

"十二五"期间,青岛常住人口增加了73.09万人。"十三五"期间,青岛常住人口增加了65.97万人。2017年初青岛加入引才大战之后,不甘落后,一直在追赶,在之后的两年,人才落户新政不断。统计数据显示,2020年末,青岛市常住人口1010.57万人,与上年相比增加了18.27万人,成为"十三五"期间人口净流入最高的年份,但纵向和横向对比来看,青岛新政引人效果并不十分明显。较早开始实施人才新政的西安市,仅2018年人口就增加61万人。可见,人才问题是青岛市民营经济发展所面临的重要挑战之一。

图1-8较为直观地展现了青岛市民营经济发展的SWOT分析。

优势
1. 区位优势明显
2. 产业基础雄厚
3. 教育资源丰富
4. 营商环境良好

劣势
1. 技术创新能力有待加强
2. 龙头企业整体实力偏弱
3. 人才结构性矛盾较突出
4. 融资难题尚未彻底解决

机遇
1. 双循环新发展格局推动民营企业高质量发展
2. RCEP有助于促进青岛民营企业快速成长
3. 国家战略为民营企业发展提供重要平台
4. "十四五"规划指明民营企业的创新地位
5. 新旧动能转换促进民营经济转型升级
6. 胶东一体化加快资源要素有序流动
7. 工业互联网之都建设助推民企数字化转型

挑战
1. 疫情冲击下不确定性增加
2. 产业链供应链重组加快
3. 区域间竞争日趋加剧
4. 区域人才流失加重和人口增长放缓

图1-8 青岛市民营经济发展SWOT分析

第四节 青岛市民营经济发展目标分析

一、总体指导思想

立足青岛区位优势和产业基础优势,依托上合示范区和山东自贸区青岛片区两大国家战略平台,以深圳等先进城市为标杆,抓住国家双循环新发展格局和山东新旧动能转换的历史机遇,坚持政府引导、市场主导、科技支撑、创新驱动的基本原则,借助胶东经济圈一体化发展和青岛打造工业互联网之都的新契机,链接优势产业资源要素,突破产业发展瓶颈,发挥大企业支撑引领作用,推动产业链上中下游、大中小企业融通创新和共同成长,以重大政策、重大举措、重大工程和项目为抓手,持续推动壮大民营经济,不断提升民营经济在现代经济体系中的地位,加快实现民营经济高质量发展。

二、发展路径

围绕全市确定的十三条产业链,重点推进全国民营经济示范城市创建工程、持续推进壮大民营经济工程、健全民营经济和中小企业发展机制工程、做大做强龙头骨干企业工程、做专做精民营中小企业工程、民营经济服务平台提升工程六大项目工程,打造服务体系完善、融资环境良好、民间投资活跃、产业生态健康的民营经济发展新格局,使民营经济成为促进经济增长的重要引擎、推动创新发展的重要主体、增强市场活力的重要力量和创造就业岗位的重要渠道,将青岛建设成为全国民营经济发展领先的城市。

第五节 青岛市民营经济产业分析

一、新一代信息技术产业

(一)青岛市新一代信息技术产业发展方向

青岛市新一代信息技术产业以培育支柱产业为目标,把握新一代信息技术加速创新的趋势,按照"面向前沿、抢先占位、产用联动、融合发展"的思路,推进信息化与工业化融合,实施智能制造、物联网应用、集成电路、大数据服务等示范工程,形成推动信息产业快速发展的合力。

(二)青岛市新一代信息技术产业重点领域

1. 物联网产业

重点研发物联网感知技术,重点支持超高频 RFID 技术、有源 RFID 技术的研究，支持多功能、多接口、多制式 RFID 模块的研制，并向模块化、小型化、便携式、低功耗、嵌入式方向发展；发展 MEMS 技术，支持 MEMS 技术与信息通信、医疗、自动控制、消费电子等应用领域相结合，研制符合各领域要求的微传感器、微执行器、微结构等 MEMS 器件与系统。

重点发展基于北斗卫星导航系统、海事卫星的船舶通信、导航设备、海上救助系统；重点实施海洋专用通信设备的研发与产业化，鼓励研制水声和浮标等船载传感器、深海观测仪器、军民两用高端通信器材，围绕船舶远洋作业生活需要，开发船用电子产品、导航系统及相关仪器仪表。

打造特色物联网技术应用示范项目，重点支持物联网在智能家居、智慧交通等领域的应用示范，培育完整的市场应用服务体系，在示范先行的基础上逐步开展应用推广。在智能家居领域，重点发展以海尔 U+智慧生活系统为代表的智慧家居示范工程，实现家电互联互通、安防控制、健康服务、能源管理等，通过产品智能化进行智慧生活多层次布局，重点推动家电向智能节能、新型显示设备、物联网家电等价值链高端延伸，向新型元器件、新型传感器、下一代互联网核心设备等新一代信息技术转型。在智慧交通领域，发展物联网技术全面感知交通运输基础设施、交通运载工具状况，监控整个交通的运行情况，提升交通运输行业信息化水平。支持大规模数据采集与综合监控技术的研究及其在快速公交智能系统、车辆诱导、自动驾驶、车辆防碰撞等领域的应用研究，鼓励研发具有自主知识产权的智能交通系列产品。

加大智能汽车、数控机床、轨道交通、智能家居、智慧医疗等本地优势产业领域物联网技术的应用深度，重点引进培育各领域第三方操作系统服务商，鼓励相关应用企业共投资共应用，构建研发、应用和服务全链条服务。推动物联网技术与云计算、大数据、人工智能、虚拟现实、北斗导航、智慧城市等产业和领域的融合发展。支持本地物联网系统集成商向运营服务商转变，鼓励智能汽车、电梯、轨道交通等领域第三方物联网公共平台发展。

2. 微电子产业

重点发展显示芯片、激光器芯片、电力载波通信等专用芯片，以及传感器、光器件、光模块的设计、制造、封测及应用，形成光模块产品较完善的上下游供给产业链。

重点支持硅基光电子集成技术研究，发挥海信等龙头企业带动作用，扶持硅基光电子器件产业，支持具有低成本、高度集成的硅基光电子器件的研发。重点围绕智能信息终端需求，支持高端和趋势产品研发投入，形成从光通信芯片的设计、制造、测试，到个性化家电和数字视听产品应用较完善的数字家电产业链。

重点发展细分、定制的智能家电芯片，打造具备差异化功能以及性价比与产品体验俱佳的智能家电产业。重点支持数字电视新型 SoC 架构、图像处理引擎、多格式视频解码、视频格式转换、立体显示处理等技术的研究，发展主流智能家电芯片、可穿戴设备芯片，并逐步向智能消费类芯片拓展。支持研发高性能、高集成度、低功耗的市场主流智能电视 SoC 芯片，以及在性能、功耗、安全性、成本方面都更适合智能空调的传输芯片。

3. 大数据产业

加快大数据获取、存储、分析、挖掘、应用等关键技术在工业领域的应用，重点研究可编程逻辑控制器、高通量计算引擎、数据采集与监控等工控系统。支持面向典型行业中小企业的工业大数据服务平台建设，实现行业数据资源的共享交换以及对产品、市场和经济运行的动态监控、预测预警。

探索基于平台的跨行业数据整合共享机制、数据共享范围、数据整合对接标准，研发数据及信息系统互操作技术，开展跨行业大数据资源整合、集聚和应用的试点示范。依托金家岭财富金融实验区推动金融大数据技术的应用，引导金融机构运用云端数据库为客户提供记账服务，为客户定制差异化产品和营销方案，促进高效金融监管体系建设。

4. 虚拟现实与增强现实产业

重点研发高性能三维显示器、智能眼镜、多自由度综合交互系统与位置跟踪器、新概念人机交互装置等虚拟现实装备，积极参与显示、交互、内容、接口等方面的规范标准的制定，推进虚拟现实技术在数字人体器官模型及手术模拟、可视素材虚拟场景生成等领域的应用示范。

5. 人工智能产业

依托海尔、以萨技术、松立股份等青岛市智能家电、智能交通、智慧城市、机器人和可穿戴设备等人工智能下游应用领域的重点企业，引进相关国内外知名高校院所来青岛建设人工智能研究院，建设专业化人工智能孵化园区，引进一批人工智能创业公司和团队，跟踪国家人工智能芯片战略布局，争取人工智能芯片研发与制造项目落户青岛市。围绕语音识别、图像识别、深度学习、增强学习等人工智能核心关键环节，推进产学研用联合创新，开展深度学习算法、图像识别算法、语音识别和自然语言处理算法、智能机器人、智能化生产线等关键技术与产品研发。培育一批具有较强竞争力的创新型企业，加快人工智能技术在家电、机械、船舶、轻工、纺织、食品等行业的应用。

6. 工业互联网产业

依托海尔公司的 COSMOPlat 工业互联网平台，重点支持龙头企业加快工业互联网的集成创新应用，强化设备联网与数据采集能力、数据集成应用能力，开展大数据智能管理。鼓励发展基于工业互联网的众包、众创、众享等新模式，支持海尔、特锐德等龙头企业创建"双创"平台，吸引民营企业，推动发展高效协同研发、质量精细管理、协同供应链、产品全生命周期服务等新业务、新模式，实现内部孵化、裂变能力，形成新的竞争优势。

加快工业互联网平台建设。支持制造业企业、信息通信企业、互联网企业、基础电信运营商、自动化企业、科研院所等各类主体协同合作，建设资源富集、多方参与、合作共赢的跨行业跨领域工业互联网平台，支持建设一批面向特定行业、垂直领域的行业性、功能性工业互联网平台。支持平台不断扩大终端设备接入规模。支持平台加大研发投入，不断完善平台功能，加快面向不同行业和场景开发和提供即插即用、低成本、易推广的应用服务。

在高端软件领域，依托海尔、海克斯康、杰瑞、海通机器人等高端装备制造企业的工业软件开发能力，以及东软、NEC、印孚瑟斯、富士通等外包企业，大力发展基础软件、工业应用软件和软件服务外包。

【专栏 1-1】12 英寸先进模拟芯片产业制造基地

青岛 12 英寸先进模拟芯片产业制造基地项目位于即墨区鳌山湾，总占地面积约 500 亩，总投资约 180 亿元，建设一条 12 英寸模拟集成电路芯片生产线，规划产能每月可达 4 万片。

资料来源：笔者根据政府提供的调研资料整理加工而成。

【专栏 1-2】惠科 6 英寸晶圆半导体功率器件项目

该项目总投资 29 亿元，是集功率半导体器件设计、制造、封装测试于一体的全产业链项目，由深圳惠科投资有限公司与青岛市即墨区马山实业发展有限公司共同出资建设，一期投资约 30 亿元，用于生产半导体分立器件、碳化硅器件、电子元件等，新上芯片和先进晶圆芯片级成管封装生产线及配套系统。产品可应用在高铁动力系统、汽车动力系统、消费及通信电子系统等领域。项目建成后，将实现年产 240 万片 6 英寸功率器件芯片晶圆以及 120 万片 WLCSP 先进封装晶圆，成为国内单体产出最大的功率器件生产线。

资料来源：笔者根据政府提供的调研资料整理加工而成。

【专栏 1-3】青岛微电子产业园项目

该项目位于崂山区，占地约 194 亩，总投资约 67 亿元。崂山区与歌尔股份有限公司将在产业园内共同投资建设集成式智能传感器项目。微电子产业园项目建成后主要从事微电声、光电、传感器等精密器件和虚拟增强现实、智能穿戴等智能硬件产品的研发与智能制造，服务于谷歌、微软、Facebook、腾讯等企业。该项目一期于2021年完成园区工程建设，2022年完成产线安装并投产。

资料来源：笔者根据政府提供的调研资料整理加工而成。

二、高端装备产业

(一)青岛市高端装备产业发展方向

青岛市高端装备产业将加快推进"高端制造业+人工智能"攻势任务，围绕轨道交通装备、新能源汽车、机器人等细分行业和领域，加快培育壮大高端装备制造业，全面提升传统装备制造业的智能化水平。以"高速、精密、智能、复合"为目标，重点发展重型数控切割机床和数控特种加工机床，以及重型锻压、清洁高效铸造、新型焊接及热处理等基础装备生产，增强高端产品竞争力，打造输配电设备、电线电缆、大型工程机械、能源发电设备、数控专用机械产品基地。围绕产业发展需求，重点发展输配电设备、纺织机械、轻工机械、仓储物流装备、工程机械，突出发展橡胶机械、电子工业专用设备、环保设备、医疗器械等专用装备产业，积极发展具备一定基础和优势的铸造锻压设备、金属切削机床和模具生产。引进和培育一批规模大、专业化程度高的模具企业，建成国内重要的模具产业集中区，提升机械装备制造产业的国际竞争力。

(二)青岛市高端装备产业重点领域

1. 海洋工程装备及高技术船舶

瞄准大型、高端、深水，发展深海海洋工程装备设计制造技术，突破研发设计、工程总包等关键环节，提升海洋工程装备配套能力。重点发展新型海洋船舶、特种集装箱、海洋油气开发及风力发电工程装备、载人深海潜水器等海工装备，鼓励发展大型天然气船、大型液化石油气船、万箱级以上集装箱船、大中型工程船舶、豪华游轮游艇等高端船舶。打造全国一流、链条完整的海工装备和船舶研发制造基地。

2. 先进轨道交通装备

瞄准轨道交通装备标准化、谱系化、智能化发展方向，围绕国家高速列车技术创新中心建设，力争补齐高铁牵引、制动、网络控制系统和新型复合材料车体等关键配套产业链，着力引进通号、运控、路网装备等地面设备制造厂商，培育高铁配套产业集聚群。

持续推进研发能力建设，围绕龙头企业商业模式创新，实现价值链由"制造"为主，向"技术+制造+服务"转变升级。搭建车网路一体化核心系统智能仿真平台，开发基于人工智能和大数据技术的智能运维系统，拓展动车组高级维修、智能运维等增值业务，加快发展咨询服务、远程运维服务等服务型制造，打造分工合理、聚集度高、系统完整的全产业链条，提升轨道交通装备全系列产品的全生命周期集成服务能力。

3. 航空航天装备

重点围绕直升机、无人机、通用飞机的组装、维修及研发，引进直升机、通用飞机发动机及配套产品制造项目，加快推进大飞机无杆牵引车的研发与产业化，争取通用飞机制造、航空配套及航空附属制造产业发展实现突破。发展北斗导航，重点研发北斗导航芯片和终端产品，建设国家北斗导航位置服务数据分中心、检测中心、地基增强系统等基础设施和服务平台，打造完整的北斗导航产业链体系。建设具有区域特色、产业链完整的国家新兴航空航天产业基地。

4. 智能制造装备

牢牢把握制造业数字化、网络化、智能化的发展方向，坚持自主研发与引进培育相结合，引导企业重点跟踪自感知、自决策、自执行、柔性化、人机协同的智能控制技术，加快发展工业机器人、3D打印等智能制造装备产业。开发智能仪器仪表与测控设备，促进仪器仪表设备向微型化、多功能化和人工智能化方向升级。加快纺织机械、轮胎成套装备、工程机械等重大成套装备智能升级，突破高档数控加工中心、热冲压力成型生产线等重大短板装备，推动机械装备产品由数字化单机向智能化制造单元和成套设备转型。

【专栏1-4】山东创新集团青岛电子产业园项目

该项目地点位于胶州市，总投资24亿元，由青岛利旺精密科技有限公司投资建设。项目占地570亩，规划总建筑面积27万平方米，建成年产上亿套高档铝合金电子型材生产基地、创新合金研究院。项目主要建设企业总部、研发中心及4个机加工车间、综合利用车间等，主要生产笔记本电脑外壳、手机外壳、电子散热器、LED灯外壳等。投产后，预计年销售收入11亿元，利税87000万元。

资料来源：笔者根据政府提供的调研资料整理加工而成。

【专栏1-5】万丰莱西通航产业园项目

万丰莱西通航产业园主要从事两款钻石飞机（DA50、HK36）的整机制造及万丰钻石飞机复合材料零部件制造，项目计划投资20亿元，占地700亩，建筑面积50万平方米,将建设国家级工程中心及高端人才公寓、万丰航空总部大楼、万丰航空俱乐部等。预计2021年底,第一架"青岛造"钻石DA50飞机将在莱西下线。

资料来源:笔者根据政府提供的调研资料整理加工而成。

【专栏1-6】青岛美锦氢能科技园区项目

该项目位于黄岛区,占地面积41.8万平方米,总投资115亿元。园区以"一园多中心"思路进行整体规划,建设年产2万辆新能源商用车整车制造中心、氢能核心装备制造中心、科创孵化中心"三大中心",围绕氢能产学研一体化,打造国内科研孵化能力第一、制造能力第一、市场影响力第一、资源整合能力第一的"四个第一"氢能国际合作平台,构建起科创、智造、流通、资本、应用等领域全面发展的氢能生态圈。

资料来源:笔者根据政府提供的调研资料整理加工而成。

三、新能源新材料产业

(一)青岛市新能源新材料产业发展方向

在产业发展方向上,重点发展新能源汽车产业,瞄准汽车产业轻量化、新能源化、智能网联化发展方向,在推进现有整车企业传统燃油车型提档升级基础上,提升自主创新能力,加大轻量化材料、高续航电池、智能车联网等关键技术攻关,推动新能源汽车产业集群发展。

根据青岛市氢能资源禀赋和产业基础,执行由"资源型"向"技术型"制氢转换的长远战略,稳步提升制氢产业产能,完善氢气生产、压缩、储存、销售供应链,以满足不断增长的氢能产业需求。

新材料产业则重点发展先进高分子材料、先进金属材料、石墨烯等碳素材料、高性能纤维及复合材料、新型能源材料等领域的新材料,促进新材料技术与人工智能、电子信息、高端装备等产业协同联动发展。

(二)青岛市新能源新材料产业重点领域

1. 新能源汽车

加快发展新能源汽车及核心零部件研发与生产,扶持新能源汽车整车生产、电机及控制系统和充电设备制造业,瞄准汽车产业轻量化、新能源化、智能网联化发展方向,加大轻量化材料、高续航电池、智能车联网等关键技术攻关，推动新能源汽车产业集群发展。积极开展智能电网和新能源汽车充电桩等基础设施建设。

重点突破电池正负极材料、电解液、隔膜及大容量锂离子电池制造技术，拉长动力型锂离子电池产业链。加强国际交流与合作，组织联合攻关，形成新能源整车开发能力、动力总成开发能力、汽车电子技术和轻量化研发能力，构建完善的新能源汽车开发制造体系。

2. 氢能

2020年底，青岛市发布氢能产业发展规划，实施"东方氢岛"发展战略，以建设氢能技术创新核心区、氢能创新发展试验区、燃料电池汽车产业聚集区为抓手，探索氢能纳入区域能源体系及多种能源协调发展的策略，加大氢能基础设施建设力度，形成氢能"制—储—运—用"相关产业集群，完善氢能产业链体系，在未来10年将青岛打造成国际知名的氢能城市。

根据制氢产业基础条件的不同，灵活地选择多样化的产业发展方向：董家口化工产业园的化工副产氢较为丰富，重点发展氢气提纯技术和氢气回收技术，采用变压吸附等先进的氢气提纯工艺，提高化工副产氢的利用率和高纯氢气产能；依托青岛国际院士港技术创新基础和智力优势资源，推动电解水制氢技术示范应用。

以青岛市燃料电池汽车产业发展和需求为导向，重点发展燃料电池动力系统、电堆、关键材料和关键零部件四个领域。以商用车、重型车辆为发展目标，开发大功率、高可靠性、长寿命燃料电池系统。

充分发挥氢能在电力、燃气、热力多种能源间的载体作用，探索电力网、燃气网、热力网、交通网的柔性互联和联合调控。利用燃料电池为不同的能源消费载体提供能源，进一步扩大氢燃料的应用范围，在交通领域大力推广燃料电池汽车、港口应用、轨道交通，降低油品消耗；在发电领域试点燃料电池分布式发电，减少外供电力的输入；在建筑节能领域进行燃料电池热电联供示范，减少煤品的供应。

3. 新型无机非金属材料

突破高性能高纯碳化硅、激光晶体材料、以石墨烯为代表的碳材料、硅晶片等关键技术，重点发展先进储能材料、半导体材料、新型显示材料等清洁能源新材料和精密陶瓷材料。

4. 高性能纤维材料

突破无溶剂纺丝、复合材料成型、氨纶制备、海洋生物质纤维及超高分子量聚乙烯纤维等关键技术，重点发展高强度纤维及功能纺织纤维。以青岛海藻纤维材料产业化基地为引领，鼓励骨干企业开发天然高阻燃、天然抗菌的海藻纤维，建设万吨级高强度海藻纤维生产线。

5. 先进高分子材料

突破相态控制、动态硫化、光固化树脂和粉体树脂制备等关键技术，重点发展新型合成树脂、高性能橡塑改性材料、热塑性弹性体、海洋工程结构与防腐材料及导磁、导电、可降解等功能高分子材料和膜材料等。

6. 高端金属功能与结构材料

突破高端优特钢制备、高强度轻质合金制备等关键技术，重点发展汽车用钢、模具钢、轴承钢，高速列车用大尺寸高强度铝合金型材，轮胎钢帘线、轮胎防滑钴钨合金钉，铁基非晶、纳米晶合金带材等高端优特钢及功能金属材料。

7. 生物医用材料

重点发展海洋化工生物材料和生物医用材料，突破海洋特种防腐耐磨材料制备、水溶性海藻素及海洋寡糖制备等关键技术。

【专栏1-7】中德氢动力(青岛)有限公司

该项目由北京鼎红世纪投资有限公司投资，项目总投资40亿元，占地366亩，建筑面积16万平方米。主要引进德国FCPG公司目前国际先进的氢燃料研发及生产设备和技术，从事燃料电池推进系统部件、基站式一站式燃料电动动力供应系统等产品的研发和生产。

德国FCP公司是目前世界上唯一一家同时拥有电堆、燃料电池系统，车辆专用电动机及控制系统，以及驱动系统设计制造技术、仿真优化技术、部件及整车测试技术、电堆全自动化工艺技术等成套解决方案的公司。公司拥有可申请全球市场知识产权及技术秘诀23项。一期主要为中国铁塔定制氢动力替换电源。项目已被列为山东省新旧动能转换优选项目。

资料来源：笔者根据政府提供的调研资料整理加工而成。

【专栏1-8】新材料与氢能源综合利用项目

该项目位于青岛西海岸，总投资203亿元，占地面积3000亩，由金能化学(青岛)有限公司投资建设。项目采用目前全球先进的Lummus及Basell工艺，融合工业4.0理念，主要建设2×90万吨/年丙烷脱氢与8×6万吨/年绿色炭黑循环利用装置、200万吨/年高性能聚丙烯装置、清洁氢能源综合利用系列项目，其中，丙烷脱氢与绿色炭黑单体装置的技术和规模全球居首，创造出全球唯一且与众不同的循环生产模式，被列入山东省新旧动能转换重大项目库第一批优选项目。一期项目于2021年初投产，二期项目于2021年5月动工建设。项目全部建成达产后，销售收入300亿元以上。

资料来源：笔者根据政府提供的调研资料整理加工而成。

【专栏1-9】高性能膜复合材料及制品智能化生产项目

该项目位于胶州市，由青岛三秀新材料科技有限公司投资3亿元建设，占地面积74.3亩，建成后拟实现年产膜复合材料900万米、防护用品400万套的生产能力。

资料来源：笔者根据政府提供的调研资料整理加工而成。

【专栏1-10】天际汽车新能源车青岛基地项目

该项目位于平度市，由天际汽车科技集团有限公司投资26.8亿元建设，一期计划投资11.31亿元，建设生产车间、研发中心共8万平方米。项目一期达产后，可实现年产新能源商用车2万辆，实现销售收入50亿元。项目两期全部达产后，年可实现产值160亿元，实现税收8亿元，新增就业约600人。项目规划生产包括DKT62在内的多款新能源商用车型。其中，DKT62采用天际汽车首创的甲醇重整制氢燃料电池技术，整车综合续航里程可达550千米，足够保证城市物流运输对续航的需求。

资料来源：笔者根据政府提供的调研资料整理加工而成。

四、高端化工产业

（一）青岛市高端化工产业发展方向

深入实施化工产业安全生产转型升级专项行动，在橡胶轮胎、石油化工、精细化工等领域推广智能制造、智能监控等模块化解决方案，建设董家口、新河等智慧安全化工园区，发挥富氢资源优势，推动氢能产业链条式发展，促进化工产业绿色化、高端化、智慧化、集约化转型发展。

（二）青岛市高端化工产业重点领域

1. 大力培育石化中下游产品集群

在扩大化工基础原料产能的基础上，发挥港口物流优势，大力培育石化中下游产品集群。乙烯下游重点发展聚乙烯、聚氯乙烯、环氧乙烷等产品；择机进一步延伸加工深度，其中环氧乙烷下游重点发展乙醇胺、1,3丙二醇、聚对苯二甲酸三亚甲基酯(PTT)等；丙烯下游发展聚丙烯、环氧丙烷、苯酚/丙酮等，环氧丙烷下游重点发展聚醚多元醇，苯酚/丙酮下游发展双酚A、聚碳酸酯等。碳四下游围绕为轮胎产业提供基础原料和高性能工程树脂，发展异戊橡胶、丁基橡胶、聚异丁烯等产品。

2. 发展高端橡胶制品

轮胎产业加快向高端化、高附加值、高性能方向迈进，对中端以上乘用车、高端工程机械和航空的配套能力明显提升，低断面、超低断面、高速度级别的高性能轿车子午线轮胎成为主打产品，宽断面、无内胎、长寿命的载重子午线轮胎成为新的增长点，航空用高端轮胎开发应用实现突破，轮胎工业装备达到国际先进、国内领先水平。

重点发展车用高品质胶管及高新技术传动带、橡胶密封件、医用橡胶制品等特色橡胶制品，巩固橡胶制品传统优势。采用国际先进技术，加快发展轮胎成套制造设备及控制系统、橡胶智能加工设备，进一步提升橡胶机械核心竞争力。依托黄岛绿色轮胎智能化生产示范基地，加大高端化、定制化车用橡胶研发生产力度。

3. 择优发展精细化学品产业

围绕全市原料基础及下游相关产业配套需求，以高效低毒农药、环保型涂料、化工助剂等为重点，依托现有优势企业，合理布局精细化工产业。拓展产品应用领域，发展新一代摩擦剂、增稠剂、高清洁型添加剂、食品添加剂等功能型化工助剂产品。

【专栏1-11】金能科技新材料与氢能源综合利用项目

该项目位于青岛西海岸新区董家口经济区。项目引进了世界上最先进的丙烷脱氢技术和聚丙烯工艺，投资建设的90万吨/年丙烷脱氢装置是全球在建规模居首的丙烷脱氢项目的核心装置，两条90万吨共180万吨的生产线年产能将创世界上单家工厂产能之最。项目全部建成达产后，每年可创造产值300亿元，助力董家口经济区千亿级绿色化工新材料产业集群式发展。

资料来源：笔者根据政府提供的调研资料整理加工而成。

【专栏1-12】恒宁农用化学品原料药及中间体项目

该项目位于青岛市平度新河生态化工科技产业基地。项目主要建设内容包含年产3000吨苯醚甲环唑原料药及配套中间体年产2600吨苯醚酮、年产2000吨丙环唑原料药及配套中间体年产2000吨2,4-二氯苯乙酮、年产2000

吨溴虫腈原料药及配套中间体年产2200吨4-溴-2-(4-氯苯基)-5-三氟甲基吡咯-3-腈、年产2000吨丁醚脲原料药及配套中间体、年产2200吨4-苯氧基-2,6-二异丙基苯基硫脲和中间体、年产1800吨4-苯氧基-2,6-二异丙基苯基硫代异氰酸酯,同时包括公共工程和辅助生产设施装置等。项目建成后,工厂将用于农用化学品原料药及中间体产品的生产。本项目预计投资总额为84554.00万元,计划建设期为2.5年。

资料来源:笔者根据政府提供的调研资料整理加工而成。

【专栏1-13】青岛伊克斯达再生资源有限公司废旧橡胶绿色生态循环利用智能化工厂项目

拟建项目位于青岛市黄岛区泊里镇港兴大道66号董家口化工产业园,总投资100520万元。项目总用地面积264亩,总建筑面积176600平方米。主要建设内容包括生产车间(单层)6栋、辅房(两层)1栋、公用设施区域1处及相关配套设施。生产工艺为:废轮胎自动分拣→清洗→破碎→装料→热解。热解后的油气通过油气分离,分离后的油进入油库,不冷凝气回用加热炉体;热解后的炭黑经过粉碎、活化、改性、造粒制成工业炭黑;钢丝打包处理。项目建成后,年处理废旧橡胶20万吨。

资料来源:笔者根据政府提供的调研资料整理加工而成。

五、现代海洋产业

(一)青岛市现代海洋产业发展方向

青岛市现代海洋产业发展涵盖了第一、第二、第三产业。第一产业发展生态良好、效益提升、产业融合、动能转换的新渔业,将海洋牧场示范区、渔港经济区作为重点突破方向,将传统的渔港、海洋牧场注入时尚、旅游、文化等元素,激发渔业发展新活力,加快推进渔业高质量发展。第二产业将海洋设备制造、海洋船舶、海洋生物医药、涉海产品及材料制造、海洋化工、海洋水产品加工六大海洋制造业作为重点领域。第三产业将滨海旅游、海洋交通运输、海洋批发与零售、涉海金融四大海洋服务业作为重点领域。

(二)青岛市现代海洋产业重点领域

1. 建设养殖示范区

以智慧海洋为引领,提升现代渔业和水产品加工产业水平,高标准建设

"蓝色粮仓"，打造国际知名的海洋食品名城。加快建设国家级海洋渔业生物种质资源库。实施"深蓝渔业"开发计划，发展黄海冷水团养殖，创建国家深远海养殖示范区，建设中国极地渔业研发中心。实施渔船更新改造工程，打造规模化的远洋渔业船队，加快渔港更新改造。

2. 发展海洋制造业

（1）以高端装备为重点发展海洋船舶与设备制造业。加快推进国家海洋船舶与海工装备制造基地建设。面向深远海资源开发，主攻核心设备国产化，增强海洋高端装备和关键系统创新研发能力，积极引进研发设计机构和关键设备、仪器仪表、核心部件配套企业，提高地方企业配套率，建设船舶与海洋工程装备创新中心，打造综合性海洋装备智能制造基地。

（2）大力发展海洋生物医药业。实施"蓝色药库"开发计划，依托青岛海洋生物医药研究院等，建设国内一流的海洋生物医药创新研制平台。加快国家海洋生物医药产业基地建设，重点开发抗病毒、降血糖、心脑血管等绿色、安全、高效的海洋创新药物及海洋生物新材料、功能食品和生物制品，建设海洋生物医药资源库。

（3）以新材料为重点发展涉海产品及材料制造业。重点发展海洋防腐防污材料、生物质纤维材料、工程用高端金属材料和高性能高分子材料，支持重点企业、科研院所设立各类新材料研发平台，建设国家海洋新材料产业化基地。

推进水产品加工向深加工、品牌化转型，促进渔业与加工、物流、旅游、文化、康养等产业深度融合，加快发展渔业"新六产"。

3. 提升四大海洋服务业

（1）建设海洋牧场示范区。以国家级海洋牧场示范区建设为中心，以岸基为依托，建设陆上综合体验中心，推进"礁、鱼、船、岸、服"五配套，将建设海洋牧场、高端立体养殖、资源增殖、休闲渔业结合，打造现代化海洋牧场升级版。以海洋牧场建设为中心，以岛基为依托，建设岛上综合体验中心，保护性开发海岛周边海域，统筹发展海上垂钓、旅游观光、牧渔体验等休闲渔业，形成保护与利用并行的新型生态渔业示范区。主要支持建设岛上综合体验中心、海洋牧场多功能平台、监测系统、人工鱼礁等。

（2）建设渔港经济区。以水产品卸港与交易中心为基础，打造集海洋捕捞、水产品交易采购、竞价拍卖、冷链物流、安全生产教育于一体的综合型渔港经济区。完善渔港配套设施，提升综合服务能力，拓展渔港休闲功能，打造本色突出、特色鲜明的渔人码头，形成布局合理、管理先进、整洁有序的融合型渔港经济区。

（3）以打造一流滨海度假旅游胜地为目标，实施精品旅游战略，发展多元化旅游业态，突出滨海度假旅游、海洋休闲旅游、品质乡村旅游、融合创新旅游、服务输出旅游五大发展方向，开发设计串联前海一线及周边区域的旅游线路和产品，引进建设海洋主题公园、大型旅游综合体等重大旅游项目。大力发展邮轮经济，打造"游在青岛"品牌。

（4）以打造世界一流港口为目标，发展海洋交通运输业。把港口作为陆海统筹、走向世界的重要支点，优化港口功能布局，建设港航贸易、交易、金融等功能性平台，建设国际航运服务中心，引进培育国内外知名海运企业、航运服务企业和码头运营商。加密航线，建设辐射东北亚港口群的中转网络。

培育引进一批吞吐能力强的涉海商品批发企业、辐射能力强的涉海商品批发交易市场、集散能力强的电商平台。以涉海金融服务、商务服务、会展服务、知识产权服务为重点，推进海洋科技与金融深度融合，做大青岛国际商品交易所等专业服务平台，鼓励金融机构设立海洋经济金融服务事业部，引进航运专业保险机构，引导蓝海股权交易中心设立海洋经济特色板块，探索以"金融支持海洋经济发展"为主题的金融改革创新。

【专栏1-14】田横海洋生物及装备智能产业园项目

该项目位于即墨区，由青岛鑫诚田横海洋科技有限公司投资建设。项目总占地面积260亩，一期规划面积100亩，一期规划总建筑面积约19.5万平方米，二期规划建筑面积约12.4万平方米。项目定位为海洋生物科技及海洋装备制造、新材料等高新技术产业园，主要为海洋生物科技及海洋装备材料研发、智能制造等领域的企业总部、研发中心、孵化中心、中试轻生产及科研院所等的所在地，同时兼顾企业市场运营、产品展示、销售贸易、人力资源和信息交流等。

资料来源：笔者根据政府提供的调研资料整理加工而成。

【专栏1-15】现代渔业水产品精深加工及生物高值化综合利用项目

该项目位于西海岸新区，占地面积46666.67平方米，青岛宇洲水产科技有限公司投资5亿元建设。项目建成后，具备年产食用鱼油500吨、乙酯型鱼油400吨、高EPA/DHA甘油型鱼油200吨、饲料用鱼油800吨、海洋功能蛋白肽粉900吨、饲用蛋白肽粉12000吨的生产能力。

资料来源：笔者根据政府提供的调研资料整理加工而成。

【专栏1-16】青岛蔚蓝生物制品有限公司改扩建项目

该项目位于高新区，占地面积约79436.80平方米，总投资5.94亿元，建设周期为24个月,2022年6月投入生产运营。主要建设内容包括生物制品生产车间、动物药业生产车间、办公楼、动物实验楼、公用设施、仓储中心等。项目建成后,通过基因工程疫苗、多联多价疫苗、悬浮培养工艺等研发平台的升级应用,以及细胞悬浮培养工艺生产线、基因工程疫苗生产线等新型疫苗生产线的验收、投产,研制和生产新型高质量动物生物制品,满足畜牧业对疫病预防控制的多样化需求。

资料来源:笔者根据政府提供的调研资料整理加工而成。

六、医养健康产业

(一)青岛市医养健康产业发展方向

青岛围绕健康管理、精准医疗、智慧医疗、医养结合等产业方向,加快培育壮大健康养老产业,推动医疗、养老、养生、文化、旅游、体育等多业态深度融合,催生产业新业态。促进健康制造和健康服务有机融合,推动健康产业与相关产业融合发展,强化产业分工和企业协作,形成协同发展、创新高效、竞争力强的医养健康产业集群。

(二)青岛市医养健康产业重点领域

青岛重点发展健康医疗、医养结合、中医中药、智慧健康、健康旅游、多样化健康管理与促进服务、生物医药、医疗器械与装备八大领域。

1. 健康医疗领域

聚焦国内外先进水平,新建设一批临床重点专科;培育和发展社会办医品牌,扶持一批基础较好、有一定技术优势、群众认可度较高的社会办医疗机构;有序发展前沿医疗服务,组建优势学科团队,提供先进医疗技术服务;积极拓展预防保健服务,加快完善预防保健产业链条,推动疾病治疗向健康促进转变;持续提升妇幼健康保障水平,加强妇幼保健机构标准化建设,引进优质妇幼保健医疗资源;建设整合型医疗卫生服务体系,积极发展多种形式的医联体,推进分级诊疗,促进优质医疗资源下沉。

2. 医养结合领域

要创新推进医养结合,加快建立覆盖全体老年人的健康养老服务体系;开展社区居家健康养老服务,完善社区医养服务设施,引导社会力量管理运营社区医疗养老服务机构和设施;丰富健康养老服务业态,大力发展健康养老服务企业,鼓励连锁化经营、集团化发展,引导社会资本参与建设老年社区和养老服务综合体。

3. 中医中药领域

要做大做强中药产业，提升中医医疗保健服务水平，培育药材品种、产地、机构(生产组织)品牌，建成多功能中药观光园区，发挥中医药在养生保健产业中的作用，扶持民营中药生产加工企业成长；引进和培育高端中医药资源，建设国家中医药综合改革试验区；提升中医医疗保健服务水平，加强中医养生保健服务体系建设。

4. 智慧健康领域

推动智慧健康服务品牌建设，大力发展"互联网+医疗健康"新业态；实施全民健康保障信息化工程，进一步完善以居民电子健康档案、电子病历、电子处方等为核心的基础数据库，大力推广"健康云"应用。

5. 健康旅游领域

建设国家健康旅游示范基地，鼓励企业提供高品质、高附加值的健康旅游服务产品，加快培育一批健康旅游示范项目，打造全球慢病康复愈养基地；支持发展滨海休闲健康旅游，规划建设一批海岛健康旅游目的地、滨海休闲度假养生基地；支持发展山地生态健康旅游，打造具有国际特色的山地生态健康旅游胜地；支持发展温泉浴养健康旅游，打造国内一流的温泉养生小镇、温泉度假城、温泉保健疗养基地；支持发展田园休闲健康旅游，建设一批农业公园和田园康养综合体。

6. 多样化健康管理与促进服务领域

加快发展个性化健康管理，不断提升产业层次和服务质量；加快推进家庭医生签约服务，满足居民多层次、多元化的服务需求；发展体育健康服务，打造具有区域特色的健身休闲示范区、健身休闲产业带；发展商业健康保险服务，完善多层次医疗保障体系；推动健康食品生产开发，加强海洋生物保健品、功能性食品的研发和生产。

7. 生物医药领域

积极培育特色海洋药物，加快突破海洋药物研发关键技术，积极打造国内一流的"蓝色药库"；大力发展生物医药技术，突出企业创新主体地位，构建创新链、产业链紧密结合的药物研发技术体系。

8. 医疗器械与装备领域

支持研发医疗器械特色优势产品，积极研发新型海洋生物医用材料，突破海藻生物医卫材料等关键技术，实现海藻酸盐基纤维及医卫纺织材料、新型海洋生物医疗器械产业化；推动开发智能健康设备，促进健康医疗智能装备产业升级。

【专栏1-17】莱西市生物医药产业园项目

项目位于莱西市，规划总面积5000亩，目前产业园已规划建设的海诺生物医药产业园、通盈生物医药产业园和天成中医药健康产业园总占地面积约950亩，建筑面积约73万平方米。项目建设主要内容包括共享园区、生物医药数据信息服务中心、共性技术服务平台和园区综合服务大楼。项目总投资47亿元，其中通盈生物医药产业园16亿元，海诺生物医药产业园19亿元，天成中医药健康产业园12亿元。

资料来源：笔者根据政府提供的调研资料整理加工而成。

【专栏1-18】瑞利国际生物医药产业园项目

该项目位于即墨区，计划总投资38亿元，其中，全球总部、国际研发中心位于青岛蓝谷，生产基地位于即墨区灵山镇，中试基地位于青岛汽车产业新城。项目分四期进行建设：一期建设中试基地；二期建设幽门螺杆菌精准诊断（含诊断试剂、诊断设备生产）与精准治疗（含生物药物生产）生产基地；三期建设丙型肝炎精准诊断（含诊断试剂、诊断设备生产）项目、新一代矫正视力医疗器械（角膜塑形镜、巩膜镜及多焦点角膜接触镜）生产基地；四期建设高端仿制药项目。产业园五年内全部项目投产，预计年产值达到67亿元。

资料来源：笔者根据政府提供的调研资料整理加工而成。

【专栏1-19】青岛大健康产业园健康管理中心项目

该项目位于市北区，占地面积约1300亩，由百洋医药集团投资建设。大健康产业园核心区由大健康总部基地、国际医疗AI基地、高端智造研发基地、智能健康服务基地四大功能组团构成。产业定位于互联网化医院管理、远程诊疗、智能可穿戴医疗设备、医药电商、智慧健康管理、健康大数据等领域，打造优质产业资源和高端人才引进、高端技术和领先产品的研发与智造、深度产业合作和综合配套服务于一体的国际级健康科技生态产业集群。

资料来源：笔者根据政府提供的调研资料整理加工而成。

七、现代高效农业

(一)青岛市现代高效农业发展方向

青岛市现代高效农业发展方向是"以发展新技术、新产业、新业态、新模式为主要抓手，调整优化农业生产力布局，推进农业融合发展、绿色发展、创新发展，促进现代高效农业实现高质量发展"。

一是构建国际化都市现代农业产业体系。以全域建成国家现代农业示范区样板区，率先实现农业现代化为目标，以加快转变农业发展方式为主线，构建国际化都市现代农业产业体系，建设现代农业发展先行区，为农业新旧动能转换创造条件。依托大沽河流域、滨海沿线和丘陵山区，重点发展粮食、特色园艺、蓝色渔业、都市型现代畜牧业、农产品加工业和休闲观光农业六大特色优势产业。

二是打造农业可持续发展示范市。全力打造东部沿海城市农业绿色发展样板，推进生产方式由拼资源、拼投入向使用新技术、打造新模式转换，推进农业经营方式由过去单一农业生产向发展新产业、培育新业态转换。加快构建"青岛农品"培育、保护、发展和评价体系，推进全程标准化生产，打造一批国家级农产品区域公用品牌、全国知名企业品牌和特色农产品品牌。

三是打造"新六产"融合发展强市。全域开展农业"新六产"综合示范区建设，推进农村第一、第二、第三产业深度融合发展，突出打造西海岸高端智慧农业示范区、胶州临空高效农业先行区、即墨区青岛国际种都核心区、平度粮油终端消费发展区、莱西市农产品物流配送先导区五大核心区，全方位发展农业新产业新业态，形成产业链条完整、布局合理、功能多样、业态丰富、利益联结紧密的发展新格局。

四是打造"智慧农业"应用先导市。加快推广物联网、云计算、大数据等现代信息技术应用。大力发展农产品电子商务，支持新型农业经营主体积极对接电商平台，开设地方特色馆。实施农业领域"机器换人"，加快"两全两高"农业机械化发展。建设农业大数据平台，建立农业数据智能化采集、处理、应用、服务、共享体系，打造智慧农业技术应用示范样板。

五是打造农业开放发展引领市。积极利用国家"一带一路"倡议等政策机遇，健全农业对外开放体制机制，加大"引进来""走出去"招商力度，吸引一批世界500强涉农企业集团落户，支持一批具有竞争力的农业企业在国外建立项目基地。进一步增强青岛市农产品国际影响力和竞争力，提升农产品贸易水平。

(二)青岛市现代高效农业重点领域

1. 规模农业——实施主体培育工程

坚持以农业产业化龙头企业为引领，推进优势产品向优势企业集中、优势企业向优势园区集中，带动各类新型农业经营主体组建产业发展联合体，逐步建立现代农业产业体系。鼓励、引导工商资本发展适合企业化经营的现代种养业，向农业输入现代生产要素和经营模式。培育发展一批规模适度、管理有方、经营有效的规模经营主体，鼓励各类新型农业经营主体开展联合与合作，组建农民合作社联合社、家庭农场联盟和农业产业化联合体。

2. 品牌农业——加大农业品牌培育力度

实施农产品区域公用品牌战略规划，加快构建"青岛农品"培育、保护、发展和评价体系，以胶州大白菜、大泽山葡萄、崂山茶、琅琊海青茶、西海岸蓝莓、马家沟芹菜、店埠胡萝卜、马连庄甜瓜、万福分割肉、九联肉鸡等农产品为培育重点，打造一批国家级农产品区域公用品牌、全国知名企业品牌和特色农产品品牌，扩大青岛农业品牌影响力。推广果品、茶叶、蔬菜、山珍、海味等特色产品、拳头产业，建立以品种独占优势为基础的定制农业。大力发展绿色食品、有机农产品和地理标志农产品，打造全国知名农产品品牌。

加快推进全程标准化生产。健全农业标准体系，推进规模经营主体按标准生产，建立生产记录档案，培育创建一批农业标准化示范基地。

3. 农副产品加工业——实施农产品加工转型升级工程

鼓励龙头企业带动新型农业经营主体建设原料基地，推动农产品就地就近加工转化增值。坚持育龙头和引龙头并重，拓展和完善农产品加工产业链条，全面发展初加工、精深加工、综合利用加工和主食加工，打造粮食、油料、果蔬、饲料、生猪、乳品、禽类、水产品八大百亿级产业。延伸小麦加工产业链，大力发展玉米深加工，拓展薯类加工品种，建设全国最大的花生制品出口基地，发展粮油加工副产物综合利用，培育粮油示范加工企业和知名品牌。强化水产品精深加工，推进海洋生物资源高值化、综合化和精深化加工，培育水产品加工品牌，打造全国重要的水产品加工出口基地，建设国家海洋生物产业基地。重点建设莱西、平度、即墨畜禽产品加工区，推进畜禽加工产业化，加强畜禽产品加工技术集成，全面推进畜禽定点屠宰，促进屠宰行业转型升级，提高生猪、肉牛、肉禽、牛奶、肉兔等精深加工水平。推广绿色环保、全效利用的园艺产品加工技术，提升果蔬精深加工水平。

4. 智慧农业——打造"智慧农业"应用先导市

加快推广物联网、云计算、大数据等现代信息技术应用。大力发展农产品电子商务，支持新型农业经营主体积极对接电商平台，开设地方特色馆。实施农业领域"机器换人"，加快"两全两高"农业机械化发展，率先建成"全国主要农作物生产全程机械化整体推进示范市"。建设农业大数据平台，建立农业数据智能化采集、处理、应用、服务、共享体系，打造智慧农业技术应用示范样板。

5. 科技农业——"三园"示范，打造科技农业

（1）现代农业产业园。以现有现代农业重点园区和示范园区为基础，依托

农业产业化龙头企业带动,创建一批生产功能突出、产业特色鲜明、要素高度集聚、设施装备先进、生产方式绿色、综合效益显著、辐射带动有力的现代农业产业园,充分发挥技术集成、产业融合、创业平台、核心辐射等功能作用,加快培育农业农村发展新动能。

(2)农业科技示范园。遵循"政府引导、社会参与、创新引领、效益惠民"原则,以即墨国家农业高新技术开发区、西海岸新区省级高新技术产业示范区为龙头,建成一批功能清晰、要素齐备、模式创新、上下联动、线上线下互动的农业科技园区,构建具有青岛都市农业特色的农业科技园区体系,推动农业科技创新服务实现全覆盖、无缝衔接,促进农业第一、第二、第三产业深度融合,实现农业科技创新继续走在前列。

(3)农村创业创新园。以11家首批国家级和35家市级农村创业创新园区为基础,大力开展返乡创业园、农村创业孵化基地、农村创客服务等平台建设,吸引进城农民工、高校毕业生、农业科技人员、留学归国人员等各类人才回乡下乡创业,带动现代农业、农村新产业新业态发展。

6. 体验农业——实施农业产业融合工程

全域创建农业"新六产"综合示范区,推进农村第一、第二、第三产业深度融合发展,形成产业链条完整、布局合理、功能多样、业态丰富、利益联结紧密的发展新格局,全面提升农业质量和效益,全方位发展农业新产业新业态。

大力开发乡村生态涵养、休闲观光、文化体验等,依托山、海、河、湖、园等特色资源,打造"两区、两片、两线、多园"休闲农业总体布局框架,推进崂山、城阳"两区"全域景区化、村庄景点化,推进大泽山、大小珠山"两片"和滨海沿线、大沽河沿线"两线"生态休闲观光农业产业集群建设,延伸新功能、发展新业态。

推进农产品专业市场建设。加强市场流通条件建设,重点支持新型经营主体建设田头预冷、分拣包装、初加工、物流、冷链、仓储等设施,加快拍卖、电子结算等新交易方式推广应用。

7. 终端农业(绿色农业)——实施绿色田园工程

大力推行农业绿色生产方式,推进投入品减量化、生产清洁化、废弃物资源化、产业模式生态化。

(1)实施农业投入品减量增效计划。深入实施化肥、农药施(使)用量零增长行动,大力推广水肥一体化、测土配方施肥、农作物病虫害专业化统防统治、果菜茶病虫全程绿色防控、深松整地等技术,加快有机肥、高效缓释肥料、水溶肥料、低毒低残留农药等的推广应用,建设一批化肥减量增效示范区。

(2)实施农业清洁化生产计划。开展地膜污染防治,大力推广可降解生态地膜栽培技术，开展农药包装废弃物回收，强化土壤酸化和重金属治理。推进畜禽粪污和秸秆综合利用，积极争取国家畜禽养殖废弃物资源利用整县推进项目，支持建设区域性粪污集中处理中心，推进以畜禽粪便、农作物秸秆和蔬菜尾菜为原料的沼气工程建设，重点建设青岛华睿弘盛能源、莱西中集能源畜禽粪污集中处理和平度崔家集大型秸秆沼气发电项目等大型能源化利用集中处理中心项目。

（3）实施生态循环农业发展计划。创建畜牧业绿色发展示范区、生态循环农业示范区，推广健康生态种养模式，培育一批生态循环农业示范区和示范点，打造现代生态农业"多级循环体系"。

【专栏1-20】桃李春风田园康养综合体项目

青岛桃李春风项目位于胶州里岔镇黄家河水库以东，青兰高速以南。该项目由青岛蓝慎置业有限公司投资建设，围绕"尧王山水袂地，田园牧歌小镇"定位，打造田园综合体。项目总规划占地4300亩，总投资额130亿元，项目类型为田园（康养）综合体，全力建设山东田园小镇样板。项目以农业、旅游和康养为特色，集田园文旅、田园人居、田园产业、田园康养于一身。全部建成运营后，预计可吸纳住户5000户，增加人口15000人，其中常住人口5000~10000人，在带动本地人口增长、增加就业岗位的同时，还可形成全产业链，助力里岔镇打造乡村振兴"齐鲁样板"。

资料来源：笔者根据政府提供的调研资料整理加工而成。

【专栏1-21】金禾天润洋河数字农业示范区项目

该项目位于胶州市，总投资16.7亿元，由现代数字农业示范区、智慧农业产业集群、乡村文化农旅康养区三大功能区组成，包含33座冬暖大棚、26座膜联动温室、54万株新品种优质樱桃、6万棵齐鲁金苹果、3500棵雪桃、150亩牡丹等。胶州洋河数字农业示范基地是青岛市2021年重点推进项目之一，打造山东"半岛田园综合体"暨"国家级数字农业产业示范园"。

资料来源：笔者根据政府提供的调研资料整理加工而成。

八、现代金融产业

（一）青岛市现代金融产业发展方向

以财富管理金融综合改革试验区建设为总抓手，重点发展蓝色金融、绿色金融、高端金融、普惠金融和外向金融，聚集金融资源，加快改革创新，全面提升金融服务实体经济、民营经济和社会民生的能力，全面提升财富金融型经济的规模比重和效益水平，在探索中国特色财富管理道路方面有显著进展，建设面向国际的财富管理中心。

(二) 青岛市现代金融产业重点领域

一是建设全球创投风投中心。巩固创投风投发展良好势头，办好全球创投风投大会，扩大平台效应，引导带动一批优质股权投资机构、创业团队和项目来青岛，营造出创新创造创意的良好氛围。发挥科创母基金撬动社会资本的作用，支持原始创新和高科技项目成果转化，形成全生命周期的资本服务体系。加强青岛资本市场服务基地、赴港上市服务中心等平台建设，提供精准、高效、专业的上市服务，增强企业利用资本市场的意识和能力。用好科创板拟上市企业评价增信指数体系，服务更多企业通过科创板上市。推动多层次资本市场建设，扩大直接融资规模，开创青岛资本市场发展新局面。

二是建设国际财富管理中心。借助财富管理试验区平台，进一步争取政策，优化发展环境，推动金融业资源聚集和对外开放。争取引进更多银行理财子公司、保险资管公司、资产托管中心等优质资源，打造专业财富管理产业集群。持续拓展与伦敦、新加坡等国际金融中心城市的合作，引进境外优质金融资源。继续办好青岛·中国财富论坛，加强宣传推介，提高"财富青岛"在境内外的影响力和知名度。

三是建设未来金融科技中心。持续推进国家金融科技试点城市建设。聚集发展金融科技机构，加快金融科技底层关键技术创新应用和金融科技基础设施建设。引导金融机构进行数字化转型，综合运用金融科技提升服务质效。推动供应链金融创新发展，引导金融机构为产业链上下游企业提供数字金融服务。加快培育金融科技产业链，打造金融科技创新生态。推动金融科技企业与工业互联网综合平台及行业子平台合作，实现金融与工业互联网的深度融合发展。

【专栏1-22】青岛金家岭金融聚集区

青岛金家岭金融聚集区位于崂山区，于2018年3月获批"山东省现代服务业集聚示范区"。作为青岛财富管理金融综合改革试验区的核心区，截至2020年12月，金家岭金融聚集区共有各类金融机构和类金融企业1052家，其中大型法人机构18家，占全市的80%；持牌金融机构211家，金融业态22类；在中基协登记私募基金管理人138家，基金367只，规模713亿元，占全市的70%。2020年前三季度，金融聚集区实现金融业增加值128.85亿元，占全市金融业增加值的20.5%；金融业增加值增速14.1%，比全市金融业平均增速高5.6个百分点。

资料来源：笔者根据政府提供的调研资料整理加工而成。

九、现代物流产业

(一) 青岛市现代物流产业发展方向

充分发挥青岛市区位优势、交通优势和政策优势，实施港口协同发展、航空物流互补发展、多式联运发展、冷链物流综合发展、城市共同配送一体化，构建现代物流系统，布局物流服务设施，大力推动区域物流合作和产业协同，形成布局合理、技术先进、便捷高效、绿色环保、安全有序的现代物流业服务体系。

(二) 青岛市现代物流产业重点领域

1. 加快"5G+物流"深度融合

依托重点港口、基础电信运营商、网络设备商等相关企业，重点开展智慧港口建设，积极推进自动化码头大型设备的5G连接模块应用。

推进以5G、边缘计算、物联网等技术为核心的智慧物流园区建设，探索5G在智能物流领域自动巡检、智能分拣和无人机安防等方面的研究与试验，通过提供智慧仓储、自动化物流运输、增强现实物流应用等5G解决方案，推动物流仓储行业向数字化智能化转型，打造全国领先的5G网络智慧物流仓储示范园区。

加快云计算、大数据在运输、仓储、配送、多式联运等领域的应用，实现物流组织模式和流程创新。支持重点物流园区互联网化、平台化发展，完善"一卡通"园区服务系统，实现多元业务对接管理。引导仓库从传统结构向"互联网+仓库+机器手"结构升级，推广深度感知技术、自动分拣技术和机器手应用，实现存货、取货、管货全流程智能化。

2. 电商物流

推动电商与物流协同、融合发展，引导电商企业和物流企业实现系统互联和信息共享。推动物流快递终端设施设备建设试点示范，探索物业公司、便利店、智能柜、邮柜、农村快递服务中心代存取等模式。引导电商物流企业、生产制造企业加强与菜鸟骨干网等全国性物流服务平台商合作，融入全国共享仓储网络，优化配送仓储配置，提升资源利用效率。创新跨境电商物流模式，开展"保税备货+新零售"业务。依托青岛前湾保税港区国家电子商务示范基地平台，同步开展直购进出口业务，探索创新"传统物流+电商+互联网"新型模式，打造中国北方最大、功能最全的专业电商物流基地。支持即墨、胶州、平度、莱西市通过现有连锁超市、客运交通等加速发展农村电商物流。

3. 推进发展绿色物流

推广应用新能源和清洁能源车船，引导企业运用环保、节能设施设备，优化作业流程，降低环境污染，实现物流绿色低碳发展。优化能源结构，提高替代能源、可再生能源比重，逐步降低碳排放，鼓励船舶LNG动力系统和清洁能源城市配送车辆应用。引导仓储设施采用节能减排新技术，推广绿色循环低碳物流设备。加快港口装卸机械技术升级改造，推动港口集装箱轮胎式起重机和港口集装箱码头"油改电"工程。支持靠港船舶使用岸电，引导轻型、高效、电能驱动和变频控制港口装卸设备发展。建设公路货运领域节能减排能耗远程在线监测、统计与评价系统，运用信息化手段进一步加强行业节能减排统计、监测业务能力建设。

【专栏1-23】日日顺物流

日日顺物流为青岛市人工智能"十佳场景示范"项目。其居家大件智慧物流行业示范项目创新融合应用视觉识别、控制算法、机器自学习、大数据云计算等先进人工智能技术，搭建起链接产业端和用户端的物流智能无人仓，解决了人工机械作业质量差、效率低、劳动强度大的行业痛点。日日顺物流无人仓是大件物流首个智能无人仓，自2020年6月1日正式上线后，率先将全景智能扫描站、关节机器人、龙门拣选机器人等多项智能设备集中应用，并通过视觉识别、智能控制算法等人工智能技术实现了全供应链数字化管理。基于高端大件彩电商品碎屏率高的行业痛点，日日顺物流首创行业倾斜面输送线等全流程解决方案；在大件物流领域内首次使用龙门机械手对产品订单实现全自动分拣，同时还能提供夹抱式分拣、吸盘式分拣等不同的定制化拣选方案。目前，日日顺物流已将智能无人仓布局到全国，形成了以即墨仓、黄岛仓、胶州仓、杭州仓、佛山仓、南昌仓为代表的六大智慧无人仓群，为行业发展树立了示范标杆。

资料来源：笔者根据政府提供的调研资料整理加工而成。

【专栏1-24】青岛中通物流中心

该项目位于即墨区,规划占地191亩,总建筑面积约15万平方米,计划总投资4亿元,规划建设研发车间、综合楼、分拣车间等功能区域,以及公共服务设施等配套工程。项目投入运营后,将主要提供普通货运、货运专用运输、供应链管理、物流信息咨询、货运代理服务、商务信息咨询等服务。预计年营业额20亿元,完成税收0.35亿元,可带动当地1000多人就业。

资料来源:笔者根据政府提供的调研资料整理加工而成。

【专栏1-25】青岛利群里岔智慧物流与供应链基地

该项目位于胶州市,由利群集团投资建设,项目一期于2020年10月20日正式投入使用;二期现代物流项目总投资14.8亿元,建筑面积20万平方米,2021年上半年投入使用;三期规划建设市场交易区,运营后将实现拣选搬运全程机械化、自动化,打造仓配一体化的"智慧物流"标杆。项目全部投入运营后,预计可实现商品配送及交易额100亿元。根据建设规划,基地建成后将成为华东地区规模最大、现代化程度最高的智慧物流和供应链基地,依托服务青岛、辐射山东、面向全国的供应网络,实现年周转量70万吨,直接提供就业岗位2000余个,间接带动就业6000余人。

资料来源:笔者根据政府提供的调研资料整理加工而成。

十、商务服务产业

(一)青岛市商务服务产业发展方向

青岛市商务服务业涉及了国家统计局行业分类标准中的所有细分行业,包括企业管理类、法律服务、咨询与调查、广告业、知识产权服务、职业中介服务、市场管理、旅行社、会展等。商务服务业是民营经济最活跃的领域之一。未来,应围绕总部经济、会展经济和专业服务等优势领域进一步做大做强,不断完善服务内容,提升服务水平和服务质量,培育与国际接轨的高端商务服务体系。

(二)青岛市商务服务产业重点领域

1. 总部经济

为重点企业、行业龙头企业和上市公司提供必要的总部、研发和高端制造等相关政策支持，推动优质企业加快成长为区域总部、全国总部和全球总部。加快引进培育知名总部企业，做大做强现有企业总部，设立企业总部俱乐部，举办总部论坛，打造"企业北方总部"最佳目的地。

2. 会展经济

推进展、会、节、事一体化发展，促进会展与旅游、商贸、商务、制造等产业深度融合，推广"互联网+会展"新模式，创建高端会展交易平台，提升青岛国际会展中心、青岛新南国际博览中心功能，打造财富管理、文化、"一带一路"国际合作等主题会展活动，打造国际重大会展集聚地、国际组织活动主办地。

3. 专业服务

围绕法律、人力资源、商务咨询、广告等提供专业化、特色化服务，建立由信息咨询、投融资、人才中介、技术评估及成果对接、市场调研、专业培训、法律、会计、资产评估、管理咨询等细分领域构成的中介咨询服务业体系，形成企业合作协同、产业链相互融合的发展局面。建立健全评估标准和服务流程，积极拓展评估服务领域，推动资产评估、房地产评估、土地评估等评估服务健康发展。培育发展人才寻访、素质测评、薪酬管理等新业态。

【专栏1-26】青岛国际人力资源服务产业园

该园区位于市北区台柳路，是由市北区人民政府于2016年9月与青岛市人力资源和社会保障局签订战略合作协议，联合打造的人才产业集聚平台。截至2020年底，园区累计吸纳92家国内外知名人力资源机构入驻，累计实现营业收入86.8亿元，初步形成了人力资源产业集群。2017~2019年，产业园先后荣获中国人力资源服务产业园最佳平台建设园区、中国人力资源服务产业园最具区域影响力园区、中国人力资源服务产业园最具经济活力园区等10项荣誉称号。

资料来源：笔者根据政府提供的调研资料整理加工而成。

十一、文化创意产业

（一）青岛市文化创意产业发展方向

青岛市以5G高新视频、服装设计等行业为突破口，加快数字技术与文化创意融合发展，重点聚焦影视业、音乐和演艺业、创意设计业、数字创意业、工艺美术业、出版传媒业、文化基因工程、海洋文化、文化与相关产业融合发展九大文化创意产业领域,培育新的增长极,打造全球一流的影视产业基地和具有国际影响力的创意设计中心。

(二)青岛市文化创意产业重点领域

1. 影视业

开发影视大数据,提升影视摄制硬件水平,完善影视制作、发行、放映技术新工艺新体系。以推进影视工业体系建设和搭建具有国际影响力的影视文化传播交流平台为依托,打造全产业链的影视基地,规划建设一批影视摄制服务功能区,开展影视摄制服务示范点和示范区评定。同时,举办全球"电影之都"青岛峰会,办好上合组织国家电影节,打造国际首个知名 VR 电影节,推进国家电影交易中心(青岛)建设。

2. 音乐和演艺业

引进一批专辑制作、发行、推广、巡演等领域市场机制成熟、具有影响力的音乐企业,促进国内外优秀原创音乐汇聚青岛。支持发展具有国际水平的实景演出,扶持创作一批文化内涵丰富、适应市场需求的青岛特色演艺精品。鼓励社会资本新建、改建音乐厅、剧场和演艺空间,打造演艺集聚区,加快形成演艺产业集聚效应。

3. 创意设计业

以中国(青岛)国际时装周为平台,创新发展时尚服务业。加强各类时尚研发设计中心、时尚智库、时尚咨询机构建设,积极吸引内外时尚设计咨询企业入驻青岛。以服饰、首饰、配饰、家具家居、智能穿戴等为重点,发展个性化定制和个性化品牌体验。

促进数字新媒体与传统广告业融合互利发展,提升新型广告媒介营销效率。引进培育一批创新能力强、具有专业服务能力的大型骨干广告企业,提升具有细分市场服务能力和服务效率的中小型广告企业的专业化水平。

吸引国内外著名工业设计企业和机构来青岛发展,鼓励工业企业设立工业设计机构,与工业设计企业加强合作,培育工业设计体验示范企业,打造一批新的工业设计集聚园区。

4. 数字创意业

扶持电竞俱乐部发展,建设专业电竞赛事基地;加快电竞行业培育;鼓励全国知名动漫游戏企业来青岛设立研发中心、技术研究院;培育一批动漫游戏领军企业及原创动漫游戏品牌产品、团队和企业,应用最新制作技术生产制作原创动漫精品;引进和扶持一批网络视听、智能语音、网络直播企业。

5. 工艺美术业

以抽纱刺绣、贝雕工艺品、工艺蜡烛、草编制品、发制品等优势产品为基础，壮大一批重点企业（集团），做强一批优势产品，培育一批知名品牌，推动工艺美术业向特色化、集群化、品牌化发展。

6. 出版传媒业

顺应移动智能终端加速普及趋势，鼓励企业加强数字出版核心技术的研发和应用，带动网络文学、游戏开发、影视制作、数字期刊、数字音乐及衍生产品开发生产等相关行业发展。创新传媒品牌，加大内容资源品牌化、高清化、系统化、移动化开发力度，提升产品交互性和用户体验性。

7. 文化基因工程

充分挖掘传统地域文化资源，盘活老城区文化资源，引导社会力量兴建博物馆、美术馆、非物质文化遗产馆等保护利用场所。加强工业遗产保护利用，引入时尚创意等现代服务业态，打造百年工业文明长廊。深入挖掘革命历史重要事件、重要人物和重要遗址，建设一批红色文博场馆，开发具有鲜明地域特色、适销对路的红色文化纪念品、工艺品，延伸产业链。

8. 海洋文化

深入挖掘青岛海洋文化元素，制作推出反映海洋文化的影视剧、舞台剧、图书等相关文艺作品。发展海洋科普研学、涉海影视动漫、海岛休闲度假、滨海风情民俗等海洋文化体验经济。

重点发展体验方式，着力打造一批海洋文化体验示范项目和海洋文化体验品牌，建设一批具有海洋特色的城市文化地标。将工艺美术业与海洋文化结合，发展海洋文化商品制造业。

9. 文化与相关产业融合发展

推动文化与旅游、教育、体育、商务、农业、制造业等行业的双向融合，培育文化融合新业态，重点发展"文化+旅游""文化+生态""文化+农业""文化+互联网"等融合项目。

【专栏1-27】即墨国梦文创网红科技产业创新园

园区位于即墨区，由即墨区龙山街道、山东省鑫诚恒业集团有限公司、青岛国梦文创科技有限公司三方合作共同打造。园区面积近11000平方米，包含106个专业的电商直播间、13个百平方米超大空间品牌直播间。园区以发展"网红经济"产业为核心，打造集美食、住宿、旅游、娱乐、购物等多功能于一体的大型综合性网红经济综合体，打造全产业链网红基地。合作期内引进30家以上电商、娱乐直播等网红产业链相关企业,培育孵化线下签约网红5000人,线上签约网红20000人。

资料来源:笔者根据政府提供的调研资料整理加工而成。

【专栏1-28】山东金东数字创意股份有限公司(青岛)

山东金东数字创意股份有限公司(青岛)成立于2003年,是一家以"文化创意+数字科技"为核心,将文化、创意、数字技术与相关产业深度融合,为客户提供数字创意产品及服务的企业。公司拥有研发、策划、设计、工程管理、运营管理等专业团队300余人,已取得专利及软件著作权50余项,拥有国家级高新技术企业、科技部VR创客空间、国家级动漫企业等资质认证。企业荣获第三届、第四届中国游乐行业"摩天奖"金奖、"ID+G"创新设计金奖。2020年入选第六批山东省重点文化企业。

资料来源:笔者根据政府提供的调研资料整理加工而成。

十二、精品旅游产业

(一)青岛市精品旅游产业发展方向

强化市场开发,创新发展旅游新业态,壮大精品旅游规模,不断提升旅游产业发展现代化、集约化、智慧化、品质化、国际化水平,以精品旅游为核心动力,拉长旅游产业链条,推动旅游与现代农业、新型工业、文化、体育等产业融合发展,带动旅游产业整体升级、全面转型。

(二)青岛市精品旅游产业重点领域

1. 滨海度假与海洋休闲旅游

打造温泉疗养、体验养生、生态休闲、海岛度假、环岛观光等滨海度假精品项目,加快构建旅游交通码头和游艇基地体系,促进海上旅游企业的集约化、规模化发展,规范航行、停泊、租赁等海上旅游业务,鼓励发展观光、娱乐、餐饮、婚庆、游钓等大众型海上游乐项目。依托国家级邮轮旅游发展实验区先行先试优势,开发邮轮母港航线和旅游产品,提升青岛至日韩邮轮旅游产品品质。开发海岛休闲度假、渔村民俗、环岛观光、生态休闲、地质科普、野营垂钓等产品。

2. 乡村旅游

鼓励发展乡村旅游片区、田园综合体等精品乡村旅游项目。开发渔家风情、山林山岳、滨河生态、温泉养生、田园农耕、民俗节庆等乡村旅游产品，发展具有历史记忆、地域特点、民族风情的特色旅游小镇与特色旅游村，打造富有地域特色的精品乡村旅游项目。

3. 融合创新旅游

实施"旅游+"工程，促进旅游业与工业、农业、文化、会展、体育、医药等产业的深度融合发展，拓展健康、金融、科教、航空等领域的合作渠道，不断衍生旅游的新业态新产品新供给，构筑产业融合发展平台，配套扶持发展政策，培育复合型和融合型旅游项目与旅游企业。

4. 服务输出旅游

壮大青岛龙头旅游企业，大力培育和扶持本土旅游企业品牌，借助青岛在旅游资源开发、景区运营、酒店管理、接待服务、标准规范等方面优势，扩大服务半径，打造服务输出旅游品牌，推进酒店、旅行社、景区、特色旅游饭店等旅游企业以连锁经营、特许经营、加盟经营等现代经营方式对外输出品牌、服务与管理，释放青岛旅游服务品牌影响力。

【专栏1-29】市南斯维登集团文化旅游综合项目

海明公司与斯维登集团通过对广西路沿线项目的合作，联手打造青岛历史文化新地标。在活化利用历史建筑过程中，处理好保护和利用的关系，做到保护为主、合理利用、逐步推进历史文化街区更新发展。在保护历史风貌的同时，创新模式、业态和手段，培育一批网红打卡地，发挥历史文化街区和建筑的最大效能。以"青岛百年品牌"为主题，整体打造集参观、休闲、体验、餐饮、购物、住宿于一体的综合文旅项目。

资料来源：笔者根据政府提供的调研资料整理加工而成。

【专栏1-30】莱西沽河时光房车主题文化旅游小镇项目

项目规划总面积为1958亩，分三期打造，分别为：一期1178亩，其中房车营地流转用地754亩；二期460亩；三期320亩。项目遵循"安全、方便、自然、清洁、环保"的原则进行设计，同时结合青岛莱西市"运动、休闲"的城市定位，依托大沽河流域美丽的风景带和望城街道辇止头村悠久的历史文化，打造一个国内房车旅游、体验的重要目的地和全国乃至世界最大的房车集散地，覆盖房车营地、休闲娱乐、销售交易、运营服务、康养小镇等各个方面。

资料来源：笔者根据政府提供的调研资料整理加工而成。

十三、商贸服务业

(一)青岛市商贸服务业发展方向

在产业发展方向上，青岛市优化批发业、零售业、住宿业、餐饮业布局，集聚时尚元素，构建多层次流通网络，发展第三方电商平台，建设跨境电商产业园区、公共海外仓和境外展示中心。发展休闲度假主题酒店和特色民宿，提升餐饮业品质。鼓励发展新零售，建设时尚消费聚集区，争创国际消费中心；鼓励发展"地摊经济"，全面激发消费活力，保障消费品零售实现稳定增长。

(二)青岛市商贸服务业重点领域

1. 生活服务消费

以保障居民生活服务供给为重点，健全服务网络、增加服务品类、开发新型服务，提升家庭消费、大众消费、个性消费、智慧消费四类生活消费，大力发展跨区跨境、线上线下、体验分享三项信息消费。鼓励人工智能、物联网、机器人等智能服务设施推广应用，提升生活服务自动化、智能化和互联互通水平，打造"互联网+生活"服务体系。在家政服务上，创建一批知名家政服务品牌，开展家政服务示范活动，建设完善家政服务信息平台，引导家庭服务企业多渠道、多业态提供专业化生活服务。

2. 餐饮特色消费

挖掘青岛海鲜特色菜品美食文化，培育一批地方风味特色菜、地方特色小吃和特色餐饮名店，加大国内外知名品牌餐饮企业引进力度，举办"国际海鲜烹饪大赛"及青岛创新菜品、烹饪大师和服务明星评选等活动，规划建设集餐饮、酒吧、休闲娱乐于一体的大型餐饮综合体。实施民生餐饮标准化生产，建立中央厨房食品安全检测和可追溯制度，提升餐饮民生服务能力。

3. 实施扩进口促消费

支持外贸企业建立国内销售网络和自有品牌，支持内贸企业建立国外商品采购体系和流通渠道，打破内外贸企业经营的差别和阻隔，打造一批外贸商品城、外贸商品特色街、出口商品网上商城、内外贸融合大市场等载体。

4. 培育新业态新模式

支持实体商业采用互联网等现代信息技术改进服务流程，提升新媒体营销能力和获客能力，实施精准化营销。推动智慧购物、智慧商圈等创新发展。

支持设立口岸免税店，大力发展跨境电商零售进口、保税展示销售、进口商品直销等新业态。推动"线上+线下""商品+服务""零售+体验"等融合式跨界业态发展。推进社区商业邻里中心建设，完善社区生活一站化服务功能。促进批零住餐行业加快发展，帮助企业渡过难关。

5. 培育电子商务主体

建设聚集度高的电子商务产业园区，聚集电商发展要素和资源，形成电商产业园、跨境电商园、电商创业园、创客工场、电商楼宇等多元化的电子商务产业聚集载体。依托大型商贸流通企业、专业市场，打造一批区域性网络零售平台、仓储物流中心和交易结算中心。引导骨干品牌商贸流通企业和民间商业资本探索发展新型电商模式，利用互联网技术推进实体店铺数字化改造，建设满足客户信息获取、商品购买、意见沟通、售后服务等个性化需求的网络平台。支持更多中小零售企业线上交易与线下交易融合互动；推动各类专业市场建设网上市场，加速向B2B电子商务交易市场转型。

【专栏1-31】胶东半岛全食材产业链项目

项目总投资11.4亿元，主要建设第三方食品安全检测中心、食品交易工业互联网数据中心、食品营养配餐研发中心、全流程食材可追溯安全生产示范工厂、智慧冷链物流配送示范中心等。项目一期可实现每天30万人的食物供应能力和辐射胶东半岛的物流配送、检测能力。建成达产后，可实现年销售收入20亿元，年上缴税金1.5亿元。

资料来源：笔者根据政府提供的调研资料整理加工而成。

【专栏1-32】苏宁（上合）跨境电商智慧产业园项目

该项目位于胶州市，由苏宁控股集团投资20亿元建设，将建设苏宁区域电子商务运营中心、跨境电商中心、生鲜冷链中心、天天快递分拨中心等。项目建成后，将整合上合组织成员国及"一带一路"沿线国家和地区的资源，拓展业务发展空间，打造示范区面向上合组织成员国经贸发展新的增长点。

资料来源：笔者根据政府提供的调研资料整理加工而成。

【专栏1-33】上合欧亚贸易港项目

上合欧亚贸易港项目由青岛新港洲实业发展有限公司投资建设，预计总投资1亿美元，注册资本1亿美元。该项目旨在为上合组织成员国的地方对外经贸合作，尤其是大宗商品跨境贸易，搭建一个高端贸易信用服务平台。

通过这个公共的开放式服务平台，以及平台提供的优惠政策，吸引各类国际国内经济组织、实业团体会员企业到欧亚贸易港注册企业、入网交易、交付服务和货物。该平台的建立将大大推进上合组织成员国之间贸易壁垒的打通步伐。

资料来源：笔者根据政府提供的调研资料整理加工而成。

【专栏1-34】青岛首创奥特莱斯项目

该项目位于青岛高新区，总投资约10亿元。项目为集购物、餐饮、娱乐、休闲等功能于一体的新型商业业态。项目建筑规模计划10万平方米，采用意式建筑风格，计划引入国际、国内知名品牌近400家。

资料来源：笔者根据政府提供的调研资料整理加工而成。

第六节 青岛市民营经济高质量发展的对策建议

一、切实帮助民营企业降低生产运营成本

巩固和拓展民营企业减税降费成效，制定实施一批新的降本减负措施，降低企业用电、用气、物流等成本，继续推进减税降费。简化优惠政策适用程序，深入开展有针对性的政策宣传辅导，帮助企业准确掌握和及时享受各项优惠政策。继续降低民营企业用工成本和房屋租金成本，降低企业项目建设成本。加大民营企业发展奖补力度，统筹使用财政奖补专项资金，围绕13个产业，重点用于科技创新、高质量发展和招商引资等重大项目。补贴企业研发成本，重点支持享受研发费用加计扣除税收优惠政策的中小微企业。

二、完善推动民营企业技术创新的辅助政策

加大财政对民营企业技术开发的支持力度，在扶持企业发展专项资金和技术创新专项资金方面安排一定比例用于帮助民营企业的技术研发活动。完善技术进步动力机制，引导民营经济增加技术研发投入，加大新产品的开发力度，将企业的技术研发投入、拥有的专利技术和自主知识产权作为企业享

受政府扶持和重点服务的条件。引导民营企业与高等院校、科研院所或其他科技企业联合开展研究或建立技术研发中心，合作开发先进适用技术，增强民营企业的技术创新能力。鼓励有实力的民营企业实施国际技术战略。充分利用国际技术市场，寻找和引进适合本企业的先进技术；加强国际间的企业合作，联合研发先进技术，共同开发国内外市场。

三、加快工业互联网赋能民营企业转型升级

充分利用海尔卡奥斯等平台，引导更多的民营中小企业"上云用平台"，推动规模以上企业将研发设计、生产制造、运营管理等核心业务向平台转移。鼓励企业、社会资本投资建设服装、家电、橡胶轮胎、新能源汽车、机械装备、高端化工等特定行业工业互联网平台，面向细分行业和中小企业提供平台服务。充分发挥商协会平台作用，助力打造工业互联网之都，发挥好桥梁纽带作用，帮助企业对接资源和应用场景，及时收集企业的意见、建议和需求，用开放的方式、市场化的手段帮助更多企业融入工业互联网生态圈。

四、鼓励引导民营企业改革创新

引导民营企业建立规范的法人治理结构，鼓励民营企业构建现代企业产权结构，推进股权多元化，推动民营企业自然人产权向法人产权制度转变。加强民营企业内部制度体系建设，强化组织管理创新，提高民营企业制度化、标准化管理水平；鼓励有条件的民营企业优化产权结构，积极参与混合所有制改革。引导民营企业聚焦主业和核心技术。推动民营企业在产业链、价值链关键业务上重组整合，进一步集聚资源、集中发力，促进产业链上下游和企业内部生产要素有效整合，增强民营企业核心竞争力。

五、推动落实促进民营经济发展的税收政策和人才政策

不折不扣落实税收优惠政策，依法依规执行好小微企业免征增值税、小微企业减半征收企业所得税、金融机构向小微企业提供贷款的利息收入及担保机构向中小企业提供信用担保收入免征增值税等主要惠及民营企业的优惠政策。

多维度关注民营企业的人才需求，引导企业深入开展校企合作，支持民营企业培养引进高技能人才。鼓励符合条件的民营企业设立博士后科研工作

站(分站)、博士后创新实践基地,利用平台引进博士后等高端研发。针对性组织开展专家服务企业活动,推动民营企业人才培养、项目研发和成果转化。

六、健全促进民营企业公平竞争的制度环境

针对市场主体培育不足的问题,要继续深化"放管服"改革,充分发挥行政服务大厅部门集聚效应,优化部门服务流程,按照多服务、少干预,多帮忙、不设障的要求,积极改进对民营企业的管理与服务。切实改进工作方式,深入企业,及时总结推广民营企业的先进典型和经验。对涉及多个职能部门的事项相关部门应互相配合、不能推诿,提高民营企业的满意率。

第二章
2021年青岛市民营经济发展研究报告

第一节　青岛市民营经济示范城市建设的目标要求和形势

一、上位规划发展要求

2021年是"十四五"规划的开局之年，也是全面建成小康社会后，开启全面建设社会主义现代化国家新征程的第一年。在国家、省、市的各级规划中，对民营经济发展提出了明确要求。

《中华人民共和国国民经济和社会发展第十四个五年规划和2035年远景目标纲要》中明确提出，毫不动摇巩固和发展公有制经济，毫不动摇鼓励、支持、引导非公有制经济发展，通过完善法治环境、政策环境和市场环境，构建亲清政商关系，优化民营企业发展环境，促进民营企业高质量发展。

《山东省国民经济和社会发展第十四个五年规划和2035年远景目标纲要》中明确提出，实施民营经济高质量发展三年行动，通过完善民营企业服务机制，培育一流企业家队伍，提升民营经济创新创造活力。同时，省促进非公有制经济发展工作领导小组专门编制了《山东省民营经济（中小企业）十四五发展规划》。《山东省民营经济（中小企业）十四五发展规划》提出了全省民营经济总体发展、创新驱动、企业培育、服务支撑四个层面的目标，围绕目标从制度环境、创新能力、产业升级、企业培育、人才队伍、深化合作、要素保障、服务体系八个方面制定了发展的重点任务。

《青岛市国民经济和社会发展第十四个五年规划和2035年远景目标纲要》中明确提出了创建国家民营经济示范城市的目标，并围绕非公有制经济健康发展和非公有制经济人士健康成长的要求，从环境营造、产业发展、生态打造、协同合作、服务保障等多方面提出了任务措施。

二、青岛市民营经济发展"十四五"规划目标

围绕国家、省、市"十四五"规划对民营经济和中小企业发展的战略要求和总体思路,青岛市民营经济发展局编制发布了国内首个支持民营经济和中小企业发展的市级专项规划。规划进一步明确细化了青岛市确定的"创建国家民营经济示范城市"目标,提出:"十四五"末"民营经济示范城市"主要指标居于同类城市前列,初步成为我国长江以北地区民营经济和中小企业发展新标杆。

具体目标如表 2-1 所示。

表 2-1　青岛市民营经济发展"十四五"规划目标

	规划指标	目标值	指标性质
经济规模	实有民营市场主体	260 万户	定量
	民营企业总量	>100 万户	定量
	民营经济增加值占比	>50%	定量
	民营经济税收占比	>50%	定量
	民间固定资产投资占比	>50%	定量
	民营经济吸纳就业占比	>80%	定量
	企业培育	形成一批跨行业、跨地区、跨所有制的百亿级、千亿级大企业集团	定性
经济结构	小升规企业数	1000 家	定量
	规模以上工业企业规范化公司制改制比例	60%	定量
	具有较大影响力的区域商标品牌	3~5 件	定量
	先进制造业"新金花"龙头企业	10 家	定量
	现代服务业"新金花"龙头企业	10 家	定量
创新驱动	民营高新技术企业	>6000 家	定量
	新增国家级专精特新"小巨人"企业	150 家	定量
	省级"专精特新"企业	400 家	定量
	瞪羚企业	150 家	定量
	省级以上制造业单项冠军企业	20 家	定量
	独角兽企业	5 家	定量
	民营企业创新能力进入同类城市	前 5 位	定量

续表

	规划指标	目标值	指标性质
开放水平	民营企业货物进出口额	>600 亿美元	定量
	服务外包执行额	>70 亿美元	定量
	具有较强创新能力和国际市场竞争力的本土跨国公司	>5 家	定量
集聚能力	园区建设	产业竞争优势突出、配套体系完善、产出效益水平全国领先的制造业高质量发展示范园区	定性
政策支持	深化改革	市场准入全面放宽,商事制度改革取得实质性成效	定性
	制度体系	基础性制度、融资促进制度、创新发展制度、合法权益保护制度	定性
	营商环境	全国领先的便捷高效、稳定透明、公平竞争的法治化市场化国际化营商环境初步建成	定性

资料来源:《青岛市"十四五"民营经济和中小企业发展规划》。

《壮大民营经济攻势作战方案3.0版》细化了2021年的发展目标：力争民营经济吸纳新增就业占比达到80%以上；民间投资持续高质量增长，力争增长15%左右；国家级高新技术企业总量突破4600家；力争民营经济税收占比达到60%；力争新增境内外上市民营企业10家；新登记民营企业10万户，争取达到12万户。民营企业进出口保持平稳增长。

三、国内其他城市民营经济发展经验

(一)健全政务服务体系

(1)深圳市强化智慧精准服务。出台《深圳市2020年优化营商环境改革重点任务清单》，围绕"一网通办、智慧秒批、精准服务"，推出"智慧开办""智慧监管""智慧登记""智慧投资""智慧报装""智慧秒批""智慧金融""智慧税务""智慧口岸""智慧法院"十大智慧精准服务，实现不少于500项政务服务指尖办，再推出100项业务量大、与企业和市民切身相关事项的秒批。

(2)成都市建设智能服务平台。确定"国际化营商环境建设年"的工作主题，首创"无窗审批、专员服务"，实现有感服务、无感审批，实现审批事项确定性100%，让企业和群众"办事不求人，办成事不找人"。利用"互联网+"政务服务方式，建设"天府蓉易享政策找企业"智能服务平台，平台融合产业扶持体系、惠企政策体系、政务服务体系和监督评价体系，实现惠企政策的集中汇聚、精准查询、主动推送、高效兑现，并加快惠企政策"免申即享"机制建设。同时，建设全市企业登记电子档案网上查询系统，推进企业登记档案信息政务服务便利化。

（3）苏州市构建流程化企业培育机制。按照"一张蓝图绘到底"的发展理念，秉持"政府+园区+开放"的优秀基因，坚守"育企引资、科技引资"的发展策略，在细分产业门类和企业创业、成长、做大做强等不同阶段，从低到高建立"科技例会项目—领导高层次人才项目—瞪羚独角兽等高成长企业—上市企业—头部企业—世界知名企业"筛选培育机制。

（4）宁波市打造全过程创新生态链。建立"基础研究+技术攻关+成果产业化+科技金融+人才支撑"全过程创新生态链，形成从科技创新逻辑起点到产业发展，再到产业进步，以及产业反馈新需求给科技供给方的完整创新模式，从基础研究、技术攻关、技术熟化再到产业发展，帮助企业飞过"死亡之谷"。

（5）无锡市创新政务服务，提升服务效率。确立"把企业放在首位"的营商环境建设理念，进一步打响"无难事，悉心办"的亮丽品牌。企业开办全流程由原6个环节压缩为1个环节，政务服务更加高效，开设"跨省通办"和长三角"一网通办"服务专窗，全面支撑跨省"代收代办"模式。市场监管更加规范，实现"一网通管"。发挥无锡市法联商会商事调解中心的"商会调解+司法确认"作用。

（二）破解投融资服务难题

（1）深圳市创新融资担保新模式。国任保险在国内首个全线上、纯信用的对公流动资金贷款产品"微业贷"基础上，结合金融科技、保险分险、财政增信三方优势，率先在全国推出"线上融资额度保险再担保"业务。

（2）成都市构建全生命周期投融资服务体系。积极推动金融改革创新，支持中小企业仅凭政府采购合同即可向合作银行申请无抵押、无担保、低利息的信用融资，开通网上"融资超市"，实现中小企业政府采购合同信用融资"线上+线下"双绿色通道，构建起"5+2"民营企业全生命周期综合金融服务平台矩阵体系，拓展平台金融服务链条，提升金融普惠性和服务质效。同时，成都市设立"四个100亿"，即100亿元的应急周转基金、100亿元的地方资产管理公司、100亿元上市公司纾困帮扶基金和100亿元规模的新经济发展基金，为民营企业纾困解难。此外，成都高新区围绕企业梯度培育，聚焦高成长潜力的科技企业,设立总规模100亿元的独角兽股权投资基金,全力培育独角兽企业。

(3)苏州市构建三位一体的金融服务体系。注重发挥平台优势,统筹建设了综合金融服务平台、地方企业征信系统和企业自主创新金融支持中心三大平台,在全国范围内首创具有苏州特色的"企业守信用、机构有创新、政府有推动"的综合金融服务体系,以"信保贷"完善融资担保体系,突出地方国有金融机构作用,破解中小企业尤其是高新技术企业"首贷"问题。

(4)宁波市以供应链金融为突破降低融资成本。积极开展金融"疏堵通链促循环"专项行动,重点解决供应链、产业链上小微企业融资难融资贵问题,围绕"四专六链"(港航金融、科技金融、绿色金融、产业链供应链金融以及制造业供应链、现代产业集群供应链、现代农业供应链、商贸流通供应链、外贸领域供应链、专业平台供应链)服务领域试点组建了24个金融联合服务体,配套"专项政策、专属产品、专业团队"。

(5)无锡市创新金融服务体系。发挥信保基金扶持中小微企业作用,不断提升信保基金项下"锡科贷""锡微贷"等产品体系对中小微实体企业的支持力度。推动中征应收账款融资服务平台、银税互动、转贷应急资金、小额票据服务中心等机制与平台的应用,同时引进集聚一批域外知名的天使基金、VC、夹层基金、并购基金等创新金融业态。

(6)泉州市推行无还本续贷。泉州银行创新小微企业无还本续贷还款方式,在全国首创"无间贷"产品,对传统资金续贷审批流程进行前置和优化,突破了小微企业资金自我调度能力弱、贷款到期日与货款回笼周期不匹配的痛点和难点,同时不断优化升级,将服务对象从小微企业拓展至小微企业主等自然人,授信额度从500万元增至5000万元。

(三)完善土地供应机制

(1)苏州市实施"双百"行动。即划定100万亩工业和生产性研发用地保障线,并实施五年100平方千米产业用地更新。推行"以地招商"新模式,外来、本地项目供地一视同仁。做好项目全链监管,全力推动"项目落地",切实解决民营和中小企业用地难、用地贵问题,营造民营和中小企业良好的创新创业发展环境。

(2)宁波市实施差别化地价政策。对符合条件的产业项目用地,可按不低于工业用地最低价的标准确定土地出让底价。采用低于法定最高年限出让、先租后让等弹性出让方式供应产业用地,降低企业获得土地初始成本。适当下调土地出让竞买保证金比例与履约保证金比例。对"零土地"技改增加工业用地容积率的企业,不再增收土地价款。

(四)鼓励引导民营企业创新

(1)宁波市以数字化为突破引领全域企业转型。以工业领域为突破口,聚焦"246"万千亿级产业集群重点领域数字化转型、小微园区企业数字化转型、工业互联网驱动数字化转型等特色发展模式,以数字化改革构建全新产业生态,推动全要素、全产业链、全价值链的全面链接,构建行业内、行业间和公共服务的生态体系,引领全域范围数字化转型。

(2)无锡市以创新载体承载潜力企业。全力发挥"国家级科技企业孵化器""国家电子商务示范基地"影响力,引导产业集聚发展。以"融智"品牌为核心,打通"研发—孵化—加速—产业化"链条。重点关注有发展潜力的中小企业。完善企业人才"引育用留"机制,成立全国首家以新就业产业培育为主题的"长三角新就业产业园",加快构建人才引领科技创新发展的全新格局。

(3)常州市推动民营企业产学研合作。市委、市政府主要领导带领企业家代表团广泛对接国内外著名高校院所,开创了"经科教联动、产学研结合、校所企共赢"的"常州模式"。鼓励海内外高层次人才团队以产业技术研究院模式发起设立新型研发机构。支持高校、企业、园区等合作共建一批"专业+研发+孵化"功能叠加"技术+管理+资本"一体运作的新型研发机构。由政府承担设备、场地等重资产投入,给予基金支持,并分期分档给予前期运营经费,不超过新增投资总额的20%。建立科研仪器、检验检测设备网络共享平台,鼓励企业和科研单位最大限度向社会放开使用。支持产业链龙头企业设立独立注册的共性研发平台,为上下游企业和相关创业创新者提供研发制造服务。

(4)泉州市支持民营企业创新评价。开展企业高层次和高技能人才自主认定试点,支持符合条件的民营企业自主评价高层次和高技能人才,通过自主评价认定的市级高层次人才,同等享受相关人才政策待遇。

第二节 青岛市民营经济发展举措

一、创新平台孕育创新成果

自2015年以来,"市长杯"中小企业创新创业大赛作为青岛亮丽的"双创"名片已连续举办六届(2015~2020年),为青岛市中小企业和创客创业者构建了优质、规范的"双创"平台和服务生态体系。2021年，第七届"市长杯"大赛以"构建新生态，培育新经济，打造新优势"为主旨，拓宽合作渠道，首次走出国门实现了国内+国际、"一城"变"多城"，分别在北京、上海、武汉、福州及特拉维夫（以色列第二大城市）等创新创业氛围浓厚的城市相继选拔突出项目，开展线上路演，推动国内外优质创新创业项目来青岛落地发展。本年度大赛进一步延伸服务链条，创新举办青岛市"创业城市合伙人"巡回宣讲暨创业培训精准滴灌行动，全方位打造"巡回宣讲+赛前辅导+项目路演+赛后培育+项目落地"的赛事组织服务体系，打造整个赛事的良好生态。第六届"创客中国"中小企业创新创业大赛全国总决赛中青岛的"聚硅氮烷大规模绿色制造技术及产业化"项目获创客组二等奖；"4D打印干细胞载体"项目获创客组三等奖；"锂电池隔膜装备及产品"项目获企业组优胜奖。通过参加大赛，参赛单位不仅提高了企业、项目、产品的知名度，而且凭借大赛的政府背书获得了更多的市场资源，特别是受到投资机构的青睐，降低了融资成本，大多数企业的经济效益和市场竞争力均有了明显的提升。

搭建"创意青岛"平台，举办10场民营经济创意会。从第一场"聚民企智慧、促青岛发展"，到第十场"做实民企创意，做强四新经济"，10场创意会10个主题，千余人次现场参会，200多万人次在线观看，创意项目总投资金额超400亿元。围绕培育新动能、新产业，打造百亿、千亿级企业目标，聚焦不同行业、不同领域、不同诉求，通过搭建平台、整合资源、流程再造，从政策、资金、人才、信息、资源等各方面，激发创意，完善方案，协助推进（见图2-1）。前期征集的《百家企业发展创意方案》中入选了29家民营企业创意项目，截至2021年底已有27个项目完成落地，落地率超过90%。2021年10月11日《新闻联播》播报了青岛市通过搭建"民营经济创意会"平台等优化营商环境的措施。民营经济创意会已被青岛市委改革办列为"点菜单"式六项改革之一并报省委改革办。

二、培育载体夯实发展基础

围绕服务实体经济，青岛市民营经济发展局着手创新创业服务体系的升级，以青岛市中小企业公共服务中心为核心，链接全市中小企业公共服务平台实体，集聚服务资源，并与原有的中小企业云服务平台一起初步形成了多元主体参与、线上线下融合互动、强化产业生态链条建设的民营企业孵化育成服务体系，为企业提供信息服务、技术创新服务、创业服务、培训服务和融资服务。截至2021年，青岛市共有19个国家级服务平台、27个省级服务平台

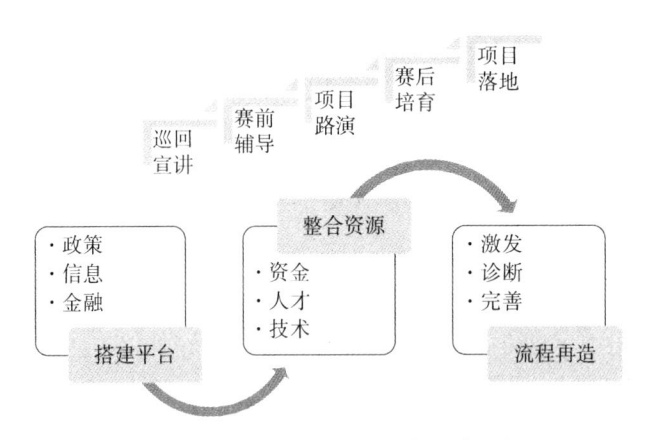

图 2-1　青岛市民营经济创新服务平台运行机制

和 86 个市级服务平台，其中最具特色的是青岛市中小企业公共云服务平台建设的政策通子平台。2021 年初，青岛"政策通"平台三期正式上线。从一期方便"人找政策"到二期做到"政策找人"，再到三期聚焦政策兑现，为企业提供全生命周期服务。"政策通"平台三期集在线申报、在线审批、结果公示、资金兑现、流程监管等功能于一体，全面实现了财政惠企资金兑现的全流程服务。通过不断地迭代升级，构建起了信息化、智能化、集成式的惠企政策服务平台。

针对民营经济发展需求，结合企业发展规律，青岛市按照"创客空间+小微企业创业创新基地(孵化器)+小企业产业园+工业园区"构建了民营企业培育平台载体生态运行机制(见图 2-2)。2021 年，新认定务崛小微企业创业创新基地等 8 个青岛市小微企业创业创新基地和青岛国际院士港智能制造产业园等 18 个小企业产业园，从而形成了由 14 个国家级、9 个省级、89 个市级小微企业创业创新基地和 36 个市级小企业产业园组成的中小企业培育空间载体集群。

实施"胶州湾对接深圳湾"民营中小企业行动计划(简称"双湾"计划)，以深圳优质综合性创新平台为依托，搭建两地产业、技术、人才智库和资本资源的交流互通平台。在青岛创建"深圳企业家创业园"，推动两地优势产业与创新成果双向对接、合作共赢。依托粤港澳大湾区协同创新中心，常态化组织企业、投融资机构、专业服务机构开展互访互学和对接服务，帮助青岛市民营企业开阔视野，对接利用深圳的资本、技术和智力资源。探索搭建了"双湾"企业家沟通联络平台，成立"青深"青年企业家联盟，创建青年创新创业孵化基地，充分学习借鉴深圳民营经济的发展理念、转型路径、环境资源等，推动全市民营经济加快发展。延伸"双湾"计划外延，建立长三角协同创新中心，并组织全市"专精特新"企业赴上海市开展"融资融智、借力发展"系列活动。

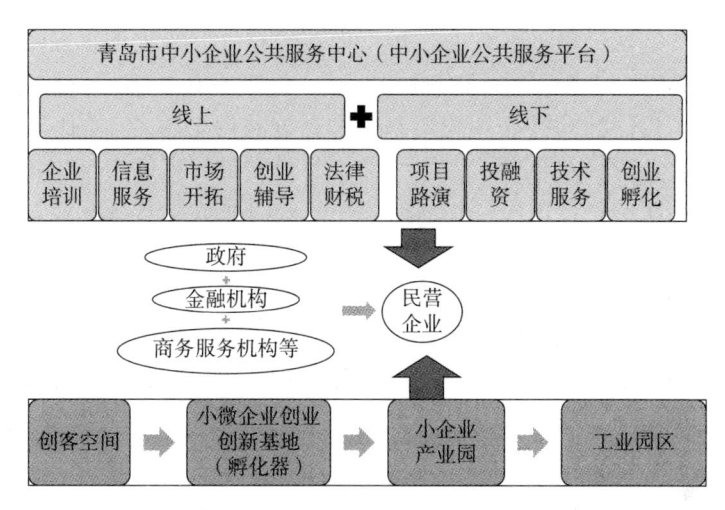

图 2-2 青岛市民营企业培育平台载体生态运行机制

三、梯级培育构建产业生态

基于产业发展规律研究，率先提出青岛市优势制造业企业"专精特新—隐形冠军—小巨人"的升级路径和高成长新经济企业"雏鹰—瞪羚—独角兽"的发展路线。建立全市"专精特新—隐形冠军—小巨人"培育信息数据库以及全流程的线上培育申报系统，实施动态滚动培育。针对入库企业，有针对性地提供融资上市、技术创新、技术研发、市场开拓、品牌创建、企业管理等综合培育服务资源。截至2021年底，全市已累计培育认定"专精特新"企业5099家，在全市已初步构建起了"万户初创、千户成长、百户示范"的"专精特新"成长梯队，"专精特新"企业群体已成为引领全市中小企业转型升级、高质量发展的先行军和主力军。2021年，全市新认定"专精特新"企业2417家，较2020年认定数量同比增幅58.9%，呈爆发式增长态势。在工信部三批次专精特新"小巨人"评选中，全市97家企业成功入围，数量在全国城市中居第八位，占全省"小巨人"企业数量近三成，超过了广州、杭州、武汉、南京、长沙等城市。

制定出台《青岛市瞪羚独角兽企业加速器培育工作实施方案》，海创汇、院士港、蓝贝、天安数码城等6家创业基地已获青岛市瞪羚独角兽企业加速器认定，实现把市场化力量引入瞪羚独角兽企业孵化培育中，推动社会力量投资成立商业模式实验室、独角兽生态工坊、独角兽研究院等新型服务机构。发挥大企业裂变投资的加速作用，在市内筛选和支持一批具有资源整合、平台组织能力的大企业开展平台化试点，采取"一企一策"措施支持大企业应用开放企业优势资源、推动各环节实现全面在线化、分拆内部创新项目/业务、嫁接瞪羚独角兽企业等不同模式进行转型，投资孵化更多瞪羚独角兽企业。支持社会资本设立独角兽企业投资基金，充分利用金融资本的"活血"功能，为准独角兽企业的科技创新、人才培养、公司发展等提供资金支撑，形成了通过大企业和院所整合资源孵化、国有平台公司注资民营企业股权融资的潜在独角兽企业培育模式。组织大型融资和路演活动，在天使投资、创业投资等方面不断加大支持力度，助力实现"瞪羚—准独角兽—独角兽"的转变。

持续深入开展"优势高成长"企业的发现、培育、认定、扶持、监测工作，每年滚动发现一批、储备一批、培育一批、认定一批、扶持一批（即"五个一批"），通过评选发布青岛市新经济高成长企业 50 强、举办主题论坛和活动，营造社会各界支持"优势高成长"企业发展的活跃氛围，纵深推进"优势高成长"企业梯度培育工程。

四、双轮驱动融入双循环格局

制造业和服务业双轮驱动是经济高质量发展的普遍规律，是构建"双循环"新发展格局的本质要求。青岛市从服务链、创新链、产业链和招商链入手，引导民营企业融入"双循环"新发展格局。

国内大循环方面：全面实施内外销产品"同线同标同质"，支持外贸企业出口转内销，把对外开放优势延伸转化为开拓国内市场的优势。鼓励"专精特新""隐形冠军"企业走生产专业化、管理精细化、产品特色化和创新发展之路，引导企业持续专注于所在目标市场，在专注中追求专业、在专业中铸就卓越。在协助企业提升市场占有率方面，148 家"隐形冠军"企业在国内所在领域表现出了强大的竞争实力，处于明显领先地位，部分企业的产品和技术在国内市场已几乎处于垄断地位。

国际大循环方面：连续开展青岛市中小企业"专精特新"成果展、中小企业国际采购暨合作洽谈会等活动，每年组织全市近百家"专精特新"中小企业参加中国国际中小企业博览会、APEC 技展会、山东省网博会等工信部及省、市重点展会，帮助企业"走出去"开拓市场。鼓励企业利用互联网平台拓展国际市场，组织近百家企业参加孟加拉达卡国际面料及纱线展览会、东京时尚展等线上对接会，举办"2021 青岛亚马逊卖家峰会"等活动。努力扩大出口信用保险覆盖面，将纳入统保的小微企业标准由年度出口额 300 万美元以下提高至 500 万美元以下，帮助企业化解风险、开拓市场。

推进"一带一路"（青岛）中小企业合作区建设、探索建设 RCEP 地方经贸合作先行区列入青岛市委2021年"十大改革突破行动"。"一带一路"(青岛)中小企业合作区建设的推进,架起园区企业与"一带一路"沿线国家和地区企业交流合作的"上合连廊",探索了与"一带一路"沿线国家和地区中小企业产业合作的新模式、新途径、新举措,鼓励和支持中小企业产品、技术、品牌、服务"走出去",积极引进先进技术、资金、管理经验和高素质人才,有力地推动了区域中小企业实现高质量发展。2021年,"一带一路"(青岛)中小企业合作区着手打造以少海汇等龙头企业为代表的"一带一路"中小企业合作区智能家居产业园,先后引进日本、德国、意大利等国家的17个先进制造企业,与"一带一路"沿线国家和地区的企业开展不同程度的合作,目标是对全产业链实施跨领域、跨行业的全球大整合,建立起覆盖智能家居全产业链的完整体系。中国民营企业500强企业传化物流在中国传化(上合)国际物流港基础上,建设"海陆空铁邮"一体化的国际多式联运集转中心,打造上合全球中心仓,为国内外客商提供完善、便捷的跨境供应链服务平台。

五、营造和谐有序发展环境

政策法规方面:2021年3月1日,全国首个同时适用于民营和中小企业的政府规章《青岛市民营和中小企业发展促进办法》正式施行。年内出台了《青岛市人民政府办公厅关于进一步促进民间投资若干措施的通知》《关于促进民营和中小企业高质量发展若干土地规划支持政策的意见》《青岛市证明事项管理暂行规定》《青岛市小微企业无还本续贷业务奖励办法》《关于促进全市供应链金融发展的指导意见》等一系列政策支持民营和中小企业发展。

流程再造方面:以平台思维再造企业开办流程,将营业执照、税务发票、印章刻制、社保医保、银行开户等业务整合到"企业开办及注销智能一体化平台",公章刻制、社保登记业务实现免登录,电子营业执照扫码办理,企业开办环节由4个压缩至2个,成为全国开办企业环节最少的城市之一。企业开办实现1天办结,推动全市创业营商"零门槛"。

尊商重商方面:从"成全企业发展就是成全城市发展"的共赢逻辑出发,破解政商关系难题,推动良性互动。推进全省新型政商关系试点,相关经验被中央统战部刊发推广。2021年10月21日,青岛市第十六届人民代表大会常务委员会第三十六次会议审议了《青岛市人民政府关于提请审议设立"青岛企业家日"的议案》。会议决定,自2021年起,将每年的11月1日设立为"青岛企业家日",将11月第1周定为"青岛企业家宣传周",高规格举行企业家座谈会,举办图片展,播放主题灯光秀,用满满仪式感向企业家致敬。11月

1日，青岛市委、市政府召开弘扬企业家精神促进制造业高质量发展座谈会，市四大班子主要领导及市、区(市)两级相关部门主要负责人与231名民营经济代表人士谈心。选配一批优秀民营企业家为工商联执常委。首次邀请33名党员民营企业家和商会代表列席市委全委会。实施"千名干部联系服务万名企业"行动，办结问题6100余个。"市委书记信箱"办理民营企业来件252件，办结率99%。启动"纪委监委为企业护航行动"，解决一系列突出问题。2020年中国城市政商关系排行榜上，青岛排名前8，较去年提升6位。

金融助力方面：通过整合运用涉企数据，建设青岛市金企通金融服务信息支持平台，加大银企对接，提升融资效率，切实发挥助力攻坚"融资难、融资贵"作用。平台累计展示融资项目信息约450条，累计注册用户约2万余个，上线贷款产品约260余款，放款金额约98亿元。积极引导全市重点金融机构发展供应链金融，为供应链上下游企业提供金融支持。

企业家培养方面：创新"线上学习平台+线下培训基地"培训模式，持续发力企业家培养。建立青岛民企大学线上商学院，陆续推出162门课程，发放千余个学习账号，学习时长突破5万分钟，课程受到企业的好评。依托线上商学院，开展了19期"我的工业互联网之路"实战讲座赋能民营中小企业，在线培训企业家近20万人次。设立全国首家民营中小企业大学，实施"百千万"中小企业培训计划，即分期培训100名以上精英民营企业家、1000名以上优秀民营企业家、10000名以上年轻一代民营中小企业高管。2021年，围绕工业互联网(人工智能+)赋能、数字化营销创新管理等主题，联合复旦大学、浙江大学等机构举办线下对标体悟提升专题活动5期次，近500名企业家参加。同时开通了民企大学的公众号、抖音号和头条号。青岛民企大学已成为企业的全天候知识赋能人才成长平台。

第三节　青岛市民营经济发展现状

一、市场主体增速保持稳定

2021年全市市场主体总量累计新增30.12万户，较2020年降低了17.41%。其中，民营市场主体总量累计新增29.88万户，较2020年降低了17.53%。2021年新增的民营市场主体总量占全市市场主体比重为99.19%，较2020年降低了0.15个百分点，其他主体只占到0.81%，新增市场主体中，民营市场主体占据绝对比重。其中，民营企业、个体工商户和农民专业合作社分别占比41.24%、58.46%和0.30%，分布基本与往年相符。

截至2021年12月，全市市场主体总量累计达到195.35万户，较2020年增长8.23%，两年平均增长12.44%。其中，民营市场主体总量累计191.90万户，较2020年增长8.36%，两年平均增长12.66%。民营市场主体总量增速高于全市市场主体总量增速。

民营市场主体历来占据主导地位。截至2021年底，民营市场主体总量占全市市场主体比重为98.24%，较2020年提高0.11个百分点，较2019年提高0.38个百分点，其他市场主体仅占到1.76%。其中民营企业数量、个体工商户数量和农民专业合作社数量分别占比36.18%、62.89%和0.93%，而2020年民营企业数量、个体工商户数量和农民专业合作社数量分别占比35.45%、63.52%和1.03%。民营市场主体三种类型的占比相对稳定，无太大变化(见图2-3)。

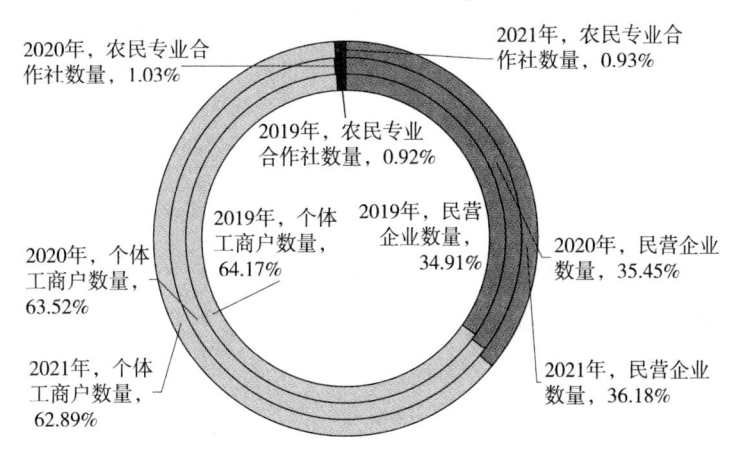

图2-3 青岛市民营市场主体结构比较

表2-2所示为2019~2021青岛市市场主体变化情况。

表2-2 2019~2021年青岛市市场主体变化情况

指标名称	2019年	2020年	2021年
全市市场主体总量(万户)	154.51	179.76	195.35
其中，企业数量(万户)	56.09	65.89	72.88
民营主体总量(万户)	151.20	176.39	191.90
其中，民营企业数量(万户)	52.78	62.53	69.43
民营企业占企业总量比重(%)	94.09	94.89	95.27
民营主体占全市市场主体比重(%)	97.86	98.13	98.24

资料来源：青岛市统计局。

2021年全市市场主体新增注册资本12945.59亿元,较2020年下降11.12%。其中,民营市场主体新增注册资本9875.02亿元,同比减少11.68%。

截至2021年12月,全市市场主体注册资本8.03万亿元,较2020年增长9.68%,两年平均增长23.02%。其中,民营市场主体注册资本为5.65万亿元,较2020年增长8.62%,两年平均增长23.88%。从市场主体培育的角度而言,民营企业市场主体培育保持良好发展势头。从数量的角度而言,民营企业依旧是市场的主体,其数量增速高于全部市场主体数量增速。

二、税收增长势头良好

2021年全市税收总额1994.4亿元,较2020年增长16.7%;民营经济税收总额1251.9亿元,占全市税收总额62.8%,较2020年增长16.5%,两年平均增长5.13%。从2019~2021年变化情况来看,民营经济税收总量呈缓慢上升趋势,民营经济税收总额已经占到了全市税收总额的60%以上(见图2-4)。

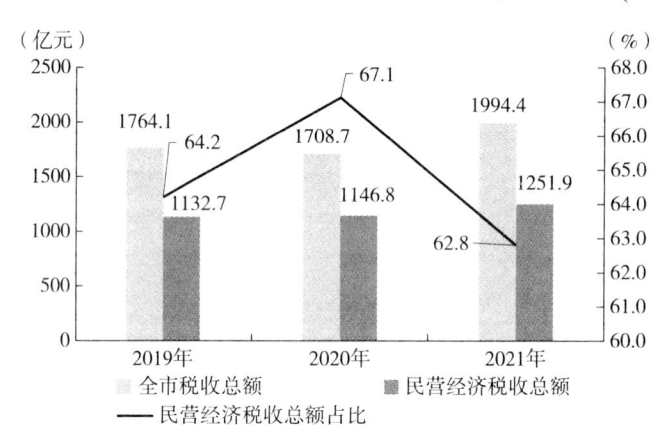

图2-4 青岛市民营经济税收总额及其占比变化情况

三、吸纳就业基本稳定

2021年全市城镇新增就业人数38.13万人,较2020年减少7.4%,其中民营经济新吸纳就业人数33.57万人,较2020年减少10.2%,占全市城镇新增就业人数的88.05%。从2019~2021年变化情况来看,民营经济新吸纳就业人数占全市城镇新增就业人数的比重稳定在80%以上,民营企业已经成为创造就业岗位的重要渠道(见表2-3)。

表 2-3　2019~2021 年青岛市城镇新增就业情况

指标名称	2019 年	2020 年	2021 年
全市城镇新增就业人数(万人)	75.1	44.75	38.13
其中,民营经济新吸纳就业人数(万人)	60.96	36.97	33.57
民营经济新吸纳就业人数占比(%)	81.81	82.62	88.05

注：2020 年新增就业统计口径发生变化。

资料来源：青岛市统计局。

四、投资贡献逐年增加

2021 年全市固定资产投资较 2020 年增长 4.1%，民间投资增速 8.3%；民间投资占青岛市固定资产投资比重为 59.8%，较 2020 年提高 2.3 个百分点，拉动投资增长 4.8%。民间投资项目 4362 个，同比增加 170 个。从 2019~2021 年变化情况来看，民间投资已经占到全市固定资产投资额的 50% 以上，对拉动投资的贡献逐年增加（见表 2-4）。

表 2-4　2019~2021 年青岛市民间投资增速及占比

指标名称	2019 年	2020 年	2021 年
全市固定资产投资增速(%)	21.6	3.2	4.1
其中,民间投资增速(%)	20.9	13.0	8.3
民间投资占比(%)	52.5	57.5	59.8
民间投资项目(个)	3504	4192	4362

资料来源：青岛市统计局。

五、国际贸易增长强劲

2021 年全市进出口总额 8498.4 亿元，较 2020 年增长 32.4%，两年平均增长 59.42％；全市民营经济进出口总额 5709.4 亿元，占全市进出口总值的 67.2%，较 2020 年增长 34.9%，两年平均增长 64.87%，占比提升 1.3 个百分点，拉动全市进出口增幅为 23.0%。全年青岛新增进出口民营中小企业 1051 家，有进出口实绩外贸企业突破 2.1 万家。

全市出口总额 4921.3 亿元，较 2020 年增长 27.0%，两年平均增长 55.35%，其中民营企业出口总额 3500.7 亿元，首次突破 3000 亿元，占全市出口总额71.1%，较2020年增长29.8%，两年平均增长60.70%，拉动全市出口增幅为20.7%。

全市进口总额3577.2亿元，较2020年同期增长40.7%，两年平均增长64.54%，其中民营企业进口总额2208.7亿元，首次突破2000亿元，占全市进出口总额的61.7%，较2020年增长44.0%，两年平均增长71.06%，拉动全市进口增幅为26.5%。

从2019~2021年变化情况来看，民营企业进口额和出口额屡创新高，增速均高于全市总体增幅，对全市外贸贡献度逐年增加。截至2021年，民营企业进出口总额已经超过全市进出口总额2/3(见表2-5)。

表2-5　2019~2021年青岛市民营企业进出口情况

指标名称	2019年	2020年	2021年
全市进出口总额(亿元)	5923.4	6407.0	8498.4
其中，民营经济进出口总额(亿元)	3532.5	4222.7	5709.4
民营经济进出口总额占比(%)	59.6	65.9	67.2
拉动全市进出口增幅(%)	103.1	11.6	23.0
全市出口总额(亿元)	3409.7	3876.8	4921.3
其中，民营经济出口总额(亿元)	2176.1	2698.9	3500.7
民营经济出口总额占比(%)	63.8	69.6	71.1
拉动全市出口增幅(%)	121.1	15.3	20.7
全市进口总额(亿元)	2513.7	2530.2	3577.2
其中，民营经济进口总额(亿元)	1356.4	1523.8	2208.7
民营经济进口总额占比(%)	54.0	60.2	61.7
拉动全市进口增幅(%)	90.9	6.64	26.5

资料来源：青岛市统计局。

六、贷款融资扎实稳进

2021年全市民营企业贷款新增6001.2亿元，占当期公司类贷款的41.32%。截至2021年12月，全市人民币贷款余额2.3万亿元，较2020年增长15.1%。其中，民营企业贷款余额5313.5亿元，占全市人民币贷款余额的22.9%。

2021年全市新增上市公司总数为15户，较2020年增长114.0%，其中，民营企业新增上市挂牌公司总数达到 13 家,占到全市新增上市挂牌公司总数的 86.7%;全市上市公司融资总额为 176.9 亿元,较 2020 年同期减少 1.0%,其中,民营企业融资总额 132.72 亿元,占融资总额的 75.0%。截至 2021 年 12 月,全市民营上市挂牌公司总数达到 56 家,占全市上市挂牌公司总数的 77.8%(见表 2-6)。

表 2-6　青岛市民营企业上市情况

项目	全市上市(挂牌)公司	民营上市(挂牌)公司
总数(户)	72	56
其中,主板上市(户)	38	27
创业板上市(户)	13	12
科创板上市(户)	5	4
北交所上市(户)	2	2
新三板挂牌(户)	65	—

注:民营上市公司中境外 11 家,境内 45 家。
资料来源:青岛市民营经济发展局。

七、四新企业表现亮眼

2021 年全市新增"新技术"企业数量为 3976 户,较 2020 年增长 118.1%;新增"新产业"企业数量为 1436 户,较 2020 年增长 7.9%;新增"新业态"企业数量为 6832 户,较 2020 年增长 27.1%。除"新模式"企业外,"新技术""新产业""新业态"企业数量均呈上升趋势,并且"新技术"企业和"新业态"企业增幅非常明显。

截至 2021 年 12 月,"新技术"企业数量为 9249 户,同比增长 62.3%,两年平均增长 77.07%;"新产业"企业数量为 6628 户,较 2020 年增长 18.9%,两年平均增长 26.19%;"新业态"企业数量为 16444 户,较 2020 年增长 52.4%,两年平均增长 109.38%;"新模式"企业数量为 21 户,同比下降 8.7%,"新技术"企业和"新业态"企业数量实现大幅度增加(见图 2-5)。

截至 2021 年,青岛市民营经济发展"十四五"规划目标进展情况见表 2-7。总体上看,按照 2021 年 8.23% 的增长速度,民营主体超过 260 万户的目标有望提前完成,民营企业总数超过 100 万户的目标能按时完成。民营经济增加值占比、民营经济税收占比、民间固定资产投资占比、民营经济吸纳就业占比等指标目前已达到规划目标要求。

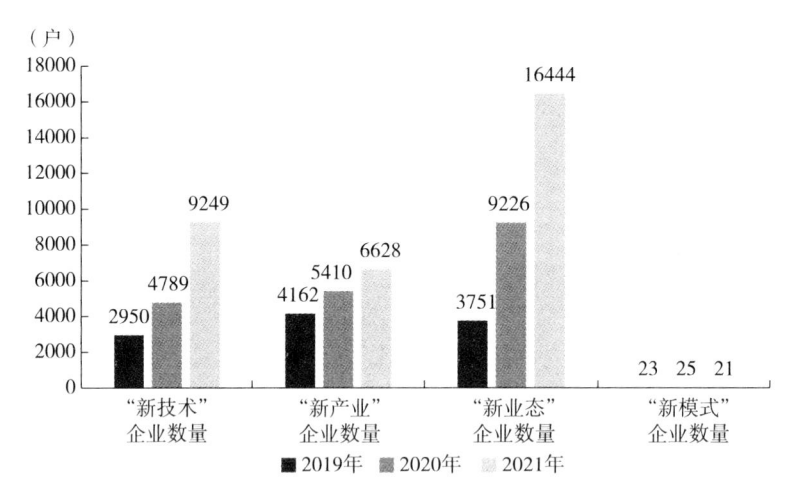

图 2-5 青岛市四新企业情况对比

表 2-7 青岛市民营经济发展"十四五"规划目标进展

	规划指标	目标值	2021年实际值
经济规模	实有民营市场主体	260 万户	191.9 万户
	民营企业总量	>100 万户	69.4 万户
	民营经济增加值占比	>50%	—
	民营经济税收占比	>50%	62.8%
	民间固定资产投资占比	>50%	定量
	民营经济吸纳就业占比	>80%	88.1%
	企业培育	形成一批跨行业、跨地区、跨所有制的百亿级、千亿级大企业集团	—
经济结构	小升规企业数	1000 家	—
	规模以上工业企业规范化公司制改制比例	60%	—
	具有较大影响力的区域商标品牌	3~5 件	—
	先进制造业"新金花"龙头企业	10 家	—
	现代服务业"新金花"龙头企业	10 家	15 家培育
创新驱动	民营高新技术企业	>6000 家	第一批 1264 家
	新增国家级专精特新"小巨人"企业	150 家	50 家
	省级"专精特新"企业	400 家	190 家
	瞪羚企业	150 家	143 家

续表

	规划指标	目标值	2021年实际值
创新驱动	省级以上制造业单项冠军企业	20家	37家
	独角兽企业	5家	13家*
	民营企业创新能力进入同类城市	前5位	—
开放水平	民营企业货物进出口额	>600亿美元	5709.4亿元
	服务外包执行额	>70亿美元	—
	具有较强创新能力和国际市场竞争力的本土跨国公司	>5家	青建集团
集聚能力	园区建设	产业竞争优势突出、配套体系完善、产出效益水平全国领先的制造业高质量发展示范园区	市工业和信息化局培育市级重点工业产业集聚区
政策支持	深化改革	市场准入全面放宽，商事制度改革取得实质性成效	稳步推进
	制度体系	基础性制度、融资促进制度、创新发展制度、合法权益保护制度	稳步推进
	营商环境	全国领先的便捷高效、稳定透明、公平竞争的法治化、市场化、国际化营商环境初步建成	稳步推进

注：*.据中国人民大学中国民营企业研究中心发布的《全球独角兽企业500强发展报告（2021）》显示，2021年青岛共有13家企业入选全球独角兽企业500强榜单。其中有四家企业被山东省工信厅认定为独角兽企业。

第四节　青岛市民营经济发展中存在的问题

青岛市民营经济发展开局良好的同时，也存在一些难点和不足，需要认真分析，加以改进，主要表现在以下六个方面：

一、整体实力相对偏弱

虽然民营经济是青岛经济发展的主力军，但市场主体整体能力较弱，存在"多而不大，大而不强"的现象，领军企业、头部企业偏少。2021中国民营企业500强中青岛有5家，营业收入合计为3639.70亿元，数量比杭州少31家、比深圳少24家、比苏州少21家、比广州少12家、比宁波少11家，仅与成都持平；营业收入合计为杭州的12.16%、深圳的8.80%、苏州的16.75%、广州的39.49%、宁波的43.55%、成都的81.32%，与数量持平的成都相差800多亿元(见表2-8)。

表2-8　2021中国民营企业500强城市分布

序号	所在地区	入围企业数(家)	营业收入(亿元)	营业收入占民营企业500强比重(%)
1	杭州	36	29936.23	8.52
2	深圳	29	41369.41	11.78
3	苏州	26	21733.08	6.19
4	广州	17	9215.98	2.62
5	宁波	16	8356.89	2.38
6	成都	5	4475.92	1.27
7	青岛	5	3639.70	1.04

资料来源：笔者整理。

2021中国民营制造业企业500强中青岛市有4家，营业收入合计为2485.18亿元，数量分别比杭州少22家、比苏州少19家、比深圳少16家、比宁波少16家、比广州少3家，仅比成都多2家；营业收入合计为杭州的14.65%、深圳的12.35%、苏州的10.77%、宁波的36.46%，高于广州和成都。可见，从大型民营企业实力而言，青岛与国内先进城市相比差距不小(见表2-9)。此外，2021年山东省民营企业百强排名中，青岛与东营、潍坊的入围数量差别不大，但是营业收入总额、资产总额却有不小的差距(见表2-10)。

表2-9　2021中国民营制造业企业500强城市分布

序号	所在地区	入围企业数(家)	营业收入(亿元)	营业收入占民营制造业企业500强比重(%)
1	杭州	26	16967.08	7.54
2	苏州	23	20130.86	8.95
3	深圳	20	23074.85	10.26
4	宁波	20	6816.39	3.03
5	广州	7	2200.26	0.98
6	青岛	4	2485.18	1.10
7	成都	2	1330.62	0.59

资料来源：笔者整理。

表 2-10　2021 年山东省民营企业百强区域排名前五名

排名	所在地区	入围企业数（家）	营业收入总额 数量（亿元）	营业收入总额 占比（%）	资产总额 数量（亿元）	资产总额 占比（%）
1	东营市	16	7091.01	20.44	3765.19	15.00
2	潍坊市	16	3545.3	10.22	2378.97	9.48
3	青岛市	13	3246.69	9.36	2039.75	8.13
4	滨州市	9	5739.54	16.54	4423.4	17.62
5	淄博市	9	229751	6.62	1534.04	6.11

资料来源：笔者整理。

二、产业层级相对偏低

受制于资金、技术、人才、管理等因素，全市民营企业中传统产业比重偏大，整体的产业层级不高，产业链条短，缺少具有产业带动效应的头部企业、链长企业，产业合作关联度不高。从工业企业来看，多数企业属于产业链分工体系中的加工环节，附加值较低，处于中低端的市场地位。尚有不少民营企业属于劳动密集型的传统产业，影响民营经济整体水平和发展质量。2021 年山东省民营企业 100 强榜单显示，全市上榜的 13 家民营企业主要以建筑、房地产、商业贸易等传统产业为主，制造业偏少，科技含量高、附加值高的新兴产业领域则更少（见表 2-11）。此外，尽管 2021 年四新企业数量保持 66.3% 的高速增长势头，远超过全国 15.8% 的水平，但是相对于全市庞大的企业基数而言，比重偏低。2021 年全市四新企业数量仅占民营经济企业总数的 4.66%。很多民营企业投资时仍旧考虑投资少、见效快、技术性不强的行业，产业层级较高的行业对技术和资金要求较高，导致很多企业踌躇不决。

表 2-11　2021 年山东省民营企业百强青岛入围企业

位次	企业名称
9	青建集团股份公司
15	山东新希望六和集团有限公司
34	新华锦集团
48	利群集团股份有限公司
52	青岛世纪瑞丰集团有限公司
58	青岛京东昌益得贸易有限公司

续表

位次	企业名称
75	赛轮集团股份有限公司
76	中青建安建设集团有限公司
77	荣华建设集团有限公司
82	日日顺供应链科技股份有限公司
87	瑞源控股集团有限公司
91	青特集团有限公司
92	青岛康大外贸集团有限公司

资料来源：笔者整理。

产业层级不高导致产业发展不均衡。2021年上半年，"十强产业"①中的新一代信息技术、高端化工、高端装备等领域的民营规模以上工业增加值增速低于全市规模以上工业增加值增速，未能有效发挥对工业增长的引领带动作用。民营建筑业增加值两年平均增速比全市建筑业增加值两年平均增速低4.4个百分点。民营限上零售业营业收入同比增长36%，但利润持续亏损。民营规模以上其他服务业实现营业收入同比增长30.2%，但实现利润同比下降2.0%。整体而言，民营服务业盈利能力不强。

三、创新能力相对不足

全市民营企业中传统产业比重偏大，发展依赖于低成本竞争，创新意识比较薄弱，创新投入重视程度不够导致创新动力不足、创新竞争力偏弱，企业产品"含金量"有待提高。许多企业缺少资源整合能力，缺乏自主知识产权，在价值链分配中缺少话语权，只能靠压缩利润空间求生存，无暇顾及创新。针对全市民营企业的调查发现，112家"隐形冠军"企业近三年平均研发费用占销售收入的比例达到5.7%，许多企业甚至可以达到7%，远远高于全市2015年规模以上工业1.3%的水平，但与之相对的是，仍有相当一部分企业的研发投入占销售收入比重不足1%。掌握关键核心技术和知名品牌、标准的企业不多，能引领产业创新发展的重大原创性技术成果则少之又少。相当一部分民营企业在新产品开发、技术引进、智能化改造、设备更新、产业链布局

---

① "十强产业"指《山东省国民经济和社会发展第十四个五年规划和2035年远景目标纲要》中提出的新一代信息技术、高端装备、新能源新材料、现代海洋、医养健康、高端化工、现代高效农业、文旅产业、现代轻工纺织、现代金融服务。

等方面临较大的资金压力，不仅缺少研发人员、核心技术和核心产品，还缺少产学研合作渠道。由此导致创新型民营企业数量偏少、产业层次偏低。

四、营商环境尚存短板

青岛市依托中小企业公共服务中心，搭建起普惠型的民营中小企业服务矩阵，并创新性地开展了转贷过桥服务、"我为企业找订单"等活动，营商环境进一步优化。全国工商联发布的2021年度"万家民营企业评营商环境"调查报告显示，青岛首次进入前十名，位列杭州、温州、苏州、深圳、宁波之后。尽管青岛在北方城市中排名第一，但是相较南方先进城市仍有提升空间。青岛市在法治化营商环境建设方面尚有不少不足之处。政法委牵头的调查显示，全市破产审判保障机制有待完善，案件审理周期长、"执行难"问题长期存在，执行信息化建设相对滞后；一些政府部门对民营企业还存在"边清边欠""前清后欠"的问题；法律服务的精准度和颗粒度有待提高。比如，司法行政机关在开展"企业法律体检"活动时，有的企业出于内部信息保护的顾虑，拒绝接受法律体检。行政执法权下放到镇(街道)后，一些行政执法行为还存在不严格、不规范、不严谨等问题，对企业特别是中小企业的正常生产经营造成不利影响。

五、资源要素制约发展

在对全市1575家中小企业的抽样调查中，"用工成本上升""原材料价格上涨""高层次人才缺乏"在制约企业发展的诸多因素中排前三位(见图2-6)。

原材料方面：党的十九大报告指出，必须"毫不动摇巩固和发展公有制经济，毫不动摇鼓励、支持、引导非公有制经济发展"，这为众多民营企业带来了投资发展信心，许多企业因此制定了"公司倍增战略(计划)"。但是，从2020年开始，原材料、能源价格的大幅度上涨导致企业生产成本上升，给企业经营带来了巨大的压力。据调查，城阳区某出口企业生产原料中的钢材价格上涨了90%，其他原材料价格上涨了30%，海运的集装箱运费价格上涨到2万美元/标准箱，加上汇率的影响，导致企业利润出现断崖式的下滑。因为企业产品出厂价格为一年一签，尽管与客户进行协商后有过一定的让步，但是效果并不显著。

能源方面：2021年下半年，对工业企业采取的限电措施影响了企业生产的稳定，导致不少企业订单不能按时完成，由此面临因合同违约带来的罚金

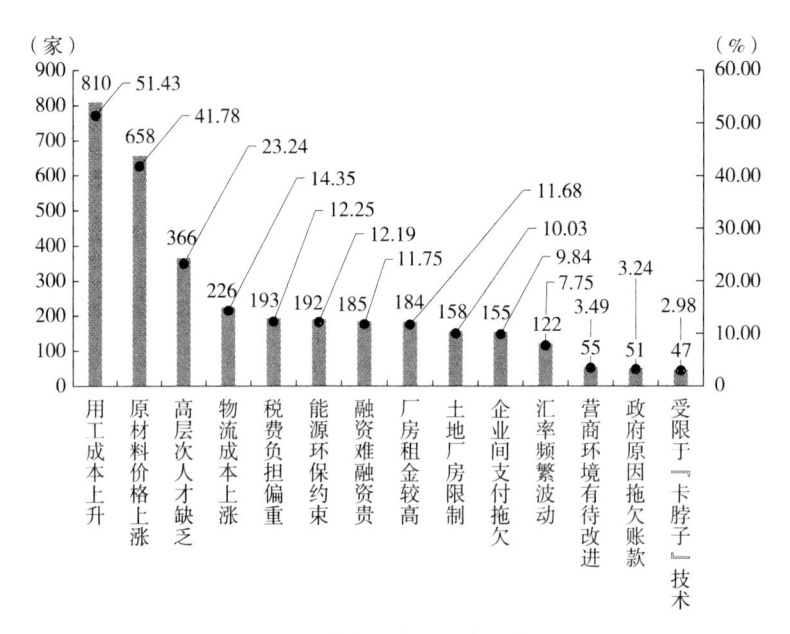

图 2-6 制约企业发展因素调查结果

和商誉损失。限电对连续性生产的工业企业影响更大。如西海岸新区某新材料企业因产品技术含量较高，原材料成本增加对其影响不大，但是限电却对产品质量稳定性造成不小的影响。重新供电后，设备每一次重启都必须对工艺参数进行重新调整设置，这不仅延长了生产周期，而且降低了良品率，大大增加了企业经营成本。

土地方面：从市自然资源和规划局、民营局联合开展的调研情况看，高成长企业用地用房问题仍然比较突出。企业集中反映外来项目与本地项目在用地保障上待遇不一，因工业用地或厂房不足，不少"高科技高成长50强企业"扩大再生产或上市计划受到影响。个别企业甚至反映9年之内3次搬迁。同时，企业较为普遍地面临"被招商"情况，影响本地企业扎根发展的信心。

人才方面：人才是企业发展的根本。当今社会，高层次创新型人才，特别是一些顶尖人才，在选择工作地时，不仅考虑城市的自然环境，而且更多考虑的是未来个人的成长空间，以及城市的产业生态。近年来，青岛市战略性新兴产业发展迅速，但是由于缺少良好的产业生态链，部分领域对高端的产业创新人才缺乏足够的吸引力。不少民营企业反映即使企业付出与北上广深等城市相同甚至略高的薪酬，也难以招聘到企业发展急需的高层次人才。某电池隔膜企业以80万元的年薪也没有留住一位企业急需的高端研发人员。其理由就是青岛缺少相应的产业氛围，担心时间长了会跟不上行业发展。某物联网企业开出 30 万元年薪仍找不到合适的技术人员，不得已将前瞻性技术研究院设在了北京和杭州。

六、绿色发展动力不足

国家提出"双碳"目标后，《青岛市"十四五"民营经济和中小企业发展规划》对全市民营经济加快绿色低碳转型，落实碳达峰、碳中和目标进行了统筹谋划。2021 年年中举办了主题为"搭建资本招商平台 推动双碳产业集聚"的民营经济创意会，这对推动民营企业绿色低碳转型具有十分重要的示范意义。但是产业层级偏低、生产方式传统、工艺设备陈旧、制造技术落后、资金不足等现实问题导致许多民营企业仅仅满足于企业常规经营，没有考虑如何将生态文明理念纳入企业战略，树立低碳化、绿色化、生态化的发展目标，仅仅是应付节能、环保、安监等方面的检查，缺乏真正的"绿色责任"意识。

民营企业研究开发投入强度普遍较低，研发投入不足，对于产品技术含量偏低的中小企业而言，达不到绿色技术所要求的经济规模，从而使这些企业对绿色技术的研发热情不高，限制了绿色技术的推广与应用。可以说，大多数民营企业尚未形成低碳、绿色发展的主观自觉性，客观上更无能力投入资金进行绿色技术自主创新，导致绿色技术创新能力低，绿色发展动力不足。

第五节 青岛市民营经济发展对策建议

一、培育壮大民营企业群体

2021 年 7 月，中央政治局会议再次强调"发展专精特新中小企业"。厚植以"专精特新"为代表的优势高成长企业是支撑新经济发展最为重要的"里子工程"，是在新一轮城市竞争中实现"弯道超车"的关键一招，将为青岛市新经济迈向高质量发展提供源源不断的内生动力。在全面落实稳增长政策的同时，进一步完善"专精特新—隐形冠军—小巨人""雏鹰（初创企业）—瞪羚—独角兽"培育体系。支持基金招商，鼓励引进国内外高成长科技企业和头部科技企业，鼓励创新创业大赛获奖企业在青岛落地开展项目产业化。实施高新技术企业上市行动，强化上市服务联盟，做细做实上市培育库，推动企业进入主板、中小板、创业板、新三板、科创板等多层次资本市场融资。加强由证券、创投机构及律师事务所、会计师事务所等组成的上市服务联盟的上市服务工作，搭建企业与专业服务机构对接平台。

处理好发展中小企业与发展大企业的关系，推动中小企业做专做精，大企业做大做强。企业成长是一个漫长的过程，对于中小企业，要避免拔苗助长，引导企业专注做好做专做精，把普通产品做成品牌，差异化竞争，提高专业化分工能力，提升在产业链中的地位。同时，通过兼并重组，淘汰落后产能，减少附加值低的传统产业，推动传统产业向高附加值产业链、"微笑曲线"两端攀升。利用信息网络技术、人工智能技术、生物技术、新能源和新材料等技术改造传统产业，融合发展新的业态，发展新兴产业。

对于重点民营企业，贯彻落实市政府工作报告确定的"支持规模以上工业企业、行业龙头企业制定实施倍增计划，做优做强主业"工作任务，研判产业发展趋势，了解企业发展需求，改变粗放式、碎片化、针对性差的扶持模式，整合政策资源，提供精细化、定制化、全方位的支持，为企业倍增发展提供精准化、专业化服务，为倍增企业打造"绿色通道"。

二、借助招商提升产业能级

在城市更新中，保障土地供应。借鉴先进城市经验，在项目供地上对企业一视同仁，推行"以地招商"新模式，提供产业用地"标准地"储备、"双信地"供应、"舒心地"服务。探索重点项目"拿地即发证、出证即开工、完工即验收"全链代办服务模式。充分利用土地资源围绕上市公司募投项目进行招商，快速集聚高端产业项目。进一步强化市级领导和各区市、市直部门主要负责人顶格招商工作，积聚力量推动民营经济高端产业项目落地。

紧贴主导产业链招商图谱开展招商工作，高度重视发挥大企业（链主企业）对产业链配套项目的吸附作用，切实引进优质民营经济项目。发挥"双平台"作用，面向国内外配置招商资源，发挥社会化招商中介机构作用，完善激励机制，推动相关机构结合青岛市产业优势和产业发展规划，加大力度引进民营经济企业项目。

围绕"新兴产业链+产业创新中心+产业基金+产业互联网+公共服务平台+产业基地"六位一体的园区发展理念，规划建设一批"四新"产业园区，培育发展产业竞争优势突出、配套体系完善、产出效益水平领先的示范园区，特色发展"双创"基地、小企业园的产业孵化载体新体系，支持企业集聚发展。

三、支持民营企业技术创新

继续将推进民营企业技术创新，培育四新企业作为推动经济高质量发展的重要引擎。重视民营企业家在企业技术创新中的灵魂作用，充分调动企业家的创新积极性。开展不同形式的企业家创新意识培养活动，扩大民营经济创意会的参加范围，通过培训、实地考察、展销会等，使企业家不断接触新产品、新工艺、新技术和新设备，激发其创新意识。

全面落实高新技术企业所得税优惠、企业研发费用加计扣除、延长亏损结转年限等普惠性政策。推广实施科技创新券，对科技型中小企业购买研究开发、检验检测服务给予补助。优化企业研发投入奖励，对国家科技型中小企业库入库企业按加计扣除研发费用一定比例给予奖励，引导企业加大研发投入。鼓励企业认定高新技术企业，对通过高企认定的企业给予奖励。落实《青岛市创新产品推荐目录编制工作指南（试行）》，持续编制出台《青岛市创新产品推荐目录》，实施创新产品政府首购、订购和"三首"（装备首台套、材料首批次、软件首版次）等政策，推动科技型企业技术创新及产品推广应用。借助政府采购降低民营企业在产品宣传、市场开拓方面的成本支出，使其创新产品与市场直接联系，从而很大程度上降低企业技术创新的风险。

借鉴先进城市发展经验，建设"专业+研发+孵化+投资"一体化运作的新型研发机构。整合现有的中小企业公共服务平台、公共检测平台、公共研发平台，大力推动产学研深度融合，鼓励支持协同开展技术创新，协助民营企业与高校、科研院所等合作。完善产业链上下游企业之间协同创新的激励机制，建立从立项到产业化全过程协同创新模式，通过政府引导和市场化合作的方式，鼓励企业抱团研发，集中优势资源进行技术攻关。完善风险投资机制，减少或分散企业技术创新风险，提高民营企业创新积极性。

四、深化"亲清"政商环境建设

优化升级全程电子化登记系统，提高"全程电子化"登记在主体类型和业务类别等方面的覆盖率，提升申报便利度、安全稳定性以及四级网办率。加快推进电子营业执照政务应用。在市人力资源和社会保障局、市公安局的基础上，继续拓展使用部门，提升市场主体办事创业便利度。按照国务院的部署，在自贸区深入开展"证照分离"改革全覆盖。根据法律法规修改和国务院统一安排，最终在全市实现涉企经营许可事项的全面改革。

进一步创新监管理念，正确把握"不罚"与"该管"的行政艺术，不断丰富包容审慎监管机制。一是在推行"首错免罚"的同时，着力对免罚主体加强指导规范，坚持"有错必究"，通过批评教育、行政约谈、责令改正等行政指导措施及时规范经营行为。二是推行信用承诺监管机制，将不予处罚制度与信用风险分类监管、企业信用信息公示、信用约束等制度相结合，促使市场主体自觉诚信守法经营。三是坚持依法严格监管机制，对于涉及公共安全和人民群众生命健康的特殊重点领域，综合运用行政强制、行政处罚、联合惩戒、移送司法机关等有效措施，坚决守好安全底线。四是推动流程标准化，对于不予处罚案件的办理，严格审查市场主体的违法行为是否及时整改，是否具备不罚的充分理由，有没有做到全过程记录留痕等，严格规范不予处罚执法行为。

把维护公平正义作为优化法治营商环境的切入点，加大企业知识产权司法保护力度，进一步强化民商事案件的审判执行工作，推进民商事案件繁简分流改革。强化政务诚信，围绕企业在市场准入、产权保护、公平竞争等方面遇到的困难和问题，不断清理与现行开放政策不符的法规、规章和规范性文件，打破各种各样的"隐形门""玻璃门""弹簧门"，为民营企业打造公平竞争环境，给民营企业发展创造充足市场空间，努力为各类市场主体提供无差别的制度支持。此外，逐步扩大"免申即享"政策覆盖范围，进一步优化政策兑现流程，推动符合条件的企业更加高效地享受政策。

五、促进资源要素合理流动

加快落实《青岛市自然资源和规划局关于促进民营和中小企业高质量发展若干土地规划支持政策的意见》，缓解土地供应难题。探索重点项目"拿地即发证、出证即开工、完工即验收"全链代办服务模式。以招商引资带动产业培育和人才引进，充分发挥13个产业专班作用，突出民营经济领域"大、好、新"及制造业项目引进落地和产业型、科技型高端人才招引。

政府应打造有利于人才聚集的软硬件环境，帮助民营企业吸引人才、留住人才。编制急需紧缺人才需求指导目录，制定人才开发路线图。围绕战略性新兴产业发展需求，探索运用专利导航和大数据分析方法，精准化靶向定位产业急需的拔尖人才，研究定制化的人才引进政策，实现人才链、技术链、产业链无缝对接。鼓励民营企业建设创新实验室、博士后科研工作站等技术创新平台，发展技术创新项目，用平台和项目吸引人才，为人才提供好的发展机遇和空间。

不断完善"免申即享"政策机制，强化跟踪评估推动减税降费落细落实。坚持事前预警、事中控制、事后督导，坚决打通"中梗阻"，防范政策落实风险，确保减税降费政策执行"不打折、不走样"。发挥税收大数据优势，按月动态开展减税效应分析。积极引导企业转型发展，鼓励企业采用数字化、智能化等精细管理方式降低成本，产业转型。强化大宗商品价格监测预警，帮助企业利用期货工具套期保值，支持产业链上下游企业建立长期合作关系，建立产业联盟和企业共同体，通过产业链分摊、长期战略合作等多种方式，避免或减少价格变动的不利影响。同时，扩大"金企通"金融服务信息支持平台效用，加大流动资金贷款等经营周转类信贷支持，优化产业链上下游企业金融服务，加强对上下游企业信贷支持，促进中小微企业融资，实现经营成本降低。

六、积极融入国内国际双循环

以学上海、学深圳为契机，鼓励民营企业与上海、深圳的现代服务业、高端装备、信息技术等优势企业对接，进行各种形式的合作交流，提升企业能级，合力做大做强。黄河流域生态保护和高质量发展是青岛加快形成东西双向互济、陆海内外联动开放新格局的重大机遇，鼓励民营企业参与黄河流域生态保护、环境治理和产业领域的合作，帮助本地企业向内地市场延伸发展。

以青岛建设全国海洋会展中心和时尚会展中心为契机，依托青岛国际会展中心、青岛国际博览中心、中铁·青岛世博城、红岛国际会展中心四个专业会展场馆，加快培育民营会展企业，借助境内外专业办展机构、国内外商协会、驻外机构等资源，运用5G、云视频等技术，实现"线下产品展示、线上采购对接"，助力民营企业多元化开拓国际市场，实现会展经济与民营经济的协同发展。

鼓励企业充分利用上合示范区、山东自贸区青岛片区、"一带一路"中小企业合作区、RCEP青岛经贸合作先行创新试验基地等平台优势，多元化开拓国际市场，帮助民营企业进一步提高对欧美、日韩传统市场及东盟、"一带一路"和上合组织相关国家和地区新兴市场出口份额。用好RCEP签署后的关税减让、海关程序和贸易便利化等政策机遇，扩大对RCEP成员国出口规模。

实施跨境电商倍增计划，出台支持跨境电商高质量发展的措施，扩大跨境电商B2B出口规模。引进知名服务商、平台、海外仓，促进跨境电商主体聚集。打造跨境电商产业聚集区，创新贸易品类，发展出口直播、短视频等新型业态，培育行业性、区域性国际品牌，升级改造跨境电商公共服务平台，完善通关及政务、金融、供应链、海外仓等公共服务功能。

七、提高企业绿色发展水平

加强绿色低碳理念培育。民营企业的企业家素质往往决定了企业发展的方向，要加强对企业家绿色低碳理念的培养，组织开展以"绿色发展"为主题的民营企业家培训，学习习近平生态文明思想，深入领会国家"碳达峰碳中和"战略的重要意义，树立生态保护意识，把可持续发展融入企业发展战略，把握产业前沿技术发展方向，探索适合自身的资源节约、环境友好型企业发展模式。

加大对民营企业在环境保护、节能减排等方面的帮扶力度，及时做好生态环境机构改革涉及行政审批事项的划入整合和取消下放工作，加快推进生态环境行政许可标准化，持续精简审批环节，提高审批效率。优化小微企业环评服务，指导企业规避项目建设节能减排、生态保护方面的风险。对符合规划环评结论和审查意见的建设项目，适当简化环评内容，落实并联审批要求。

引导企业以生态环境保护促转型升级。对民营企业进行分类施策，有针对性地提供指导服务，提升企业绿色发展水平。对大型民营企业，鼓励其加快"碳达峰碳中和"研究，从满足国家前期碳达峰目标的合规要求入手，规避企业未来发展风险，以碳中和目标为指引，对企业内的供应链、工作流、产品及体验进行优化，同时加快环境管理和污染治理技术创新，助力企业可持续发展。对民营中小企业，根据行业特点，按照"国家部署，适度超前"的原则，提高企业环境治理水平，实现达标排放和全过程管控。

- 民营经济发展篇
- 中小企业高质量发展指数篇
- 创新创业篇

第三章
2020年青岛市中小企业高质量发展指数报告

第一节 中小企业高质量发展指数编制的背景和意义

一、中小企业高质量发展指数编制的背景

改革开放的经验证明，中小企业对于促进我国经济可持续发展，吸纳劳动力就业，推动企业技术创新发展发挥了巨大作用。党的十九大报告中明确指出"我国经济已由高速增长阶段转向高质量发展阶段"。经济增速、发展方式、结构调整方式以及发展动力均出现方向性的调整。创新驱动高质量发展成为经济社会发展的主旋律。

作为推动经济发展的重要力量之一，中小企业发展也面临着创新驱动、结构优化、质量提升的要求。为了推进我国中小企业的高质量发展，国家陆续出台了《关于促进中小企业健康发展的指导意见》《关于加强金融服务民营企业的若干意见》《关于实施小微企业普惠性税收减免政策的通知》《关于有效发挥政府性融资担保基金作用切实支持小微企业和"三农"发展的指导意见》等一系列政策文件，中小企业发展的政策环境进一步得到改善。但是，受全球性的新冠疫情以及贸易摩擦等因素影响，我国中小企业发展的外部环境仍不容乐观，存在较大的下行压力，中小企业自身仍面临着"专精特新"发展能力较低和融资难融资贵等问题。山东省是国家新旧动能转换综合试验区，现在正通过破除旧动能和培育新动能推动经济高质量发展。新时期，全省中小企业发展也面临着创新驱动、结构优化、质量提升的要求。新形势下，通过设计综合评价指标体系，构建中小企业高质量发展指数，对中小企业高质量发

进行评价,不仅可以实现对中小企业发展情况的有效监测,还可以及时帮助政府发现问题,防范化解风险,为精准施策提供决策依据,进而提升政府管理水平。

截至2020年底,青岛市实有中小企业61.32万户,约为第四次经济普查时的1.8倍,占全市企业总量的99.8%;就业人数超过200万人,占到全市企业就业总数的90%以上;中小企业实现增加值4366.66亿元,占全市GDP比重为35.2%,成为青岛市经济发展中不可或缺的重要力量。特别是自青岛市民营经济发展局(加挂青岛市中小企业局牌子)成立以来,随着《青岛市壮大民营经济攻势作战方案(2019—2022年)》的实施,青岛市民营经济和中小企业开始进入一个新的发展阶段,提质增量、转型升级方面取得了明显成效。

为全面掌握民营经济和中小企业运行态势,进一步丰富统计数据的维度,提高统计分析的精准性和有效性,有必要在现有监测体系基础上,运用统计学方法,构建反映中小企业总体变动情况的高质量发展指数,为科学决策提供权威、准确的数据参考,为精准施策提供更有力的支撑。

二、中小企业高质量发展指数编制的意义

(一)全面反映青岛市中小企业发展概况

中小企业涉及产业范围大、领域广,其发展涉及多个层面。目前,监测指标种类繁多、数据特征各异,编制青岛市中小企业高质量发展指数有助于全面、综合地反映全市中小企业发展状况,不仅体现总体态势、运行特点、开放程度,还可以反映创新能力、社会贡献、发展环境以及青岛市中小企业的发展特色。

(二)及时发现青岛市中小企业发展中的问题

不仅可以通过该指数分析青岛市中小企业发展的总体趋势,总结中小企业发展成就和经验,通过对历年指数的计算比较,还可以及时发现青岛市中小企业发展中的薄弱环节,揭示存在的主要问题和结构矛盾。借助指数的纵向比较,可以帮助决策者发现青岛市中小企业在高质量发展中的短板和缺陷,为政府提供决策预警,提高政策制定的精准性。

(三)为精准施策提供决策参考

借助对青岛市中小企业高质量发展分项指数的测算,可以比较、评估前

期中小企业扶持政策措施的有效性，为政府部门提升行业管理和监督水平，经济管理部门提高资源配置效率、防范化解风险，以及中小企业优化发展路径、制定转型战略，提供决策依据和参考。

第二节　中小企业高质量发展指数的国内外研究与实践现状

一、中小企业指数的国内外研究与实践现状

中小企业指数是指反映中小企业综合发展变动的相对数。目前国内外有关中小企业发展指数的研究和实践很多，既有政府、行业协会、智库机构编制用来辅助政府决策的，亦有高等学校、科研院所等研究机构或金融机构编制的，既有站在企业角度评价企业个体运营状况的，亦有站在宏观管理角度用于各方了解中小企业发展动态的。

(一) 宏观中观层面的中小企业指数

宏观中观层面的中小企业指数大致可以分为两类。一类是由专业机构编制、长期定期向发布的。比如：①美国独立企业联盟(NFIB)自1975年开始发布的小企业乐观指数。该指数涵盖就业、库存的现状和计划、未来资本、预期信贷条件等十个指标。②德国IFO经济研究所发布的德国中小企业商业情绪指数。其根据企业对目前市场现状的评估、企业短期内计划及对未来半年的看法而编制。③中国中小企业协会于2010年编制的中国中小企业发展指数，也是目前中国持续发布时间最长的中小企业指数。该指数由国民经济八大行业的中小企业的宏观经济感受、企业综合经营、市场、成本、资金、投入、效益、劳动力八个方面的内容构成。④渣打银行(中国)有限公司于2021年发布的中国中小企业信心指数(SMEI)。这是国内首个由外资银行发布的专门针对中国中小企业的指数。该指数包括中小企业经营现状指数、中小企业信用状况指数、未来三个月预期指数三个二级指数。媒体机构方面有经济日报社与中国邮政储蓄银行在2015年发布的"经济日报—中国邮政储蓄银行小微企业运行指数"、财新传媒在2015年发布的调查对象侧重于中小企业的中国通用制造业采购经理人指数、新华社与浦发银行在2013年发布的"新华—浦发长三角小微企业景气指数"等。此外，台州市政府在2015年发布了小微

金融指数、浙江省工商局在 2017 年发布了浙江省新设小微企业活力指数。

1. 中国中小企业发展指数

中国中小企业发展指数（Small and Medium Enterprises Development Index，SMEDI）采用季度发布形式，是目前持续发布时间最长的中小企业指数。该指数通过对国民经济八大行业的中小企业进行调查，利用中小企业对本行业运行和企业生产经营状况的判断和预期数据编制而成，是反映中国中小企业（不含个体工商户）经济运行状况的综合指数。该指数于 2010 年 7 月首次发布，除 2010 年第一、第二季度数据包含九个行业外，其余指数编制均针对工业、建筑、交通、房地产、批发零售、社会服务、信息、住宿餐饮八个行业。每个行业的调查内容具体包括八个方面。八个分项指数的解释如表 3-1 所示。

表 3-1　中国中小企业发展指数构成

八个分项指数	解释
宏观经济感受指数	通过企业家对宏观经济的感受程度，以及对行业总体运行的看法来反映
企业综合经营指数	通过企业家对本企业综合经营的感受情况来反映
市场指数	从市场的各个环节如订单、生产、销售以及库存等方面来反映
成本指数	通过企业家对生产成本的感受来反映，具体还涉及原材料和能源的购进价格、劳动力成本等方面
资金指数	通过企业的流动资金、应收账款以及融资等方面的情况来反映企业的资金状况
投入指数	通过企业的固定资产投资、科技投入等方面来反映企业的投入状况
效益指数	通过企业的盈利状况（增盈或减亏）来反映企业的效益
劳动力指数	通过劳动力的供应、需求方面来反映劳动力的综合情况，具体还涉及普通劳动力、技术工人以及大专及以上毕业生的供需状况

资料来源：中国中小企业协会。

2. 中国中小企业信心指数

作为国内首个由外资机构编制发布的专门针对中国中小企业的指数，中国中小企业信心指数（Small and Medium Enterprises Confidence Index，SMEI）由渣打银行（中国）有限公司设计编制，于 2011 年 10 月 13 日首次发布。

第一期指数调研针对 16 个城市的 1643 家中小企业，回收有效问卷 1469 份，行业范围覆盖化工、电子机械、运输装备、食品、物流等十几个行业。2014 年 9 月，该指数由季度发布调整为月度发布，并扩展了指数构成范围，在现状指数（中小企业经营现状指数）基础上，新增信用指数（中小企业信用状况指数）、预期指数（未来三个月预期指数）两个核心指标。2016 年 5 月起，该指数登陆彭博（Bloomberg）终端（指令：SCCNSMEI）。

3. 经济日报—中国邮政储蓄银行小微企业运行指数

2015年5月5日发布的"经济日报—中国邮政储蓄银行小微企业运行指数"是媒体业——经济日报社与金融业——中国邮政储蓄银行的联合。指数样本由邮储银行调动行内资源获得：通过制定专项激励考核机制，让3.9万个实体网点、3.5万名信贷经理参与数据采集，建立电子问卷访谈、影音实时传输、GPS辅助核证的智能化样本采集流程，形成覆盖全国近75%县域地区的小微企业样本库，并以六大区域为抽样的"地域横坐标"、以七大行业为抽样的"产业纵坐标"，每期指数实际样本抽取数量不少于2500家。

该指数于月初发布，包括总指数和六大区域（东北、华北、华东、西北、中南、西南）、七大行业（制造业、批发零售业、建筑业、服务业、交通运输业、住宿餐饮业、农林牧渔业）、八大指标（市场、绩效、扩张、采购、风险、融资、信心、成本）各分项指数，旨在展现小微企业的运行态势与发展状况（见表3-2）。

表3-2 经济日报—中国邮政储蓄银行小微企业运行指数

指标	解释
市场指标	对企业现阶段经营情况、市场需求和整个产业经营状况的综合反映
绩效指标	对企业在一定会计期间的经营业绩的综合反映，有利于企业主和投资者等市场主体了解企业经营状况，做出正确的经济决策
扩张指标	对企业的成长性和扩张趋势的综合反映，是最紧密、直接反映企业中长期经营状况的先行指标，对企业的未来发展与决策有着重要的参考意义
采购指标	对企业采购状况的综合反映，它是一个反映企业短期经营状况的先行指标，有利于指导企业的采购、生产和经营等活动，是指导企业战略决策与业务调整的一个可靠的依据
风险指标	对企业在生产经营过程中存在的潜在风险的综合反映，一方面可以让企业及时意识到自身发展的风险并补救，另一方面可以为金融机构向其发放贷款提供参考
融资指标	对企业融资意愿或融资规模扩张、收缩程度的综合反映，是判断小微企业外部资金条件是否满足的重要指标之一，也是反映企业现阶段和未来经营状况的重要指标，同时还可以通过该指数来测度企业资金松紧状况，为货币政策提供依据
信心指标	主要是指企业家信心指标，它可以综合反映企业家对当前经济形势及企业经营情况的满意度，以及对未来宏观经济及企业发展的信心。它是预测经济走势及产业发展的先行指标，是监测经济周期变化不可缺少的依据
成本指标	对企业生产经营各项成本和工作业绩的综合反映，既是计算企业盈亏的依据，也是企业进行决策的参考。成本指数仅供分析使用，不参与总指数的合成

资料来源：笔者整理。

4. 财新中国通用制造业采购经理人指数

财新中国通用制造业采购经理人指数（Caixin China General Manufacturing PMI）由英国金融信息服务公司 Markit Economics（HIS Markit）调查和编制，其主要调查对象侧重于中小企业。该指数受合作冠名机构已变更三次，如表3-3所示。

表3-3　采购经理人指数冠名变更情况

时间	名称	冠名和发布机构
2004年9月至2009年7月	里昂证券中国采购经理人指数 （CLSA China PMI）	里昂证券亚太区市场
2009年8月至2015年7月	汇丰中国制造业采购经理人指数 （HSBC China Manufacturing PMI）	汇丰银行
2015年至今	财新中国通用制造业采购经理人指数 （Caixin China General Manufacturing PMI）	中国财新传媒集团

资料来源：笔者整理。

目前，该指数调查样本库按公司规模，并根据行业对中国国内生产总值（GDP）的影响，采用标准行业分类法（SIC）予以分层抽样。调查公司每月向超过500家的制造业厂商的采购主管发出问卷，然后根据每月中旬回收的数据编制指数。最终数据经季节性调整，于每月第一个工作日发布。

制造业问卷涉及新订单（New Orders）、出口订单（New Export Orders）、产出（Output）、就业（Employment）、采购数量（Quantity of Purchases）、采购库存（Stocks of Purchases）、成品库存（Stocks of Finished Goods）、积压工作（Backlogs of Work）、供应商供货时间（suppliers' Delivery Times）、投入价格（Input Prices）、出厂价格（Output Prices）。这些指标事实上勾勒了行业的"繁荣—萧条"周期。

调查的结果可反映当月对比上月的变化（较高/较好，较低/较差，相同）。每项指标的扩散指数等于选择正面答案的人数与半数选答"相同"的人数的总和。PMI是基于其中五个单项指标的综合指数，即 PMI＝新订单×0.3＋产出×0.25＋就业×0.2＋供应商供货时间×0.15＋采购库存×0.1，各指标所占权重参照英国特许采购与供应学会（Chartered Institute of Purchasing & Supply）对英国经济进行调查时所使用的权重。其中，供货时间指数作反向计算，使其可比性与其他指标一致。PMI在50.0以下表示制造业经济整体在收缩；50.0以上表示整体在扩张；越偏离50.0表示变化程度越大，如数据是50.0则表示无变化。

5. 新华—浦发长三角小微企业景气指数

2013年11月，新华社(中国金融信息中心、中经社控股)、浦发银行首次发布"新华—浦发长三角小微企业景气指数"。指数按企业规模(中型、小型、微型企业)、区域(安徽、上海、杭嘉湖、宁镇扬、苏南等)、行业(传统制造业、传统服务业、现代服务业、战略性新兴产业)、成立时间(3年及以内，3年以上)等划分。

调查采用分层随机抽样和非随机抽样相结合方式进行。分层随机抽样按照行业、城市从银行的企业数据库抽取数据。部分战略性新兴产业和现代服务业的中小微企业的抽样调查，采用非随机抽样方法中的方便抽样、定额抽样和空间抽样等方法。每期样本的数量、结构(规模、区域、行业等)都不相同。

新华—浦发长三角小微企业景气指数演进及构成如表3-4和表3-5所示。

表3-4　新华—浦发长三角小微企业景气指数演进

年份	变化	备注
2013	年度报告	—
2014	半年报告，样本覆盖个体工商户	
2015	编制季度景气指数和年度景气指数	季度数据来源为银行掌握的样本企业数据，年度数据来源为问卷调查数据和属地样本数据
2016	增加科技小微企业样本	景气度高于整体水平，有数据拉升作用

资料来源：笔者整理。

表3-5　新华—浦发长三角小微企业景气指数构成

指标	解释
生产景气指数	反映企业的市场营销状况及其趋势
盈利景气指数	反映企业的盈利状况及其趋势
订货景气指数	反映企业的订货状况及其趋势
雇用景气指数	反映企业的雇用状况及其趋势
投资景气指数	反映企业的固定资产投资状况及其趋势
融资景气指数	反映企业的融资状况及其趋势
成本景气指数	反映企业的经营成本状况及其趋势

资料来源：笔者整理。

6. 台州市小微金融指数

2015年11月，浙江(台州)小微金融研究院首次发布小微金融指数(台州样本)。该指数由台州市政府主办,按月计算,每季发布。数据采集自2014年1月开始,基数为100。基础数据来自台州市金融服务信用信息共享平台的数据库,从近50万家在册企业中筛选出34万家小微企业有效样本。通过构建三个路径模型,识别趋势变量和扰动变量;通过二次拟合,吸收企业、金融运营综合信息,进一步修正指数。基于全样本和多重计算分析,力图减少因个别数据大幅波动对各项指数带来的影响。

指数包括总指数和成长指数、服务指数、信用指数三个二级指数。成长指数反映小微企业成长、盈利水平和发展潜力,因素包括新增注册资本的总额、新增企业和关停企业数量、用电量、进口总额和出口总额、销售收入、应纳税额、入库税额。服务指数反映小微企业金融服务水平和金融市场资金供求状况,因素包括小微企业的授信覆盖率、贷款余额、占总授信比率、授信总额、已用授信额度、加权平均利率、土地和房产抵押情况。信用指数反映小微企业信用、不良贷款情况和违规处罚状况,因素包括BC分类(信用评级)结果、不良贷款企业数、不良贷款发生额、入库税额、欠税余额。

总指数由二级指数加权得出,权重并不固定,会根据各阶段的实际情况进行调整。该指数旨在揭示小微企业发展运行状况、金融服务水平和信用状况,并动态监测行业发展趋势。同时,根据国家统计局的行业划分标准编制细分行业指数,另外还有规模维度的分析。

7. 贵州省民营经济发展环境指数

贵州省民营经济发展环境指数由贵州省民营经济发展局于2018年3月首次发布。该指数依托贵州贵统社情民意调查中心,对9个市(州)和贵安新区定期(一年一次)进行监测、调查、汇总、计算、评价。首次调查完成有效问卷2128份,9个市(州)和贵安新区样本点量均超过196个。调查内容涵盖市场准入、融资环境、政策落地、审批环境、盈利环境、用工环境、创业环境、市场主体八个方面。

8. 四川省民营经济发展指数

2020年8月,四川省民营经济和中小企业发展领导小组办公室首次发布民营经济发展指数。该指数围绕各市(州)的考核指标,基于发展主体、发展环境、发展动能、发展水平和发展绩效5个一类指标,民营经济市场主体总量、营商环境、民营高新技术企业数等20个二类指标的数据进行科学测算。

9. 温州市民营经济健康发展评价指标体系

2020年6月,温州统计局首次发布《民营经济健康发展评价指标体系(温州)》。该指标体系共包含35个指标,其中30个为原创指标,分为经济活力、质效提升、创新驱动、结构优化、底线能力五个维度,可全面、科学衡量温州民营经济健康发展水平和进程，从而更加全面、科学地监测和评价民营经济高质量发展的进程和成效。该评价指标体系总权重为100分，评价时期为2019~2022年，并于每年6月底前测算完成全市民营经济健康发展评价年度综合得分，形成评价报告，适时向社会公布。

另一类是研究者从各自研究领域出发，围绕明确的研究目标设计的，研究对象涉及国家、区域、行业等层面。Singh等（2021）结合印度中小企业上市公司的披露信息设计了中小企业（SME）可持续性披露指数（SSDI）评估中小企业的企业社会责任。Čepel等（2018）在定义和量化影响中小企业经营环境质量重要因素的基础上，建立了经营环境质量指数，并进行案例分析。Acma（2015）设计了孟加拉国中小企业的绩效评估指标，用以评估中小企业对国家经济发展的贡献。Lan等（2019）围绕特定的产业集群——基于无线网络发展的中小企业，构建了管理绩效评价体系，运用神经网络算法评估集群管理绩效。池仁勇（2011）从2011年开始编制并连续出版《中国中小企业景气指数研究报告》。王培海（2020）基于中小企业成长理论，从中小企业的发展、创新、转型升级及服务等方面构建了反映地区中小企业成长性的指标体系，利用该指标进行了案例分析。江苏大学金陵学院企业生态研究中心从生产景气、市场景气、金融景气、政策景气四个方面构建了江苏省中小企业景气指数。吴凤菊（2016）对江苏省中小企业四项景气指数的调研结果进行了分析。齐岳等（2018）从投入、产出、发展前景等多方面考量，构建了针对投资者的可量化的科技金融效益指数，并以天津市为例进行实证分析。

（二）微观层面的中小企业指数

微观层面的中小企业指数主要是借助中小企业上市公司或企业抽样调查数据从个体角度评价企业运营绩效、竞争能力、发展能力或水平等。Shi等（2013）从动态能力、技术创新能力、公司竞争能力三个方面构建了中小企业绩效评价与优化系统，将DEA方法和CFI方法结合对中小企业的绩效进行综合评价与优化，并用芬兰5家中小企业的数据对该系统进行了验证。Yadav等（2019）为中小企业制定精益指数，采用ISM-ANP方法评价中小企业精益管理状况。Sohn等（2007）开发了财务绩效指数（FPI）利用结构方程模型（SEM）分析技术评价因素与财务绩效之间的关系。高波和秦学成（2017）从偿债能力、盈利能力、发展能力和营运能力四个方面构建了中小企业可持续发展能力的评价体系。何红光和张玉军（2013）利用生态位态势理论构建了中小企业转型升级能力评价指标体系。赵杰（2019）建立了基于支持向量机（SVM）的中小企业自主创新能力评价指标体系。

二、高质量发展指数研究与实践现状

2017年中央经济工作会议提出"要加快推动形成高质量发展的指标体系、政策体系、标准体系、统计体系、绩效评价、政绩考核"。为客观评价经济社会发展质量，总结一般性发展经验和规律，探索高质量发展路径，各地政府和研究机构依据新发展理念，陆续开展了经济高质量发展指数的研究。因高质量发展为中国特有的概念，故国内外研究均从宏观层面和中观层面围绕国内的产业、区域等展开。

（一）宏观层面

宏观层面是将设计的高质量发展指标体系应用到全国范围内。具体来说：一是将全国作为一个整体，围绕高质量发展的内涵构建指标体系。李梦欣和任保平（2019）基于创新、协调、绿色、开放、共享五大发展理念，从15个维度设计了包含42个指标的新时代中国高质量发展指标体系，利用层次分析法和BP神经网络模型，对中国2000~2017年高质量发展指数进行计算。朱卫东等（2019）在五大发展理念基础上又增加了效率、质量、结构、安全、可持续五个维度，构建了包含137个四级指标的评价体系，并运用多目标线性加权函数对我国2003~2017年的高质量发展指数进行实证测算。

二是以省为单位，利用全国各省份数据对高质量发展指数进行测算。有的是基于截面数据的高质量发展指数分析，如Huang等（2020）从创新发展、城乡协调、生态环境、对外开放和民生五个方面建立了中国高质量发展的评价指标体系，运用灰色关联度法分析了2016年中国30个省份的高质量发展水平。有的是基于面板数据的高质量发展指数分析，如Liu（2022）从创新、协调、绿色、开放、宜居五个方面构建了中国城市化高质量发展评价指标体系，测算了2001~2019年30个省份的指标数变化情况。赵德友等（2018）从收入与劳动产出水平、创新发展、协调发展、绿色发展、开放发展和共享发展六个方面，构建高质量定基综合发展指数模型，测度2000~2017年我国31个省份的高质量定基综合发展指数。洪宇和马成文（2020）在分解测度技术进步水平和技术效率的基础上，构建经济高质量发展指数，并根据灰色系统理论模型计算2014~2016年全国的经济高质量发展指数。

（二）中观层面

一是以区域为研究对象，为监测地区高质量发展定期发布的高质量发指数分析，如江苏省统计局（2018）牵头设计的高质量发展监测指标体系，济南高新区管委会、中国科学院科技战略咨询研究院中国高新区研究中心（2020）联合发布的济南高新区高质量发展指数，中小城市发展战略研究院和国信中小城市指数研究院（2019）共同研究发布的由综合实力、绿色发展、投资潜力、科技创新和新型城镇化质量五个维度构成的中国中小城市高质量发展指数。王艳华（2018）从消费水平高质量、消费结构高质量、消费供给高质量、消费能力高质量、消费环境高质量五个方面，建立了江苏消费高质量发展指数评价指标体系。刘瑞和郭涛（2020）从创新、协调、绿色、开放、共享五大发展理念出发，构建了由25个三级指标组成的高质量发展指标体系，对东北三省经济高质量发展水平进行评价。张震和刘雪梦（2019）从发展动力、产业结构、基础设施、开放、绿色、协调和共享七个维度中选取38个具体指标，结合主客观赋权和聚类分析法，对2016年我国副省级城市经济高质量发展水平展开测度。付朋霞和刘青松（2020）构建了区域中小企业高质量发展的评价指标体系。该指标体系包括经济效益、绿色生态、中小企业发展、开放创新4个一级指标，区域劳动生产率、中小企业对区域生产总值的增长率贡献情况、区域中小企业提供的就业情况等13个二级指标。

二是以产业为研究对象，针对某个地区产业高质量发展情况进行评价。广州市工业和信息化局（2019）发布广州市制造业高质量发展综合评价指标体系；Yang等（2021）从产业效益、创新能力、协调能力、绿色能力、开放能力、共享能力等方面构建了工业高质量发展评价指标体系。Xiao等（2020）构建了包括12个评价维度和12个指标的海洋经济高质量发展评价指标体系，评价了广东省海洋产业高质量发展状况。杜宇等（2020）从创新驱动、绿色转型、协同发展、开放发展、质量效益五个维度出发，构建了由35个指标组成的工业高质量发展评价体系，采用熵权TOPSIS法计算了2011~2017年长江经济带沿线11省份工业高质量发展指数。潘莉（2019）构建了涵盖创新驱动、结构优化、速度效益、协调融合、社会贡献五个大类，由19个指标构成的服务业高质量发展水平评价指标体系，并运用综合指数法测算了浙江省各地区服务业高质量发展指数。

三、研究评述

综观目前研究，对各类指数的编制，专业机构基本采用一手数据，研究机构一般采用二手数据。中小企业指数编制涉及宏观、中观和微观层面，而高质量发展指数编制则覆盖宏观和中观层面。高质量发展指数在编制过程中，绝大多数体现了创新、协调、绿色、开放、共享五大发展理念。但是有关中小企业高质量发展指数的研究相对较少，评价指标体系构建往往针对某一个方面，体现新发展理念内涵的指标较少，特别是将五大发展理念与中小企业监测数据结合的研究较少，目前还没有相关研究将"专精特新"企业、"隐形冠军"企业等体现中小企业特色的发展指标加入指数设计。

第三节　青岛市中小企业高质量发展指数的构成

一、指标选取的原则

(一) 科学性原则

指标的选择以及计算必须以科学理论为指导，运用科学方法，要充分体现高质量发展的内涵，符合五大发展理念的要求，特别是对青岛市中小企业发展具有较强的科学指导意义，有助于引领中小企业的高质量发展，增强政策制定的科学性。

(二) 系统性原则

指标的选择要从整体角度出发，系统分析中小企业高质量发展的方方面面。党的十八届五中全会提出了"创新、开放、协调、绿色、共享"五大发展理念作为推动高质量发展的理论指引和实践指南。创新、开放、协调、绿色、共享是一个有机统一体，反映了高质量发展的五个维度。指标设计应充分反映创新发展、开放发展、协调发展、绿色发展和共享发展，选择能够影响中小企业发展质量的主要指标，并由上层向下层进行细化。

(三) 可比性原则

指标的选择必须便于进行横向和纵向的比较分析。青岛市中小企业高质量发展指数的设计初衷之一就是总结经验、发现问题。通过纵向比较，可以帮助政府管理者了解不同时期中小企业发展的趋势变动情况，发现发展中的薄弱环节；通过横向比较，可以帮助政府管理者了解青岛市与先进地市之间的差距及自身短板。

(四)可得性原则

指标的选择必须考虑数据的可获得性。指标数据收集需要依托现有统计体系,应优先选择数据易于获得且缺失值较少的指标。指标选择充分利用青岛市中小企业统计监测体系、青岛市中小企业公共服务云平台监测数据以及政府相关职能部门现有的统计数据。

(五)特色性原则

指标的选择还应体现青岛市中小企业发展特色。青岛市是小微企业创业创新基地城市示范试点城市,在国家小型微型企业创业创新示范基地、国家中小企业公共服务示范平台、国家中小企业创新创业特色载体建设以及"专精特新""隐形冠军"培育等方面走在了全国、全省的前列,因此在指标设计中要体现这些特色。

二、指标设计

遵循科学性、系统性、可比性、可得性和特色性原则,结合各类文献、各地经验和现有统计指标体系,初步选取了7个一级指标、34个二级指标,如表3-6所示。

表3-6 青岛市中小企业高质量发展指标

一级指标(m)	二级指标(i)	单位	指标性质
总体	中小企业增加值	亿元	正向
	"四上"中小企业法人单位数	家	正向
	中小企业数	家	正向
	中小企业实现税收	亿元	正向
创新	中小高新技术企业研发投入金额	亿元	正向
	中小高新技术企业数量	家	正向
	"专精特新"企业数量	家	正向
	国家备案科技型中小企业数量	家	正向
绿色	中小企业单位增加值用电量	千瓦·时/万元	逆向
	单位增加值中小企业工业废水排放量	吨/万元	逆向
	中小企业单位增加值二氧化碳排放量	吨/万元	逆向
	工业中小企业固体废弃物综合利用率	%	正向

续表

一级指标（m）	二级指标（i）	单位	指标性质
协调	中小企业增加值占全市GDP比重	%	正向
	中小企业上市挂牌总数	户	正向
	中小企业上市挂牌融资额	亿元	正向
	中小微企业贷款额	亿元	正向
	普惠型小微企业贷款余额	亿元	正向
	普惠型小微企业贷款平均利率	%	逆向
	中小企业发行股票和交易所债券累计融资额	亿元	正向
开放	中小企业进出口总额	亿元	正向
	中小企业进出口总额占全市进出口总额的比重	%	正向
	中小企业出口	亿元	正向
	中小企业出口占全市出口比重	%	正向
	民间投资在建项目数	个	正向
	民间投资占固定资产总投资比重	%	正向
共享	中小企业城镇新增就业人数	万人	正向
	中小企业养老保险参保缴费人数	万人	正向
	中小企业税收收入占全市税收比重	%	正向
	新登记中小企业户数	个	正向
特色	瞪羚企业数量	家	正向
	制造业中小企业"隐形冠军"数量	家	正向
	小企业园数量	个	正向
	小微企业创业创新基地数量	个	正向
	全市中小企业公共服务平台数量	个	正向

由于个别统计指标无法分列出中小企业数据、二氧化碳排放量缺少权威统计数据，因此对指标进行了微调，删除了个别无法统计的指标，在此基础上合并相似指标，用宏观统计数据替代中小企业统计数据。这其中主要涉及的指标有中小企业单位增加值用电量、单位增加值中小企业工业废水排放量、中小企业单位增加值二氧化碳排放量、工业中小企业固体废弃物综合利用率四个指标，更换为单位增加值用电量、单位增加值工业废水排放量和工业固体废弃物综合利用率三个指标，最终形成7个一级指标、30个二级指标，如表3-7所示。

表3-7 青岛市中小企业高质量发展指标体系

一级指标（m）	二级指标（i）	单位	指标性质
总体	中小企业增加值	亿元	正向
	"四上"中小企业法人单位数	家	正向
	中小企业数	家	正向
	中小企业税收收入	亿元	正向
创新	中小高新技术企业研发投入金额	亿元	正向
	中小高新技术企业数量	家	正向
	"专精特新"企业数量	家	正向
	国家备案科技型中小企业数量	家	正向
绿色	单位增加值用电量	千瓦·时/万元	逆向
	单位增加值工业废水排放量	吨/万元	逆向
	工业固体废弃物综合利用率	%	正向
协调	中小企业增加值占全市GDP比重	%	正向
	中小企业上市挂牌总数	户	正向
	中小微企业贷款额	亿元	正向
	普惠型小微企业贷款余额	亿元	正向
	普惠型小微企业贷款平均利率	%	逆向
开放	中小企业进出口总额	亿元	正向
	中小企业进出口总额占全市进出口总额的比重	%	正向
	中小企业出口额	亿元	正向
	中小企业出口占全市出口比重	%	正向
	民间投资在建项目数	个	正向
	民间投资占全市固定资产总投资比重	%	正向
共享	中小企业城镇新增就业人数	万人	正向
	中小企业养老保险参保缴费人数	万人	正向
	中小企业税收收入占全市税收比重	%	正向
	新登记中小企业户数	个	正向
特色	瞪羚企业数量	家	正向
	制造业中小企业"隐形冠军"数量	家	正向
	小微企业创业创新基地数量	个	正向
	全市中小企业公共服务平台数量	个	正向

三、主要指标解释

（1）中小企业，指在本市行政区域内依法设立的并符合国家中小企业划分标准的企业，包括中型企业、小型企业、微型企业。

（2）中小企业增加值，指本地区当年所有中小企业在生产过程中创造的增加值的总和。

（3）"四上"企业，包括规模以上工业法人单位，具有资质等级的建筑业法人单位和房地产开发经营业的法人单位，限额以上批发、零售、住宿和餐饮业的法人单位，以及规模以上服务业的法人单位四类企业。

（4）中小企业户数，指本地区当年实有中小微企业户数，是依托市场主体信用信息公示系统提供年报的中小微企业户数与当年新登记注册企业户数之和。

（5）中小企业税收收入，指按照国家税法规定，当年本地区中小企业缴纳各种税款的总额。

（6）中小高新技术企业，指按照《高新技术企业认定管理办法》，通过高新技术企业认定管理机构认定，且尚处于有效期内的中小企业。

（7）"专精特新"企业，指具有专业化、精细化、特色化、新颖化特征，并经过企业认定管理机构认定，且尚处于有效期内的中小企业。

（8）单位增加值工业废水排放量，指地区工业废水排放量与工业增加值的比值。

（9）工业固体废弃物综合利用率，指地区工业固体废弃物综合利用量与工业固体废物产生量的比值。

（10）普惠型小微企业贷款余额，指银行业金融机构向小微企业发放的，用于生产经营活动，单户授信总额在1千万元（含）以下的贷款，当年年底尚未放款的贷款总额。

（11）民间投资，指民营经济所涵盖的各类主体当年的投资额。

（12）瞪羚企业数量，指本地区当年实有瞪羚企业数量，是通过山东省工信厅认定通过的，尚在有效期内的瞪羚企业数与当年新认定瞪羚企业数之和。

（13）制造业中小企业"隐形冠军"数量，指本地区当年实有隐形冠军企业数量，是通过市级及以上工信部门认定通过的，尚在有效期内的"隐形冠军"企业数与当年新认定"隐形冠军"企业数之和。

（14）小微企业创业创新基地数量，指本地区累计通过管理部门认定的小微企业创业创新基地数量。

（15）全市中小企业公共服务平台数量，指本地区累计通过管理部门认定的中小企业公共服务平台数量。

四、指数计算方法

(一)指标标准化

为保证各指标层的可加性,首先对收集的各单项指标值进行标准化处理,即计算各单项指标值增速。以指标 2019 年的原始值为基准,根据正向指标和逆向指标的差异,对各指标进行标准化处理。计算方法如下:

$$正向指标:x'_{it} = \frac{x_{it}}{x_{2019}}$$

$$逆向指标:x'_{it} = \frac{x_{i2019}}{x_{it}}$$

其中:x_{it} 为第 i 个指标第 t 年的统计(测算)值,x_{i2019} 为第 i 个指标第 2019 年的统计(测算)值,x'_{it} 为标准化后的第 t 年的第 i 个指标值。

(二)权重确定

权重确定一般有三种方法,分别是主观赋权法、客观赋权法、主客观合成赋权法。主观赋权法主要是借助专家经验主观判断。其准确程度主要取决于专家的阅历、经验以及知识结构,难以避免评价过程出现一定的主观倾向性,也难以保证评价结果的客观。客观赋权法通常包括熵值法、主成分分析法、变异系数法等。通常这些方法需要连续的数据,对数据量的要求比较高。

综合考虑各类赋权法的优缺点,本书决定采用客观赋权法中的逐级等权法进行权数的分配,对大类、小类进行依次逐级等额赋权,即 7 个一级指标等权,各一级指标内部的二级指标也等权,见表3-8。

一级指标权重:$p_m = 1/7$

二级指标权重:$w_i = 1/n$

其中:w_i 为第 i 个二级指标的权重,n 为二级指标的个数。

表3-8 青岛市中小企业高质量发展指标权重

一级指标	权重 p_m	二级指标(i)	权重 w_i
总体	1/7	中小企业增加值	1/4
		"四上"中小企业法人单位数	1/4
		中小企业数	1/4
		中小企业税收收入	1/4

续表

一级指标	权重 p_m	二级指标(i)	权重 w_i
创新	1/7	中小高新技术企业研发投入金额	1/4
		中小高新技术企业数量	1/4
		"专精特新"企业数量	1/4
		国家备案科技型中小企业数量	1/4
绿色	1/7	单位增加值用电量	1/3
		单位工业增加值废水排放量	1/3
		工业固体废弃物综合利用率	1/3
协调	1/7	中小企业增加值占全市GDP比重	1/5
		中小企业上市挂牌总数	1/5
		中小微企业贷款额	1/5
		普惠型小微企业贷款余额	1/5
		普惠型小微企业贷款平均利率	1/5
开放	1/7	中小企业进出口总额	1/6
		中小企业进出口总额占全市进出口总额的比重	1/6
		中小企业出口额	1/6
		中小企业出口占全市出口比重	1/6
		民间投资在建项目数	1/6
		民间投资占全市固定资产总投资比重	1/6
共享	1/7	中小企业城镇新增就业人数	1/4
		中小企业养老保险参保缴费人数	1/4
		中小企业税收收入占全市税收比重	1/4
		新登记中小企业户数	1/4
特色	1/7	瞪羚企业数量	1/4
		制造业中小企业"隐形冠军"数量	1/4
		小微企业创业创新基地数量	1/4
		全市中小企业公共服务平台数量	1/4

(三)指数合成

使用指数加权法进行综合评价,得出各级指标的指数值。指数加权分析法的基本公式如下:

1. 二级指数

$$x''_{it} = x'_{it} \times w_i \times 100$$

其中：x'_{it} 为标准化后的第 i 个指标值，w_i 为第 i 个二级指标的权重，x''_{it} 为第 i 个二级指标第 t 年的指数值。

2. 一级指数

$$y_{mt} = \sum x''_{it}$$

其中：y_{mt} 为第 m 个一级指标第 t 年的指数值，x''_{it} 为第 i 个二级指标第 t 年的指数值。

3. 综合指数

$$S_t = \sum (p_m \times y_{mt})$$

其中：y_{mt} 为第 m 个一级指标第 t 年的指数值，p_m 为一级指标权数，S_t 为第 t 年的综合指数值。

计算过程为：通过对指标值进行标准化处理，加权求和得到二级指标、一级指标的值以及最终的总指数值。首先，以 2019 年为基期，对某一年的二级指标值进行标准化处理，得到二级指标标准值，计算二级指标指数值；其次，对每一个二级指标加权求和得到一级指标值，即总体发展、创新发展、协调发展、绿色发展、开放发展、共享发展和特色分指数值；最后，对 7 个分指数值加权求和，得到每一年青岛市中小企业高质量发展的综合指数，根据指数变化情况，观察区域中小企业发展质量变化情况。

第四节　青岛市中小企业高质量发展指数计算与分析

作为小微企业创业创新基地城市示范试点城市，青岛市在中小企业培育发展方面走在了全省前列。特别是自青岛市民营经济发展局(加挂青岛市中小企业局牌子)成立以来，青岛市民营经济和中小企业开始进入一个新的发展阶段，提质增量、转型升级方面取得了明显成效。此外，为全面掌握中小企业运行态势，青岛市率先建立了《青岛市中小企业统计监测制度》，数据工作基础相对扎实。因此，选择青岛市作为案例进行研究，可以很好地验证青岛市中小企业高质量发展指数的适用性和实用性。

一、数据来源

本书数据来源于青岛市中小企业统计监测制度数据、青岛市民营经济发展运行监测指标体系、《青岛统计年鉴》、青岛市中小企业公共服务云平台监测数据以及政府相关职能部门。数据统计年份为 2019 年和 2020 年，如表 3-9 所示。

表 3-9 青岛市中小企业高质量发展指标体系统计值

序号	二级指标	单位	2020 年	2019 年
1	中小企业增加值	亿元	4366.66	4170.64
2	"四上"中小企业法人单位数	家	10266	11120
3	中小企业数	家	613212	526526
4	中小企业税收收入	亿元	790	886.05
5	中小高新技术企业研发投入金额	亿元	183.02	155.48
6	中小高新技术企业数量	家	4314	3650
7	"专精特新"企业数量	家	3274	2394
8	国家备案科技型中小企业数量	家	5275	2497
9	单位增加值用电量	千瓦·时/万元	384.33	389.99
10	单位工业增加值废水排放量	吨/万元	1.83	1.75
11	工业固体废弃物综合利用率	%	87.10	92.56
12	中小企业增加值占全市 GDP 比重	%	35.20	35.00
13	中小企业上市挂牌总数	户	70	67
14	中小微企业贷款额	亿元	8225	6872
15	普惠型小微企业贷款余额	亿元	1299.27	922.84
16	普惠型小微企业贷款平均利率	%	5.17	6.16
17	中小企业进出口总额	亿元	5531.7	5084.28
18	中小企业进出口总额占全市进出口总额的比重	%	86.3	85.86
19	中小企业出口额	亿元	3366.3	2927.22
20	中小企业出口占全市出口比重	%	86.8	85.85
21	民间投资在建项目数	个	4192	3504
22	民间投资占全市固定资产总投资比重	%	57.50	52.50
23	中小企业城镇新增就业人数	万人	41.41	37.16
24	中小企业养老保险参保缴费人数	万人	211.01	189.25
25	中小企业税收收入占全市税收比重	%	46.25	50.23

续表

序号	二级指标	单位	2020年	2019年
26	新登记中小企业户数	个	135660	119936
27	瞪羚企业数量	家	70	30
28	制造业中小企业"隐形冠军"数量	家	112	79
29	小微企业创业创新基地数量	个	87	72
30	全市中小企业公共服务平台数量	个	75	60

注：①单位工业增加值废水排放量、工业固体废弃物综合利用率为2018年、2019年数据。②《青岛市中小企业统计监测制度》建立于2020年，故2019年中小企业统计数据是根据2020年数据推算得到。

二、指数计算结果

(一) 二级指数计算

为保证各指标层的可加性，首先对收集的各单项指标值进行标准化处理，即计算各单项指标值增速。以指标的2019年统计值为基准，根据正向指标和逆向指标的差异，对各指标进行标准化处理。处理结果见表3-10。

表3-10　2020年青岛市中小企业高质量发展二级指数值

序号	二级指标	二级指数值
1	中小企业增加值(亿元)	26.18
2	"四上"中小企业法人单位数(家)	23.08
3	中小企业数(家)	29.12
4	中小企业税收收入(亿元)	22.29
5	中小高新技术企业研发投入金额(亿元)	29.43
6	中小高新技术企业数量(家)	29.55
7	"专精特新"企业数量(家)	34.19
8	国家备案科技型中小企业数量(家)	52.81
9	单位增加值用电量(千瓦·时/万元)	33.82
10	单位工业增加值废水排放量(吨/万元)	31.91
11	工业固体废弃物综合利用率(%)	31.37
12	中小企业增加值占全市GDP比重(%)	20.11
13	中小企业上市挂牌总数(户)	20.90
14	中小微企业贷款额(亿元)	23.94
15	普惠型小微企业贷款余额(亿元)	28.16

续表

序号	二级指标	二级指数值
16	普惠型小微企业贷款平均利率(%)	23.83
17	中小企业进出口总额(亿元)	18.13
18	中小企业进出口总额占全市进出口总额的比重(%)	16.75
19	中小企业出口额(亿元)	19.17
20	中小企业出口占全市出口比重(%)	16.85
21	民间投资在建项目数(个)	19.94
22	民间投资占全市固定资产总投资比重(%)	18.25
23	中小企业城镇新增就业人数(万人)	27.86
24	中小企业养老保险参保缴费人数(万人)	27.88
25	中小企业税收收入占全市税收比重(%)	23.02
26	新登记中小企业户数(个)	28.28
27	瞪羚企业数量(家)	58.33
28	制造业中小企业"隐形冠军"数量(家)	35.44
29	小微企业创业创新基地数量(个)	30.21
30	全市中小企业公共服务平台数量(个)	31.25

(二) 综合指数计算

根据表3-10的计算结果，对每一个二级指标求和得到一级指标值，即总体发展、创新发展、绿色发展、协调发展、开放发展、共享发展和特色分指数值，最后对7个分指数值加权求和得到2020年青岛市中小企业高质量发展的总指数。该指数变化情况可反映出区域中小企业发展质量变化情况，见表3-11。

表3-11 青岛市中小企业高质量发展综合指数值

一级指标	一级指标值	综合指数
总体	100.66	
创新	145.98	
绿色	97.11	
协调	116.94	118.86
开放	109.10	
共享	107.03	
特色	155.23	

三、指数结果解读

指数计算以2019年为基期,即2019年青岛市中小企业高质量发展综合指数值为100。2020年青岛市中小企业高质量发展综合指数值为118.86,相对于基准年2019年高出18.86%。7个一级指标中,总体、创新、协调、开放、共享、特色6个指标高于基准年份,只有绿色指标低于基准年份,如图3-1所示。

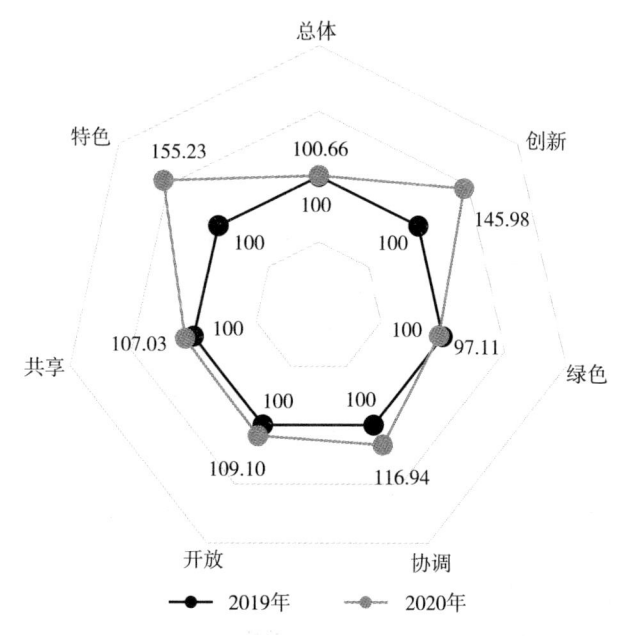

图 3-1 青岛市中小企业高质量发展一级指标指数值

(一) 总体发展指数

2020年青岛市中小企业总体发展指数为100.66,较上年上升0.66%。其中,中小企业增加值发展指数为26.18,较上年上升4.70%;"四上"中小企业法人单位数发展指数为23.08,较上年下降7.67%;中小企业数发展指数为29.12,较上年上升16.46%;中小企业税收收入发展指数为22.29,较上年下降10.84%。究其原因,主要是2020年初受新冠疫情影响,中小企业效益出现下滑。同时,为帮助中小企业渡过难关,尽快恢复正常生产经营,国家出台了一系列免税、减税政策,这使中小企业税收收入出现下滑。但是从企业增加值和企业数来看,中小企业仍呈现发展的增长势头。总体发展指数中各

· 121 ·

二级指标的指数值如图 3-2 所示。

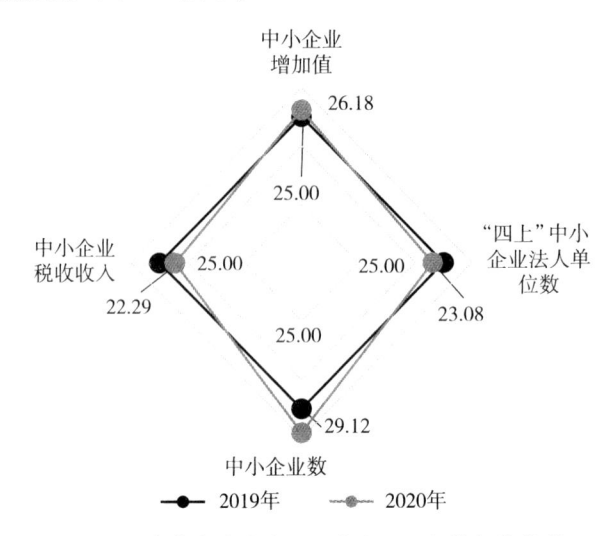

图 3-2 青岛市中小企业总体发展二级指标指数值

(二) 创新发展指数

2020 年青岛市中小企业创新发展指数为 145.98，较上年上升 45.98%。其中，中小高新技术企业研发投入发展指数为 29.43，较上年上升 17.71%；中小高新技术企业数量发展指数为 29.55，较上年上升 18.19%；"专精特新"企业数量发展指数为 34.19，较上年上升 36.76%；国家备案科技型中小企业数量发展指数为 52.81，较上年上升 111.25%。

创新发展指数的增长幅度仅次于特色发展指数的增长幅度。构成创新发展指数的四个指标均呈现明显的上升趋势。从数据上看，创新发展指数的增长主要得益于国家备案科技型中小企业数量和专精特新企业数量的增长。这两类企业的认定并非一蹴而就，而是一个积累的过程。企业只有积累了一批有价值的创新成果，才能完成科技型中小企业入库或获批"专精特新"企业。这充分说明，青岛市实施创新驱动发展战略的成效已逐步显现，中小企业已充分意识到创新活动对提升企业竞争力的重要作用。创新发展指数中各二级指标的指数值如图 3-3 所示。

(三) 绿色发展指数

2020 年青岛市中小企业绿色发展指数为 97.11，较上年下降 2.89%。其中，单位增加值用电量发展指数为 33.82，较上年上升 1.47%；单位工业增加

第三章 · 2020年青岛市中小企业高质量发展指数报告

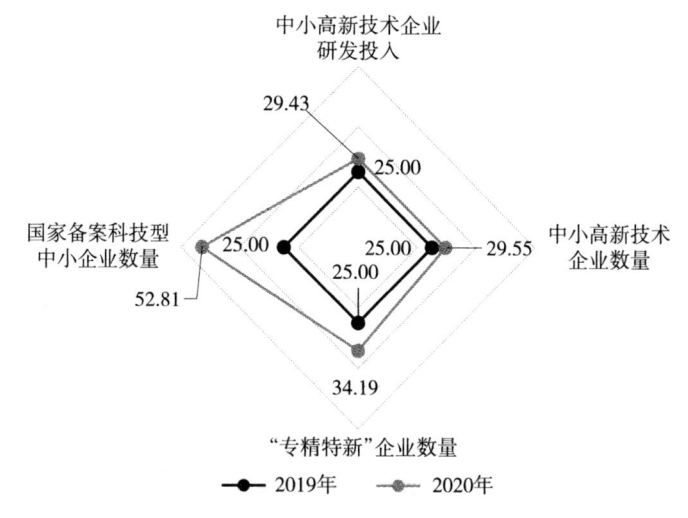

图3-3 青岛市中小企业创新发展二级指标指数值

值废水排放量发展指数为31.91，较上年下降4.26%；工业固体废弃物综合利用率发展指数为31.37，较上年下降5.90%。

绿色发展指标是7个指标中分值最低的，这主要是由于单位工业增加值废水排放量和工业固体废弃物综合利用率较低。这说明推动节能减排，加快企业绿色发展丝毫不能放松。绿色发展指数中各二级指标的指数值如图3-4所示。

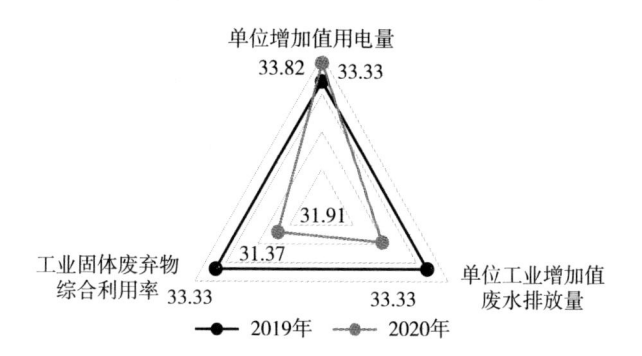

图3-4 青岛市中小企业绿色发展二级指标指数值

(四) 协调发展指数

2020年青岛市中小企业协调发展指数为116.94，比上年上升16.94%。其中，中小企业增加值占全市GDP比重发展指数为20.11，较上年上升0.57%；

中小企业上市挂牌总数发展指数为20.90，较上年上升4.48%；中小微企业贷款额发展指数为23.94，较上年上升19.69%；普惠型小微企业贷款余额发展指数为28.16，较上年上升40.79%；普惠型小微企业贷款平均利率发展指数为23.83，较上年上升19.15%。

从协调发展指数的各分项指标来看，各指标均有不同程度的上升。其中，反映融资状况的指标——中小微企业贷款额、普惠型小微企业贷款余额上升明显，普惠型小微企业贷款平均利率下降明显。这说明2020年金融部门对中小企业的支持力度持续加大，中小微企业融资难和融资贵的现象有了一定的缓解。协调发展指数中各二级指标的指数值如图3-5所示。

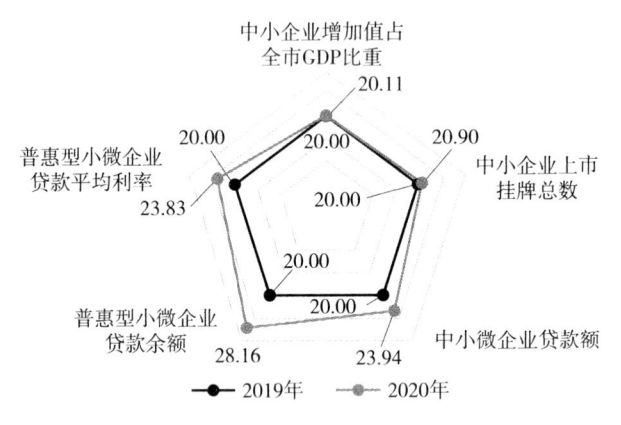

图3-5 青岛市中小企业协调发展二级指标指数值

(五) 开放发展指数

2020年青岛市中小企业开放发展指数为109.10，较上年上升9.10%。其中，中小企业进出口总额发展指数为18.13，较上年上升8.80%；中小企业进出口总额占全市进出口总额的比重发展指数为16.75，较上年上升0.51%；中小企业出口额发展指数为19.17，较上年上升15.00%；中小企业出口占全市出口比重发展指数为16.85，较上年上升1.11%；民间投资在建项目数发展指数为19.94，较上年上升19.63%；民间投资占全市固定资产总投资比重发展指数为18.25，较上年上升9.52%。

从指数增幅来看，开放发展指数增幅处于各二级指数增幅的中间位置。尽管增长幅度不是特别高，但是整体表现良好。青岛市中小企业进出口已经在全市进出口中占据了绝对优势。2020年，青岛市中小企业进出口总额为5531.7亿元，同比增长8.8%，高于全市进出口增速0.6个百分点，占全市进出口总额的比重为86.3%。其中，出口3366.3亿元，占全市出口额的86.8%；进口2165.5亿元，占全市进口额的85.6%。开放发展指数中各二级指标的指数值如图3-6所示。

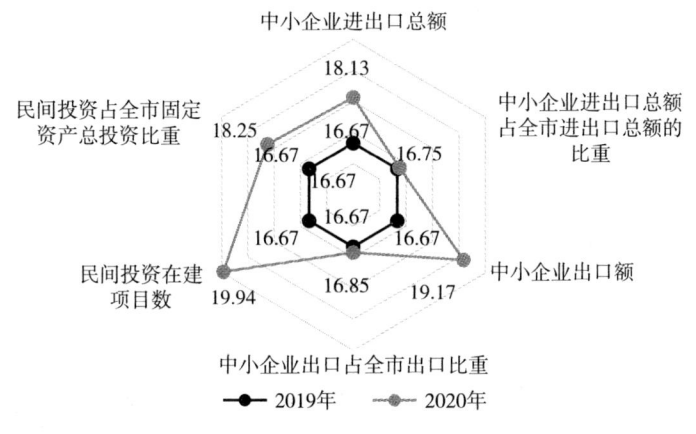

图3-6 青岛市中小企业开放发展二级指标指数值

(六) 共享发展指数

2020年青岛市中小企业共享发展指数为107.03，较上年上升7.03%。其中，中小企业城镇新增就业人数发展指数为27.86，较上年上升11.44%；中小企业养老保险参保缴费人数发展指数为27.88，较上年上升11.50%；中小企业税收收入占全市税收比重发展指数为23.02，较上年下降7.92%；新登记中小企业户数发展指数为28.28，较上年上升13.11%。

从共享发展指数构成来看，青岛市中小企业依旧是稳定社会就业的主体，发挥新吸纳就业主渠道作用。2020年，青岛市中小企业新吸纳就业41.41万人，同比增长11.44%，占全市新增就业总量的92.54%。截至2020年底，全市中小企业养老保险参保缴费人数211.01万人，同比增长11.5%。新登记中小企业户数增长势头良好，充分体现了未来经济发展的潜力。共享发展指数中各二级指标的指数值如图3-7所示。

(七) 特色发展指数

2020年青岛市中小企业特色发展指数为155.23，较上年上升55.23%。其中，瞪羚企业数量发展指数为58.33，较上年上升133.33%；制造业中小企业"隐形冠军"数量发展指数为35.44，较上年上升41.77%；小微企业创业创新基地数量发展指数为30.21，较上年上升20.83%；全市中小企业公共服务

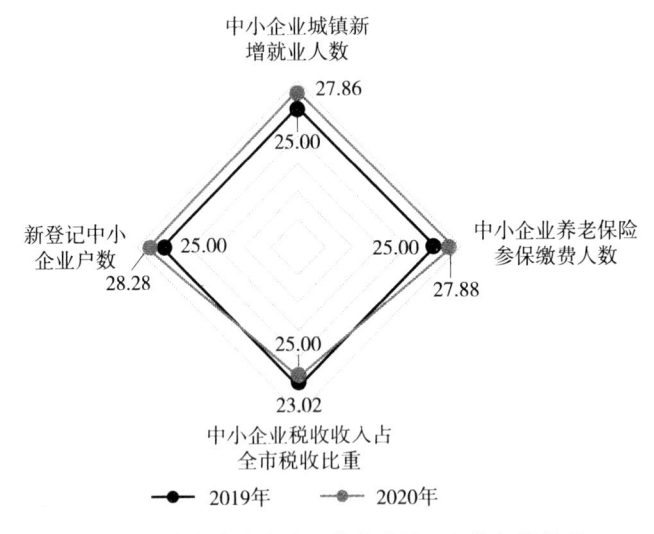

图 3-7 青岛市中小企业共享发展二级指标指数值

平台数量发展指数为 31.25，较上年上升 25.00%。

青岛市中小企业特色发展指数是 7 个一级指标中增幅最高的一个指数。高成长性企业培育、创新创业载体和公共服务平台建设一直是青岛市中小企业工作重点，也是中小企业发展的特色。2020 年全市瞪羚企业达到 70 家，制造业中小企业"隐形冠军"数量达到 112 家，小微企业创业创新基地数量达到 87 个，全市中小企业公共服务平台数量达到 75 个，中小企业发展活力进一步彰显。特色发展指数中各二级指标的指数值如图 3-8 所示。

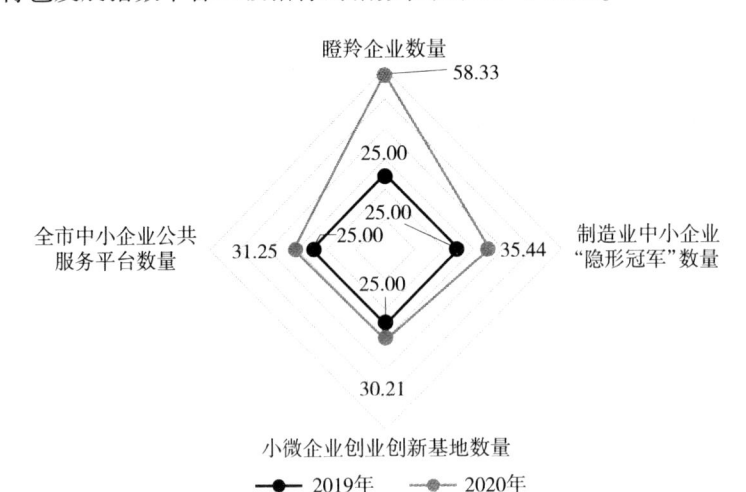

图 3-8 青岛市中小企业特色发展二级指标指数值

第五节　青岛市中小企业发展政策建议

一、政务环境方面

进一步优化政务发展环境。尽快落实国家、省、市有关中小企业发展的各项优惠政策，特别是在加大对中小企业税收减免的同时，关键要注重政策的落实效果。继续深化实施"放管服"改革、转变政府职能。中小企业发展涉及面广，问题复杂多样，应建立多部门协调机制，为企业提供良好的营商环境。

二、融资方面

推动数字金融的应用，探索互联网金融平台建设，减少银行和企业间的信息不对称，降低企业融资成本。在间接融资方面，以供应链金融为抓手，积极推广应收账款融资，依托银行机构、创投风投机构、融资租赁机构、商业保理机构、融资担保机构、民间融资登记服务机构等，为供应链金融创新、信息共享、非标资产交易等提供平台和路径，引导国有大企业、大型民营企业等供应链核心企业对接平台，推动建立不同类型中小企业的供应链金融模式。在直接融资方面，充分发挥国家和地方中小企业发展基金的引领示范作用，通过市场化运作方式，有效撬动社会资本，重点投向种子期、初创期成长型中小企业，积极推动创新型企业在科创板上市的工作。

三、开放方面

立足国内大循环，稳定对外开放，实现国内国际双循环。抓住 RCEP 的重大历史机遇，结合青岛面临日韩的先天优势，分产业、分类别、分产品做好中小企业的服务对接，推动出口的增长，扩大对外开放。联合商务、工信等部门，加快建立贸易与投资摩擦预警和快速反应机制，对可能引起贸易摩擦的行业进行跟踪、预测，及时发出预警。在吸引国外资本、外地资本的同时，招商引资工作更要关注本地投资，特别是中小企业的扩大再生产。从稳定制造业供应链、产业链和提升制造业本地配套率出发，引导和鼓励中小企业投资。

四、创新方面

聚焦青岛市未来产业和战略性新兴产业重点领域，鼓励大企业建立开放式产业创新平台，推进大中小企业融合创新生态建设，推动中小企业与高校科研院所协作，打造产学研对接的新型产业创新模式。以工业互联网为契机，推进人工智能、大数据、云计算、物联网等前沿数字技术在中小企业的应用，在数字化管理、数字化营销、智能金融服务等方面帮助中小微企业实现数字化升级。将小微企业创业创新基地、小企业园创业载体平台作为创新资源汇聚的平台，将载体平台与中小企业公共服务平台的资源集聚优势进行整合，提高中小企业创新效率。

五、人才方面

中小企业是城市就业之本。树立"稳定中小企业发展，就是稳定就业"的意识，深化中小企业公共服务内容，将中小企业人力资源战略、组织管理体系建设作为服务重点，提高企业人力资源管理效率。一方面，为民营及中小企业营造高品质的创新创业环境，鼓励高端人才创业，将自身科技成果进行转化；另一方面，引导企业完善绩效考核体系，吸引和留住中小企业高层次人才及优秀骨干。

六、绿色发展方面

坚持新发展理念，围绕碳达峰、碳中和的目标，扎实推进生态文明建设，结合青岛市实际，打造中小企业绿色发展方式。研发、推广减少工业固体废物产生量和降低工业固体废物危害性的生产工艺和设备，提高工业废弃物综合利用水平，加强工业用水节约和循环利用，提升工业用水的生产力。引导企业依靠技术创新、模式创新、业态创新实现经济社会发展和生态环境保护协调统一，以及中小企业的高质量发展。

第四章
2021年青岛市中小企业高质量发展指数报告

第一节 青岛市中小企业发展概况

一、青岛市中小企业发展总量情况

(一)中小企业主体持续壮大

截至2021年末,全市实有中小企业约67.5万户,占全市企业比重为99.8%,实有户数居前三位的行业是批发和零售业、其他服务业、工业,分别为22.5万户、18.2万户、7.8万户,占全市中小企业的比重分别为33.4%、32.7%、11.6%(见表4-1)。

表4-1 2019~2021年青岛市中小企业总数变化

年份	2019	2020	2021
企业数(户)	526526	613212	675142
增长率(%)	—	16.5	22.4

资料来源:青岛市民营经济发展局。

(二)中小企业数量增长迅速

与2020年相比,中小企业群体规模增长迅速。2021年全市中小企业总数达到67.5万户,增长22.4%,显示出了青岛市中小企业的发展活力。

2021年,全市"四上"中小企业法人单位12301户,占全市"四上"单位数量的96.3%,较2020年新增1558户,其中:规模以上工业中小企业3939户,占全市规模以上工业企业数量的比重为98.1%；限上批发和零售中小企业3367户，占全市限上批发和零售业企业数量的比重为98.5%；规模以上服务业中小企业2263户，占全市规模以上服务业企业数量的比重为89.6%。从新增企业数量来看，限上批发和零售业新增加824户，同比增长32.3%；限上住宿和餐饮业新增加164户，同比减少3.0%；资质以上建筑业新增加97户，同比减少9.3%。纳统数量明显增多，但是增速下降。

二、青岛市中小企业发展经济贡献

（一）中小企业增加值涨势迅速

2021年，中小企业实现增加值5148.7亿元，同比增长9.7%，高于GDP增速1.4个百分点，两年平均增长7.2%，高于GDP两年平均增速1.2个百分点。中小企业增加值占GDP比重为36.4%，同比增加1.2个百分点，成为经济恢复发展中的亮点。

从三次产业看，中小企业第一产业增加值7.1亿元，同比增长6.8%；第二产业增加值2216.7亿元，同比增长10.3%；第三产业增加值2924.9亿元，同比增长9.4%。三次产业增加值比例调整为0.1∶43.1∶56.8，第二产业占比同比提升2.3个百分点，以制造业为主的实体经济恢复明显。

（二）中小企业营收规模快速扩大

2021年，规模以上工业中小企业实现营业收入7405.6亿元，同比增长20.3%，占全市规模以上工业营业收入比重为75.4%。其中：中小制造业实现营业收入7127.2亿元，同比增长20.5%，占规模以上工业中小企业营业收入比重为96.2%。限上批零住餐四个行业中小企业实现营业收入13313.9亿元，同比增长43.3%，其中：限上批发中小企业实现营业收入13232.7亿元，占限上批零住餐企业营业收入比重为99.4%；规模以上服务业中小企业实现营业收入2792.3亿元，同比增长58.1%，占全市规模以上服务业营业收入比重为73.4%，其中，交通运输仓储和邮政中小企业实现营业收入1917.9亿元，同比增长86.9%，占规模以上服务业中小企业营业收入比重为68.7%；租赁和商务服务业中小企业实现营业收入434.6亿元，同比增长15.1%，占规模以上服务业中小企业营业收入比重为15.6%。

青岛市"四上"企业中，工业企业数量最多，但是批发和零售业营业收入最高。平均营业收入方面，批发和零售业企业最高，其次是工业和房地产业。受新冠疫情等影响,住宿和餐饮业单位企业营业收入较低,回暖较慢(见表4-2)。

表4-2　2021年青岛市"四上"中小企业营业收入

行业	"四上"中小企业数(户)	营业收入(亿元)	企业平均营业收入(亿元/户)
工业	3939	7405.6	1.9
建筑业	883	865.3	1.0
批发和零售业	3367	13232.7	3.9
住宿和餐饮业	683	81.2	0.1
房地产业	1216	1590.7	1.3
服务业	2263	2792.3	1.2

资料来源:青岛市民营经济发展局。

(三)中小企业外贸出口稳定恢复

2021年,全市中小企业进出口额7474.7亿元,同比增长34.5%,高于全市进出口额增速2.1个百分点,占全市进出口总额的比重为88.0%。其中:出口4270.0亿元,同比增长27.9%,高于全市出口增速0.9个百分点,占全市出口额的86.8%;进口3204.8亿元,同比增长44.5%,高于全市进口增速3.8个百分点,占全市进口额的89.6%。

三、青岛市中小企业发展社会贡献

(一)中小企业税收贡献占据"半壁江山"

2021年,全市中小企业实现税收1335.4亿元,同比增长69.0%,占全市国内税收的67.0%,成为青岛市最重要的税收主体。与2020年相比,中小企业税收收入增幅较大,单位税收从12.9万元/户增加到19.8万元/户,说明中小企业经营状况改善明显,经济效益提升较快(见表4-3)。

表4-3　2019~2021年青岛市中小企业税收

年份	中小企业税收收入(亿元)	中小企业数(户)	企业平均纳税额(万元/户)
2019	886	526526	16.8
2020	790	613212	12.9
2021	1335.4	675642	19.8

资料来源:青岛市民营经济发展局。

从"四上"中小企业税收贡献来看，工业企业税收贡献最大；房地产企业平均纳税额最高，其次为工业和建筑业，住宿和餐饮业企业的平均纳税额较低，仅为8.8万元/户，税收贡献较低(见表4-4)。

表4-4　2021年青岛市不同行业"四上"中小企业税收贡献

行业	法人单位数（个）	应交增值税 金额(亿元)	应交增值税 占比(%)	企业平均纳税额（万元/户）
房地产业	1216	83.8	30.5	689.1
工业	3939	94	34.2	238.6
建筑业	883	20.3	7.4	229.9
服务业	2263	34.6	12.6	152.9
批发和零售业	3367	41.3	15.0	122.7
住宿和餐饮业	683	0.6	0.2	8.8

资料来源：青岛市民营经济发展局。

(二)中小企业的就业主渠道作用显著

2021年，中小企业新吸纳就业34.2万人，与上年同期相比下降9.5%，占全市新增就业总量的89.7%，依旧发挥了吸纳就业主渠道的作用。中小企业养老保险参保缴费人数218.9万人，同比增长3.8%；工伤保险参保缴费人数247.2万人，同比增长4.4%；失业保险参保缴费人数218.5万人，同比增长3.1%。中小企业养老保险、工伤保险基金收入分别为262.4亿元、1.9亿元，占全市比重分别为62.7%、41.7%。

四、青岛市中小企业发展特点

青岛市中小企业贡献了区域30%以上的GDP、60%以上的税收、85%以上的进出口额、85%以上的城镇劳动新增就业、95%以上的企业数量。

(一)主要行业均实现正增长，高于全市主要行业增速

除房地产业外，与中小企业增加值核算相关的8个行业全部实现正增长。其中，中小企业的工业增加值增长12.0%，高于全市工业增加值增长率3.2个百分点；尤其是接触性、密集型行业"回补式"反弹更为迅速，交通运输仓储和邮政业、批发和零售业、住宿和餐饮业、其他营利性服务业实现较快增长，分别增长22.3%、16.3%、13.6%、9.6%，分别比全市第三产业增加值

增速高 13.1 个、7.1 个、4.4 个、0.4 个百分点。

(二) 工业、批发和零售业、其他营利性服务业贡献度最大

中小企业中的工业、批发和零售业、其他营利性服务业增加值占比较高，合计占中小企业增加值比重超过六成，是支撑和带动中小企业发展的重点。其中，工业中小企业实现增加值 1728.8 亿元，占全市中小企业增加值的 33.6%，占全市 GDP 的 12.2%，带动中小企业增长 3.9 个百分点；批发和零售业中小企业实现增加值 854.2 亿元，占全市中小企业增加值的 16.6%，占全市 GDP 的 35.7%，带动中小企业增长 2.6 个百分点；其他营利性服务业中小企业实现增加值 728.7 亿元，占全市中小企业增加值的 14.2%，占行业增加值的 55.3%，带动中小企业增长 1.4 个百分点。

(三) 普惠金融纾困有力，融资发展扩张加快

围绕改善经济社会薄弱环节——金融服务，继续实施一系列纾困政策，持续加大中小企业金融支持力度。全市中小企业贷款额 9369 亿元，较年初增长 13.9%；普惠小微贷款 1735 亿元，较年初增长 33.6%(见表 4-5)。

表 4-5　2021 年青岛市中小企业贷款额

指标名称	合计(亿元)	较年初增速(%)	比年初增加(亿元)
金融机构本外币贷款总额	24089	14.4	3024
中小企业贷款额	9369	13.9	1166
普惠小微贷款	1735	33.6	436

资料来源：青岛市民营经济发展局。

(四) 创新驱动活力激发，高质量发展动力增强

作为中小企业的"排头兵"，专精特新"小巨人"企业具有掌握关键核心技术、创新能力强、专注细分市场、市场占有率高、产品质量好、经济效益优的明显优势，是产业链"补链""强链"的重要力量。自 2019 年以来，工业和信息化部已累计公布三批共 4762 户专精特新"小巨人"企业名单，其中：宁波、深圳、成都上榜企业数量均超过 100 家，位列前三；青岛市 97 家企业上榜，新增 50 家，排名第四(非直辖市城市)，企业拥有有效发明专利 2 项以及实用新型专利、外观设计专利、软件著作权 5 项及以上，说明青岛市引育中小企业向"专、精、特、新"转型升级的步伐正在加快，中小企业创新驱动活力激

发，赋能经济高质量发展动力增强(见图4-1)。

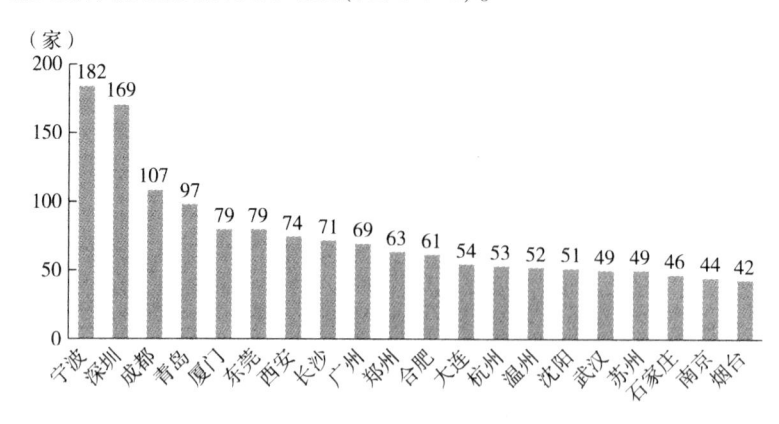

图4-1 2021年国家级专精特新"小巨人"企业数量城市排名

注：未统计四大直辖市，部分城市数据可能存在变动，仅供参考。
资料来源：根据工信部网站资料整理。

五、青岛市中小企业存在的主要问题

(一)部分产业尚未完全恢复

2021年，全市中小企业第一产业增加值同比增长6.8%，低于全市中小企业增加值增速2.9个百分点，低于全市第一产业增加值增速2.2个百分点；建筑业、金融业、房地产业中小企业增加值增速不仅低于全市中小企业增加值增速，也低于全市GDP增速，其中，房地产业增加值同比下降了8.7%。房地产业、工业、服务业利润率较高，利润呈正向发展趋势，行业发展较为稳定。但住宿和餐饮业受新冠疫情、人员流动等因素影响，利润率为负值，尚未恢复到疫情之前的水平(见表4-6)。

表4-6 2021年青岛市"四上"企业利润情况

行业	营业收入(亿元)	营业利润(亿元)	利润率(%)
工业	7405.6	328.5	4.4
建筑业	865.3	22.5	2.6
服务业	2792.3	110.6	4.0
房地产业	1590.7	120.1	7.6
住宿和餐饮业	81.2	-6.7	-8.3

资料来源：青岛市民营经济发展局。

(二) 企业创新能力相对较弱

企业创新能力可以从创新投入和创新产出两方面来看。对于大多数的中小企业而言，主要依靠低成本进行市场竞争，缺少技术创新动力。即使有部分企业具有创新愿望，但是由于市场竞争激烈，处于初创期的企业经营压力巨大，往往无法进行大规模资金投入。以青岛市中小高新技术企业为例，2021年企业平均研发投入为449.48万元/户，较2019年增加23.50万元/户，复合增长率仅为2.72%，远低于青岛市GDP增速。一般来说，创新型的企业对技术创新关注度比较高，而且投入较大。根据工业和信息化部发布的数据，我国专精特新"小巨人"企业的平均研发强度为10.3%[1]，而据青记智库统计，青岛专精特新"小巨人"企业科技研发投入占比的平均值为5.7%，超过10%的企业仅有7家(见图4-2)，企业数占比不足10%，可以看出与全国平均水平尚有不小差距。创新产出亦如此。企查查对专精特新"小巨人"企业知识产权情况的统计显示，青岛市仅有中加特电器进入实用新型专利排行榜前20名(见图4-3)。而发明专利和外观专利前20名企业均无青岛市企业。

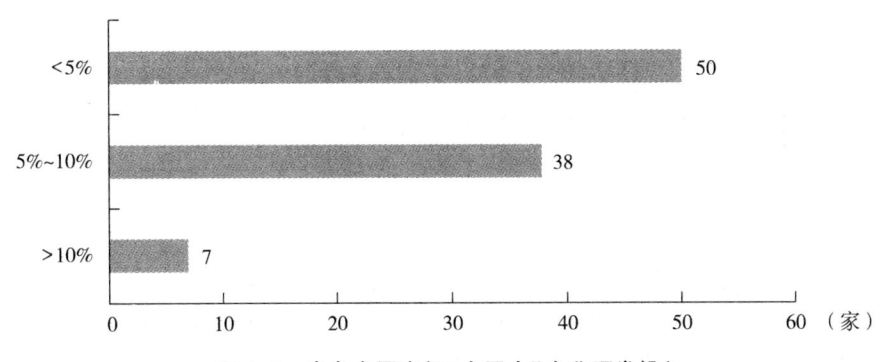

图4-2 青岛市国家级"小巨人"企业研发投入

注：受数据可得性的限制，部分企业未统计。
资料来源：青记智库。

---

[1] 2022年7月，工业和信息化部在主题为"推动制造业高质量发展，夯实实体经济根基"的发布会上公布，我国制造业研发投入强度从2012年的0.85%增加到2021年的1.54%，专精特新"小巨人"企业的平均研发强度达到10.3%。

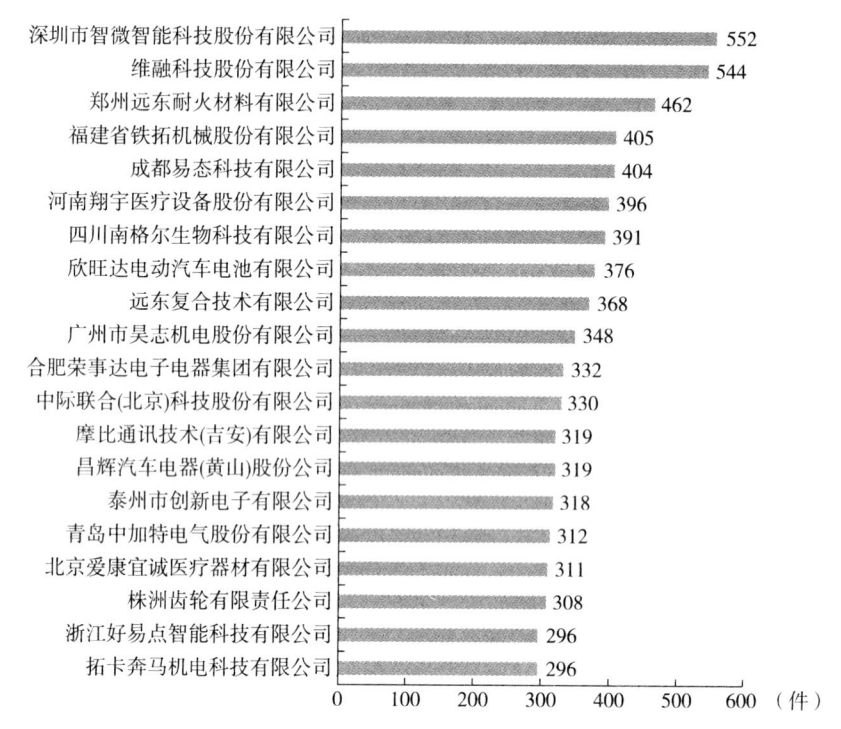

企业名称	专利数（件）
深圳市智微智能科技股份有限公司	552
维融科技股份有限公司	544
郑州远东耐火材料有限公司	462
福建省铁拓机械股份有限公司	405
成都易态科技有限公司	404
河南翔宇医疗设备股份有限公司	396
四川南格尔生物科技有限公司	391
欣旺达电动汽车电池有限公司	376
远东复合技术有限公司	368
广州市昊志机电股份有限公司	348
合肥荣事达电子电器集团有限公司	332
中际联合(北京)科技股份有限公司	330
摩比通讯技术(吉安)有限公司	319
昌辉汽车电器(黄山)股份公司	319
泰州市创新电子有限公司	318
青岛中加特电气股份有限公司	312
北京爱康宜诚医疗器材有限公司	311
株洲齿轮有限责任公司	308
浙江好易点智能科技有限公司	296
拓卡奔马机电科技有限公司	296

图 4-3　全国专精特新"小巨人"企业实用新型专利排行榜

注：统计口径为专精特新"小巨人"企业专利，法律状态为有效，日期以公开(公告)日为准。

资料来源：企查查数据研究院. 专精特新"小巨人"企业数据分析报告，2021.

(三) 数字化转型推进较迟缓

企业数字化转型是大势所趋。在 APEC 中小企业信息化促进中心牵头开展的 2021 年全国中小企业数字化评价中，青岛市综合排名全国第九，属于第二梯队——强力增长型，与深圳、广州、杭州等第一梯队——引领示范梯队尚有一定差距，这说明青岛市中小企业的数字化转型仍有提升空间(见表 4-7)。同时，在实地调查中发现，青岛市许多中小企业的数字化转型面临着"不想转、不敢转、不能转"的难题。"不想转"是因为某些企业不了解什么是数字化转型，还没有意识到数字化转型的重要性和迫切性，没有做好相关的准备。数字化转型需要钱、需要人、需要技术，很多企业已经意识到数字化转型的趋势，想转型但缺少相应条件，无法满足数字化转型的要求，所以就出现了"不能转"的局面。数字化转型还需要合适的平台、成熟的流程，需要与产品原有研发、生产等全流程结合在一起。很多中小企业因担心企业上下游、产业链间的配合不足，难以形成协同效应而"不敢转"。

表 4-7　2021 年中小企业数字化综合指数百强市前十

排名	城市	指数值
1	深圳	82.06
2	广州	81.09
3	杭州	80.07
4	苏州	79.02
5	成都	78.34
6	南京	77.51
7	武汉	72.08
8	宁波	71.23
9	青岛	69.30
10	长沙	68.16

注：70 分以上为第一梯队，60~70 分为第二梯队。

资料来源：APEC 中小企业信息化促进中心，2021 年中小企业数字化指数报告，2022。

第二节　青岛市中小企业高质量发展指数计算

一、数据来源

本书数据来源于《青岛市中小企业统计监测制度》、青岛市民营经济发展运行监测指标体系、《青岛统计年鉴》、青岛市中小企业公共服务云平台监测数据以及政府相关职能部门。表 4-8 所示为青岛市中小企业高质量发展指标体系统计值。

表 4-8　青岛市中小企业高质量发展指标体系统计值

序号	二级指标	单位	2021 年	2020 年	2019 年
1	中小企业增加值	亿元	5148.70	4366.66	4170.64
2	"四上"中小企业法人单位数	户	12301	10266	11120
3	中小企业数	户	675142	613212	526526
4	中小企业税收收入	亿元	1335.40	790	886.05
5	中小高新技术企业研发投入金额	亿元	245.91	183.02	155.48
6	中小高新技术企业数量	户	5471	4314	3650

续表

序号	二级指标	单位	2021年	2020年	2019年
7	"专精特新"企业数量	户	5099	3274	2394
8	国家备案科技型中小企业数量	户	6306	5275	2497
9	单位增加值用电量	千瓦·时/万元	390.94	384.33	389.99
10	单位工业增加值废水排放量	吨/万元	1.74	1.83	1.75
11	工业固体废弃物综合利用率	%	87.61	87.10	92.56
12	中小企业增加值占全市GDP比重	%	36.4	35.2	35.00
13	中小企业上市挂牌总数	户	79	74	70
14	中小微企业贷款额	亿元	9369	8225	6872
15	普惠型小微企业贷款余额	亿元	1765.06	1299.27	922.84
16	普惠型小微企业贷款平均利率	%	4.99	5.17	6.16
17	中小企业进出口总额	亿元	7474.7	5531.7	5084.28
18	中小企业进出口总额占全市进出口总额的比重	%	88.0	86.3	85.86
19	中小企业出口额	亿元	4270	3366.3	2927.22
20	中小企业出口占全市出口比重	%	86.8	86.8	85.85
21	民间投资在建项目数	个	4362	4192	3504
22	民间投资占全市固定资产总投资比重	%	59.8	57.50	52.50
23	中小企业城镇新增就业人数	万人	34.22	41.41	37.16
24	中小企业养老保险参保缴费人数	万人	218.93	211.01	189.25
25	中小企业税收收入占全市税收比重	%	66.96	46.25	50.23
26	新登记中小企业户数	个	121646	135660	119936
27	瞪羚企业数量	户	143	70	30
28	制造业中小企业"隐形冠军"数量	户	148	112	79
29	小微企业创业创新基地数量	个	89	87	72
30	全市中小企业公共服务平台数量	个	86	75	60

注：①单位工业增加值废水排放量、工业固体废弃物综合利用率为2018年、2019年、2020年数据。②《青岛市中小企业统计监测制度》建立于2020年，2019年中小企业统计数据根据2020年数据推算得到。

二、指数计算结果

(一) 二级指数计算

为保证各指标层的可加性，首先对收集的各单项指标值进行标准化处理，即计算各单项指标值增速。以指标的 2019 年统计值为基准，根据正向指标和逆向指标的差异，对各指标进行标准化处理。处理结果见表 4-9。

表 4-9　2020 年和 2021 年青岛市中小企业高质量发展二级指数值

序号	二级指标	2020 年	2021 年
1	中小企业增加值	26.18	27.43
2	"四上"中小企业法人单位数	23.08	29.96
3	中小企业数	29.12	32.06
4	中小企业税收收入	22.29	37.68
5	中小高新技术企业研发投入金额	29.43	39.54
6	中小高新技术企业数量	29.55	37.47
7	"专精特新"企业数量	34.19	53.25
8	国家备案科技型中小企业数量	52.81	63.14
9	单位增加值用电量	33.82	33.25
10	单位工业增加值废水排放量	31.91	33.50
11	工业固体废弃物综合利用率	31.37	31.55
12	中小企业增加值占全市 GDP 比重	20.11	20.80
13	中小企业上市挂牌总数	21.14	22.57
14	中小微企业贷款额	23.94	27.27
15	普惠型小微企业贷款余额	28.16	38.25
16	普惠型小微企业贷款平均利率	23.83	24.69
17	中小企业进出口总额	18.13	24.50
18	中小企业进出口总额占全市进出口总额的比重	16.75	17.08
19	中小企业出口额	19.17	24.31
20	中小企业出口占全市出口比重	16.85	16.85
21	民间投资在建项目数	19.94	20.75
22	民间投资占全市固定资产总投资比重	18.25	18.98
23	中小企业城镇新增就业人数	27.86	23.02
24	中小企业养老保险参保缴费人数	27.88	28.92
25	中小企业税收收入占全市税收比重	23.02	33.33
26	新登记中小企业户数	28.28	25.36
27	瞪羚企业数量	58.33	119.17
28	制造业中小企业"隐形冠军"数量	35.44	46.84
29	小微企业创业创新基地数量	30.21	30.90
30	全市中小企业公共服务平台数量	31.25	35.83

(二)综合指数计算

根据表4-9的计算结果,对每一个二级指标求和得到一级指标值,即总体发展、创新发展、协调发展、绿色发展、开放发展、共享发展和特色分指数值,然后对7个分指数值加权求和得到2021年青岛市中小企业高质量发展的总指数。指数变化情况可反映出全市中小企业发展质量变化情况,见表4-10。

表4-10 青岛市中小企业高质量发展综合指数值

一级指标	2020年		2021年	
	一级指数	综合指数	一级指数	综合指数
总体	100.66		128.25	
创新	145.98		193.40	
绿色	97.11		98.30	
协调	117.18	118.90	133.58	145.63
开放	109.10		122.48	
共享	107.03		110.63	
特色	155.23		232.74	

第三节 青岛市中小企业高质量发展指数分析

指数计算以2019年为基期,即2019年青岛市中小企业高质量发展综合指数值为100。2021年,青岛市中小企业高质量发展综合指数值为145.63,较上年高出22.47%,相对于基准年2019年高出45.63%。七个一级指标值全部高于上一年度,充分反映了全市中小企业整体发展稳步向好的趋势。其中,总体、创新、协调、开放、共享、特色六个指标高于基准年份,只有绿色指标低于基准年份。各二级指数的贡献度依次为特色指数、创新指数、协调指数、总体指数、开放指数、共享指数和绿色指数。与2020年相比,贡献度排前三位的指数没有发生变化。综合指数值中一级指标的数值如图4-4所示。

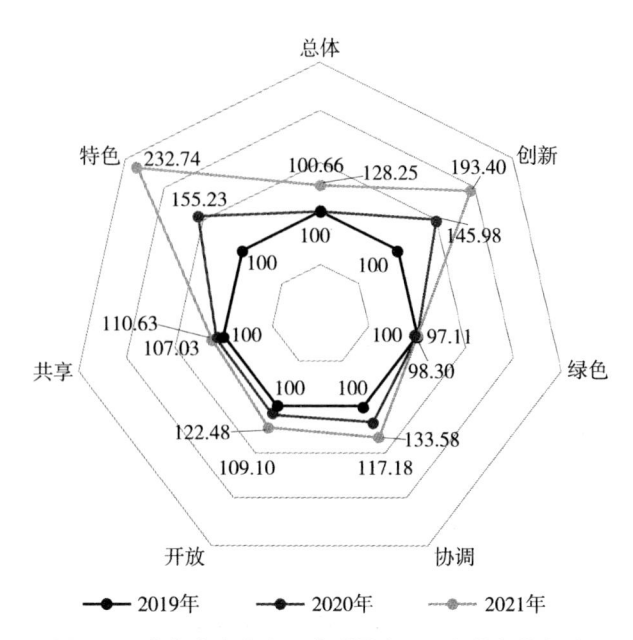

图 4-4 青岛市中小企业高质量发展一级指标指数值

一、总体发展指数

2021 年，青岛市中小企业总体发展指数为 128.25，较上年上升 27.41%，较 2019 年上升 28.25%。其中，中小企业增加值发展指数为 30.86，较上年上升 17.91%，较 2019 年上升 23.45%；"四上"中小企业法人单位数发展指数为 29.96，较上年上升 19.82%，较 2019 年上升 10.62%；中小企业数量发展指数为 32.06，较上年上升 10.10%，较 2019 年上升 28.23%；中小企业税收收入发展指数为 37.68，较上年上升 69.04%，较 2019 年上升 50.71%。

从总体发展指数的各分项指标来看，各指标均有不同程度的上升。其中，"四上"中小企业法人单位数、中小企业数量发展指数和中小企业税收收入发展指数增长明显。究其原因，一方面是新冠疫情总体得到有效控制，2020 年下半年中小企业效益开始恢复增长，并一直延续至 2021 年；另一方面是多领域扶持政策组合发力，企业纾困成效明显，中小企业发展状况显著改善。

与北京、上海等直辖市以及相关副省级城市相比，青岛市中小企业发展整体水平处于中游，部分指标如单位 GDP 的中小企业数和国家级专精特新"小巨人"企业数高于北京市水平（见表 4-11 和表 4-12）。

表 4-11 2021 年北京市与青岛市中小企业发展数据比较

指标	青岛	北京
全市 GDP(万亿元)	1.41	4.03
中小企业总数(万家)	47.87	42.03
国家级专精特新"小巨人"企业数(家/万亿元 GDP)	68.79	63.77
省级"专精特新"中小企业数(家/万亿元 GDP)	226.95	1144.17
市级"专精特新"企业数(家/万亿元 GDP)	4909.93	—
规模以上中小企业营业收入(亿元)	12735.1	71445.4
规模以上中小企业利润总额(亿元)	575.0	5325.2
规模以上中小企业利润率(%)	4.52	7.45
普惠小微贷款余额(亿元)	1765.06	6378.6
普惠小微贷款平均利率(%)	4.99	4.81

资料来源：《青岛市中小企业统计监测制度(2021年)》《2021年北京市中小企业发展报告》。

表 4-12 2021 年全国不同城市各类中小企业数量比较

城市	中小企业总数（万家）	国家级专精特新"小巨人"企业(家)	省级"专精特新"中小企业数量(家)	市级专精特新企业(家)	科技型中小企业(家)
上海	—	262	4435	—	15254
北京	169.4	257	2502	—	—
宁波	—	182	—	198	3729
深圳	241	169	870	—	22048
成都	—	107	510	—	—
青岛	67.5	97	320	6923	6306
厦门	—	79	—	622	—
广州	—	68	410	1859	10590
杭州	—	58	—	—	5199
南京	—	44	241	985	9113

注：北京市、上海市为直辖市，"专精特新"中小企业数量按照省级统计。
资料来源：《青岛市中小企业统计监测制度(2021年)》及各城市政府网站。

总体发展指数中各二级指标的指数值如图 4-5 所示。

二、创新发展指数

2021 年，青岛市中小企业创新发展指数为 193.40，较上年上升 32.48%，

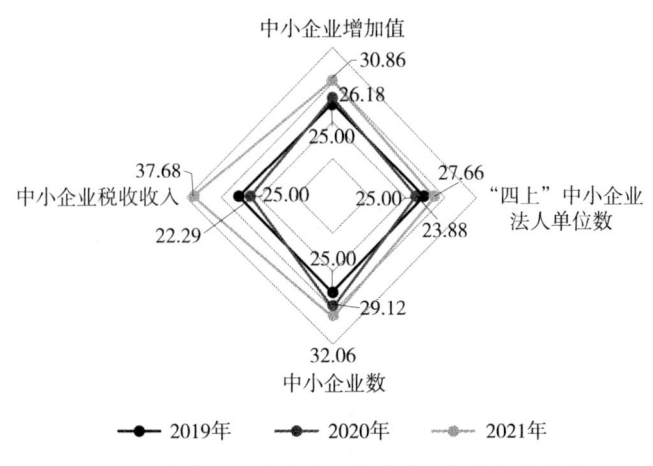

图4-5 青岛市中小企业总体发展二级指标指数值

较2019年上升93.40%。其中，中小高新技术企业研发投入发展指数为39.54，较上年上升34.36%，较2019年上升58.16%；中小高新技术企业数量发展指数为37.47，较上年上升26.82%，较2019年上升49.89%；"专精特新"企业数量发展指数为53.25，较上年上升55.74%，较2019年上升112.99%；国家备案科技型中小企业数量发展指数为63.14，较上年上升19.55%，较2019年上升152.54%。

创新发展指数的增长幅度仅次于特色发展指数的增长幅度。从数据上看，创新发展指数的增长主要得益于"专精特新"企业数量的爆发式增长以及中小高新技术企业研发投入金额的大幅增长。2021年，全市新认定"专精特新"企业2417家，较2020年认定数量同比增长58.9%，认定数量再创新高。中小高新技术企业研发投入金额较上年增加了62.89亿元，增幅超过1/3。

随着创新驱动发展战略的推进，创新型企业数量持续增加，群体规模不断扩大。这些企业在创新意识、专业化生产、精细化管理、专业技术领域和特色化产品等方面各自具有独特优势，为未来企业和产业创新能力的提升奠定了基础。

创新发展指数中各二级指标的指数值如图4-6所示。

三、绿色发展指数

2021年，青岛市中小企业绿色发展指数为98.30，较上年上升1.24%，较2019年下降1.70%。其中，单位增加值用电量发展指数为33.25，较上年

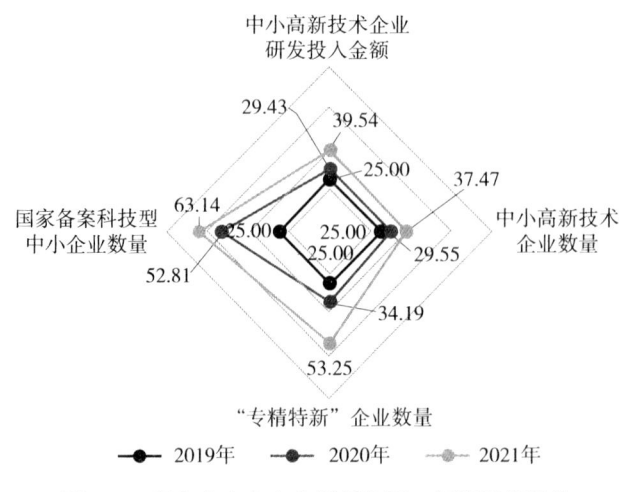

图 4-6 青岛市中小企业创新发展二级指标指数值

下降 1.69%，较 2019 年下降 0.24%；单位工业增加值废水排放量发展指数为 33.50，较上年上升 4.98%，较 2019 年上升 0.50%；工业固体废弃物综合利用率发展指数为 31.55，较上年上升 0.59%，较 2019 年下降 5.34%。

绿色发展指标是七个指标中分值最低的，这主要是因为单位增加值用电量较高和工业固体废弃物综合利用率较低。随着全市终端能源结构不断优化调整，用电量将继续保持较快增速，未来指数向好依旧面临较大压力。在国家"碳达峰碳中和"战略背景下，推动节能减排，加快企业绿色发展的步伐依然不能停下。

绿色发展指数中各二级指标的指数值如图 4-7 所示。

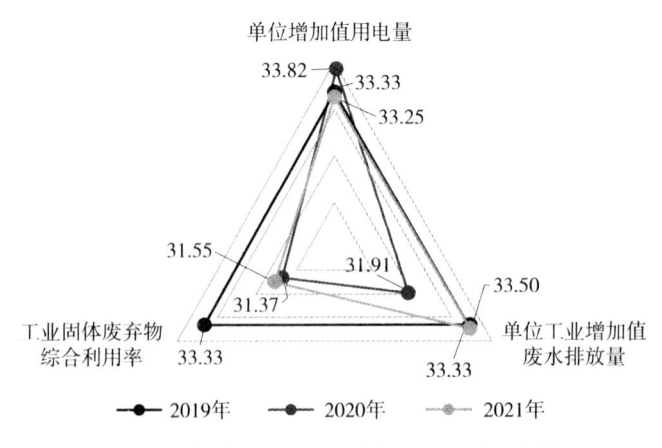

图 4-7 青岛市中小企业绿色发展二级指标指数值

四、协调发展指数

2021年,青岛市中小企业协调发展指数为133.58,比上年上升13.99%,较2019年上升33.58%。其中,中小企业增加值占全市GDP比重发展指数为20.80,较上年上升3.41%,较2019年上升4.00%;中小企业上市挂牌总数发展指数为22.57,较上年上升6.76%,较2019年上升12.86%;中小微企业贷款额发展指数为27.27,较上年上升13.91%,较2019年上升36.34%;普惠型小微企业贷款余额发展指数为38.25,较上年上升35.85%,较2019年上升91.26%;普惠型小微企业贷款平均利率发展指数为24.69,较上年上升3.61%,较2019年上升23.45%。

从协调发展指数的各分项指标来看,各指标均有不同程度的上升。其中,反映融资状况的指标——中小微企业贷款额、普惠型小微企业贷款余额上升明显,普惠型小微企业贷款平均利率下降明显。这说明金融部门对中小企业的支持力度持续加大,小微企业融资成本有所下降,中小企业融资难和融资贵的问题有了一定的缓解。

协调发展指数中各二级指标的指数值如图4-8所示。

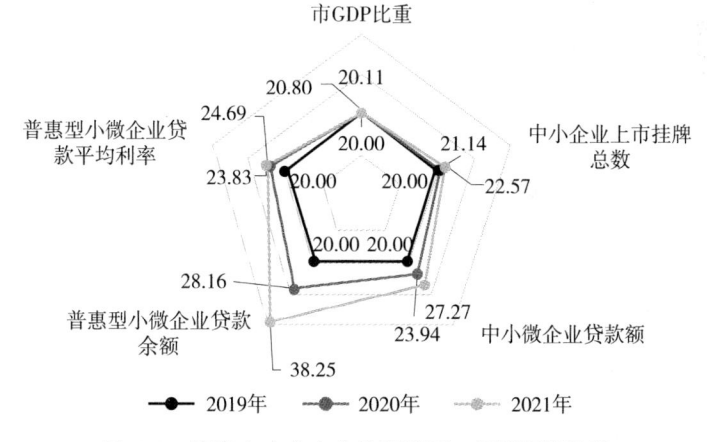

图4-8 青岛市中小企业协调发展二级指标指数值

五、开放发展指数

2021年,青岛市中小企业开放发展指数为122.48,较上年上升12.27%,

较 2019 年上升 22.48%。其中，中小企业进出口总额发展指数为 24.50，较上年上升 35.12%，较 2019 年上升 47.02%；中小企业进出口总额占全市进出口总额的比重发展指数为 17.08，较上年上升 1.97%，较 2019 年上升 2.49%；中小企业出口额发展指数为 24.31，较上年上升 26.85%，较 2019 年上升 45.87%；中小企业出口占全市出口比重发展指数为 16.85，与上年持平，较 2019 年上升 1.11%；民间投资在建项目数发展指数为 20.75，较上年上升 4.06%，较 2019 年上升 24.49%；民间投资占全市固定资产总投资比重发展指数为 18.98，较上年上升 4.00%，较 2019 年上升 13.90%。

从指数增幅来看，开放发展指数增幅处于各二级指数增幅的中间位置。近年来，青岛市进出口表现良好，特别是中小企业进出口始终保持较大增幅。究其原因，主要是国内稳定的供应链和强大的产能很好地弥补了供需缺口。青岛"一带一路"综合枢纽城市的区位优势，以及港口、铁路等基础设施优势，也为出口增长提供了有力的支撑。青岛市中小企业进出口已经在全市进出口中占据了绝对优势，为稳定青岛市经济大盘起到了重要作用。同时，快速增长的进出口也对促进中小企业发展发挥着重要作用。

开放发展指数中各二级指标的指数值如图 4-9 所示。

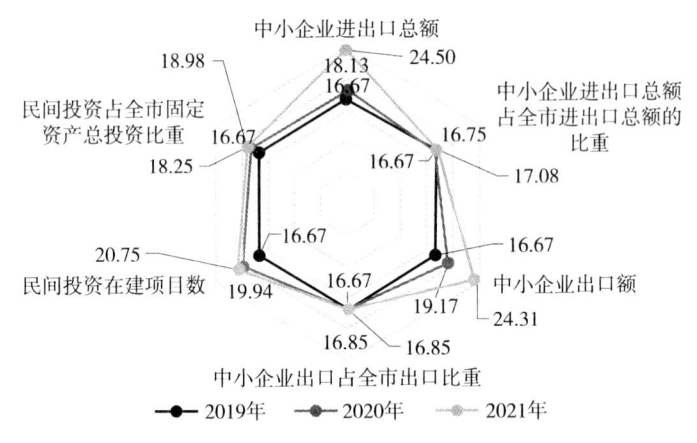

图 4-9 青岛市中小企业开放发展二级指标指数值

六、共享发展指数

2021 年，青岛市中小企业共享发展指数为 110.63，较上年上升 3.36%，较 2019 年上升 10.63%。其中，中小企业城镇新增就业人数发展指数为 23.02，较上年下降 17.36%，较 2019 年下降 7.91%；中小企业养老保险参保缴费人数发展指数为28.92，较上年上升3.75%，较2019年上升15.69%；中小企业税收收入占全市税收比重发展指数为33.33，较上年上升44.77%，较2019年上升33.30%；新登记中小企业户数发展指数为25.36，较上年下降10.33%，较2019年上升1.43%。

共享发展指数中各二级指标的指数值如图4-10所示。

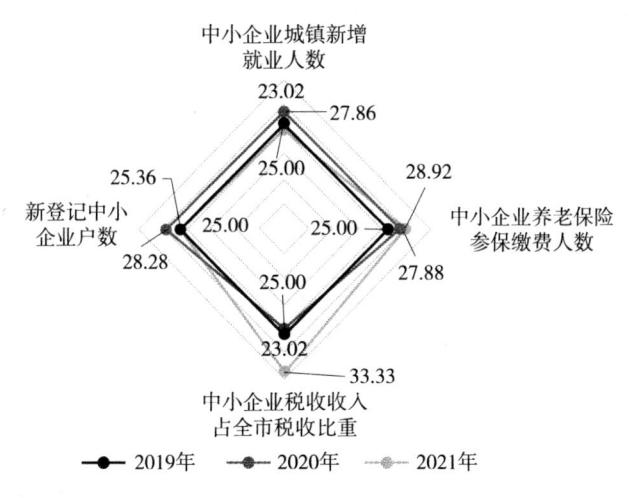

图 4-10 青岛市中小企业共享发展二级指标指数值

从共享发展指数构成来看，青岛市中小企业依旧是稳定社会就业的主体，发挥着新吸纳就业主渠道作用，但是较上年下降幅度较大，需引起一定重视。这主要是因为目前服务业是吸纳就业较多的产业，受新冠疫情影响，部分服务业复苏相对缓慢，吸纳就业潜力尚未完全释放出来。疫情发生后，随着一系列针对中小企业纾困帮扶政策措施的落地，中小企业经营状况开始好转，上缴税收数额较上年大幅增加，同时叠加2020年暂缓缴纳的企业所得税，中小企业税收收入占全市税收比重较2020年大幅上升。

七、特色发展指数

2021年，青岛市中小企业特色发展指数为232.74，较上年上升49.93%，较2019年上升132.74%。其中，瞪羚企业数量发展指数为119.17，较上年上升104.29%，较2019年上升376.67%；制造业中小企业"隐形冠军"数量发展指数为46.84，较上年上升32.14%，较2019年上升87.34%；小微企业创业创新基地数量发展指数为30.90，较上年上升2.30%，较2019年上升23.61%；全市中小企业公共服务平台数量发展指数为35.83，较上年上升

14.67%，较 2019 年上升 43.33%。

特色发展指数是增幅最快的二级指数，这主要得益于 2021 年全市省级瞪羚企业数量认定呈现爆发式增长，制造业中小企业"隐形冠军"数量较上年也有了近 1/3 的增长。此外，小微企业创业创新基地和中小企业公共服务平台培育认定工作也稳步推进。

特色发展指数中各二级指标的指数值如图 4-11 所示。

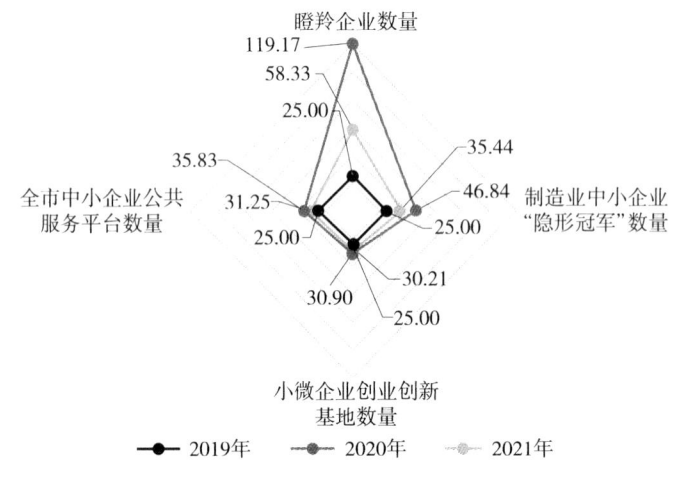

图 4-11　青岛市中小企业特色发展二级指标指数值

第四节　青岛市中小企业高质量发展的对策建议

一、强化培育体系建设

"专精特新"企业在"强链""补链"、提升产业链供应链现代化水平、增强经济韧性方面扮演着关键角色。"专精特新"企业培育不仅是青岛市中小企业发展工作的特色，也是反映青岛市实体经济发展成就的一张亮丽"名片"。未来，青岛市应继续加大对"专精特新"中小企业的培育力度，在全面落实稳增长政策的同时，进一步完善"创新型中小企业—'专精特新'中小企业（'隐形冠军'企业）—专精特新'小巨人'企业"和"雏鹰企业—瞪羚企业—独角兽企业"的中小企业梯度培优育成体系。借鉴成都等城市的经验，实施中小企业成长工程，建立企业培育库，实行包扶机制，实施动态监测，及时关注纳入培育库企业的诉求，强化中小企业差异化的精准服务，引导企业专注做好、做专、做精，提高专业化分工程度，提升其在产业链中的地位。

二、提升企业创新能力

充分利用中小企业公共服务平台，健全中小企业创新服务体系，理顺产学研合作机制。引导企业加大新产品、新技术的开发力度，提高产品的附加值和科技含量。鼓励大企业开放创新资源，实现大中小融通创新。支持"专精特新"企业、科技型中小企业以企业为主体建设重点实验室、企业技术中心等创新平台，鼓励企业积极参与国家、省部级重大创新平台建设。推进新技术、新工艺、高端装备等的集成应用，通过合作创新延伸产业链，提高产业配套水平，增强产业集聚效应，实现产业向高端迈进。积极与高校对接，分专业、分产业、分类别组团为"专精特新"、"隐形冠军"、瞪羚企业、高成长企业等引进技术创新人才。

三、推进绿色转型发展

加大宣传力度，营造促进全面绿色转型发展的舆论氛围。借助各类论坛培训，传授生态文明的思想理论，普及绿色转型发展理念，宣讲与生态环境保护和发展相关的法律、法规、标准和政策措施，引导中小企业端正认识，转变传统发展观念。加大对中小企业在环境保护、节能减排等方面的帮扶力度，有针对性地提供指导服务，引导企业积极开展绿色发展评价，制定绿色发展战略，以绿色发展促转型升级。对民营企业进行分类施策，提升企业绿色发展水平。结合行业特点，按照"国家部署，适度超前"的原则，提高中小企业环境治理水平，实现达标排放和全过程管控。加快完善绿色金融体系，将政府性融资担保范围扩大至绿色发展领域，为中小企业绿色融资提供便利。借助绿色供应链金融推动绿色供应链的发展。加大对绿色企业的财税扶持力度，通过财政补贴、税收优惠等政策措施，鼓励企业绿色转型发展。

四、加快数字化转型

通过政策制定、专业服务、业务培训等方式，普及数字化转型知识，提高中小企业对数字化转型的接受程度，让企业充分意识到数字化转型的必要性和迫切性。构建以政府为主导的数字化平台和数据共享平台,提高关键数据资源采集能力和效率。引导中小企业结合自身特征,从相对容易和投入较少的环节入手,通过数字技术的导入实现单一产业环节的数字化,帮助企业推进组织方式变革。加强中小企业与青岛本市卡奥斯等大型企业数字化平台的协作配套,通过大企业"建平台"和中小企业"用平台"双向发力,推进中小企业数字化转型。结合青岛本地企业特点与资源优势,有针对性地出台符合自身实际的中小企业数字化转型扶持政策和措施。

民营经济发展篇

中小企业高质量发展指数篇

创新创业篇

第五章
青岛市创业创新服务体系发展报告[①]

创业创新服务体系是指以中小微企业、创业团队、创业者为服务对象，由政府机构、企业、科研院所、行业协会、中介组织等多元化的服务实体及其提供的以空间、物业服务为基础的产学研对接、政策信息、投融资、创业辅导、管理咨询、成果转化、技术支持等多样性创业创新服务所构成的综合服务系统。

第一节 青岛市创业创新服务体系的演进、发展现状及特点

一、青岛市创业创新服务体系的演进

青岛市创业创新服务体系的演进大致经历了两个阶段：一是"平台+载体"的创业创新服务体系阶段，即"十二五"期间，青岛市初步建立起以公共服务平台与孵化器、创业基地、小企业产业园为基础的创业创新服务体系。二是多元化创业创新服务体系阶段，即进入"十三五"后，伴随着"双创"示范城市建设，开始逐步构建起多元主体参与、线上线下融合互动、强化产业生态链条建设的创业创新服务体系。

（一）"平台+载体"的创业创新服务体系（2015年之前）

1. 平台建设

青岛市综合性的中小企业公共服务平台建设始于2010年。青岛市人民政

[①] 本章中，将"双创服务体系"表述为"创业创新服务体系"，是基于工业和信息化部等5部门印发的《关于推动小型微型企业创业创新基地发展的指导意见》中提出的"不断提高创业创新服务能力"的目标要求延伸而来。

府办公厅发布《关于加快推进中小企业公共服务平台建设的通知》(青政办发〔2010〕36号)后,青岛市经济和信息化委员会、青岛市财政局牵头组织了中小企业公共服务平台的建设和认定工作。经过各级主管部门精心培育,分两批共认定了各级各类中小企业公共服务平台152个。

2013年,根据全市中小企业公共服务平台网络建设需要和行政区划调整及街(镇)撤并情况,市经济信息化委员会按照市级平台升级发展、区市级平台健全完善、街道服务站优化布局、社会化平台专业化和特色化发展的建设要求,组织对全市中小企业公共服务平台进行了调整,调整后各类中小企业公共服务平台为153个。

同年,青岛市获得国家工信部专项资金支持建设国家级中小企业公共服务示范平台,并启动线上平台建设。12月19日,青岛市中小企业云服务平台于上线运营。该平台为中小企业提供政务、融资、技术、培训与创业、信息化、市场开拓、法律、管理、人力资源、检验检测、认证认可、商务12项服务功能,相较实体服务平台,服务机构更多、服务范围更广、服务能力更强、中小企业获取服务更方便,且不受时间和空间限制。至此,青岛国家中小企业公共服务示范平台形成了"1+3+10"的格局。

青岛市中小企业公共服务网络如图5-1所示。

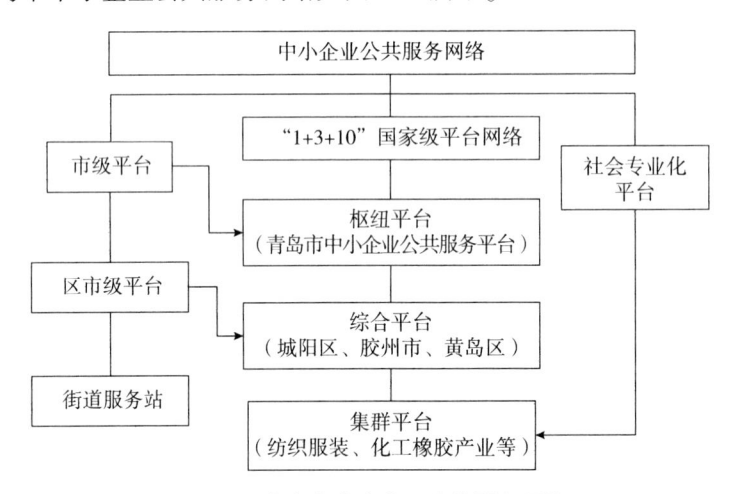

图5-1 青岛市中小企业公共服务网络

2. 创业创新载体建设

创业创新载体建设发端于孵化器的建立。1993年,青岛市崂山区由政府主导建立了第一家孵化器——青岛高新技术创业服务中心。"十二五"期间,青岛市经信、科技部门分别颁布了《青岛市小企业产业园和创业基地建设规划》和《青岛市孵化器发展规划纲要（2012—2016）》。创业创新载体建设进入了一个快速发展期。

截至2015年底，青岛市培育认定小企业创业基地50个，其中国家级小型微型企业创业创新示范基地2个，总面积217万平方米；在建小企业产业园36个，其中市级小企业产业园18个，总面积1400万平方米。全市已认定各级孵化器120家，其中国家级孵化器15家，居全国副省级城市第6位；全市众创空间建设项目79个，经科技部备案纳入国家级孵化器管理体系的众创空间26家，居全国副省级城市第2位；市区人均零售网点面积达1.52平方米；围绕青岛市十条千亿级产业链，重点打造了海尔海创汇、橡胶谷、新高地创意园等一批高端创业创新基地和园区，形成了以电子信息、海洋产业、轨道交通、时尚创意为产业特色的创业创新集聚载体。

小微企业创业创新空间载体情况见表5-1。

表5-1 小微企业创业创新空间载体统计

载体类型	数量（个/家）	面积（万平方米）	服务能力和产值
众创空间	79	24.7	孵化团队2400多万，创客5万多人
小企业创业基地	50	217	国家级创业创新示范基地2个；可入驻小微企业8000余家，已入驻小微企业3316家，带动就业人数4.5万人，入驻企业年总产值达90亿元
小企业产业园	19	1400	入驻企业约3900户，预计产值800亿元
创业孵化基地和创业园区	89	1400	国家级示范基地1家，省级示范平台8家，累计孵化6700余家企业
科技孵化器	120	235	孵化器入驻企业5358家，就业6.2万人，累计毕业企业546家
	其中，国家级孵化器15家，国家备案众创空间26家，总量居全国副省级城市第2位		
商贸企业集聚区	以5大市级商业中心为核心，9处区级商业中心、12处商贸服务业集聚区、35条商业街、114处大中型商业网点为骨干，17万处商品市场为基础的商业网络体系，市区人均零售网点面积1.52平方米。流通服务业快速发展，连锁销售率为35%		

资料来源：笔者根据相关资料整理。

"十二五"期间，青岛市初步建立起以公共服务平台与孵化器、创业基地、小企业产业园为基础的创业创新服务体系。

（二）多元化创业创新服务体系（2016年至今）

2015年6月，中共青岛市委发布《中共青岛市委青岛市人民政府关于大力实施创新驱动发展战略的意见》，其中明确提出"打造创新之城、创业之都、创客之岛"的战略目标。青岛市创业创新服务体系建设开始进入一个新的阶段。

2016年5月，青岛市在财政部、工业和信息化部、科技部、商务部、国家工商行政管理总局联合组织的小微企业创业创新基地城市示范工作竞争性评审中脱颖而出，进入第二批"小微企业创业创新基地城市示范"名单。

根据《青岛市小微企业创业创新基地城市示范工作推进方案（2016—2018）》，结合全市"三中心一基地"建设规划和战略性新兴产业集聚发展实际，围绕服务实体经济，青岛市经信委开始着手创业创新服务体系的升级，并启动大中小企业协同创新服务平台、小微企业创业创新服务平台、服务小微企业的战略性新兴产业集聚区建设，并与原有的中小企业云服务平台（同时也是"国家中小企业公共服务示范平台"）一起初步形成了多元主体参与、线上线下融合互动、强化产业生态链条建设的创业创新服务体系。

青岛市中小企业创业创新服务体系如图5-2所示。

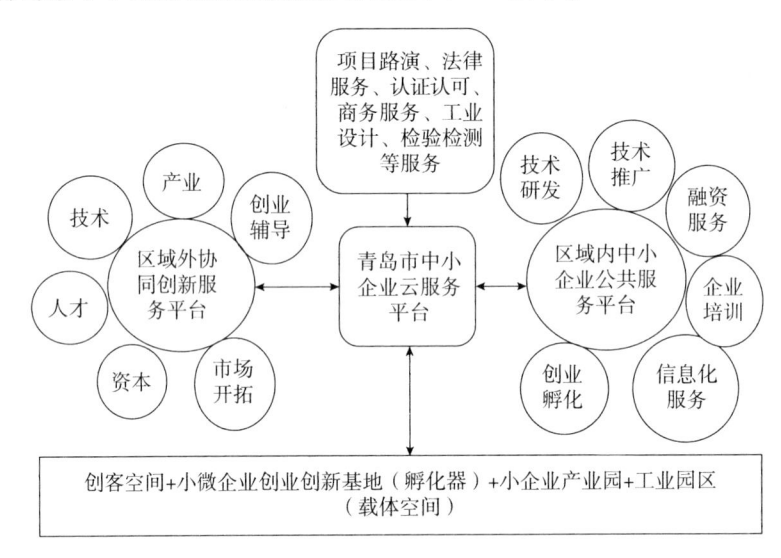

图5-2 青岛市中小企业创业创新服务体系

二、青岛市创业创新服务体系的发展现状及特点

（一）多元化的创业创新平台

青岛市不仅有由专业运营机构建设的孵化器和小微企业创业基地，还有由知名大企业领衔的小微企业创业创新平台。以海尔为代表的大企业率先引

领创业创新，成为青岛市创业创新服务体系的一大亮点。海尔"海创汇"坚持共创共赢、增值分享的理念，通过开放集团全球创新资源、产业资源、营销资源、客户资源，建立了创业教育平台、创客实验平台、融资融商平台、孵化加速平台、资源对接平台等多类型平台，为创客提供"创意—设计—制造—销售"的全产业全要素服务，形成集团内部孵化模式、脱离母体孵化模式、众筹创业发展模式、轻资产小微创业模式、围绕创新生态圈创业模式等多样化的创业孵化模式，建设"众创—众包—众扶—众筹"的智慧生活产业生态圈。目前，平台已聚集4700多家外部一流资源、30亿元创业投资基金、1330家风险投资机构、103家孵化器资源。平台已成功孵化出雷神游戏笔记本、小帅影院、有住网、免清洗等200多个小微企业，其中100多个小微企业年营业收入超过1亿元，22个小微企业引入风投，有12个估值过亿元，有1160多个项目正在孵化。同时，平台以创业带动就业，为全社会提供的就业岗位超过100万个。

此外，海信智能交通产业协同创新、中车四方的轨道交通供应链创新链、澳柯玛的智慧冷链生态、明月海藻的生物技术等大中小企业协同创新服务平台建设顺利推进。

【专栏5-1】海尔多样化创业孵化模式

集团内部孵化模式——一是与集团主业强相关的创业项目，企业占大股+引入风投+员工跟投成立创业公司，如草根创业的雷神游戏本。二是主业弱相关的创业项目，企业占小股+引入风投+员工跟投成立创业公司，如开放资源创业的小帅影院（i See mini）。

脱离母体孵化模式——创业团队脱离企业，自筹资金，借助企业资源自行孵化，达标后企业承诺回购。如有住网（互联网装修的开创者），创业团队脱离母体后，引入一流资源，建立互联网家居商业模式，靠平台服务盈利，提供个性化定制装修服务，2015年估值达5亿元。

众筹创业发展模式——合作伙伴参与众筹，既是股东，又是经营者，众筹股份达标后可转化为上市公司股份。如与阿里巴巴投资的快递柜，众筹4亿元，海尔配套4亿元。参与众筹投资的用户和合作伙伴可通过股权以及每年的收益分红，项目收益主要为广告收益、APP平台电商收益、金融收益等。

轻资产小微创业模式——企业轻资产模式，不投资，企业提供订单、结算、信息化系统，运用互联网思维，自建互联网物流信息化平台，面向社会提供配送订单，调动社会车辆资源，车主可以多抢多得，通过经营自有配送团队获得收益。

围绕创新生态圈创业模式——通过开放式创新生态圈，开放源代码，通过4200个在册的研发接口人，吸引全球在平台注册的15万个合作伙伴。

资料来源：笔者根据政府提供的调研资料整理加工而成。

(二)产学研协同创新机制

青岛市积极推动驻青高校协同创新，通过充分整合政、产、学、研的多方资源，发挥多元创新力量，借助各类产学研展洽会搭建企业产学研对接渠道，联合高校院所、专业协会，组织技术服务志愿者活动实现点对点的产学研对接，探索新产品新技术现场发布、观摩和推广等形式，建立一批协同创新平台，形成"多元、融合、协作"的协同创新模式与机制。

青岛市政府出台《关于推进大学生创业的实施意见》，从政策、经费、场地、技术等各个方面全力支持大学生自主创业。同时，支持高校采取"项目孵化、推动转移、技术入股、共同经营"等模式，鼓励教师牵头创办学科性公司，进行重点科研成果的自主孵化与产业化。

【专栏5-2】中小企业技术服务志愿者服务

2017年3月，青岛市中小企业技术服务志愿者服务活动正式启动，它是由青岛市经济信息化委员会在全国范围内创新开展的一种技术服务新模式。市中小企业公共服务中心经过半年的筹备组建了一支涉及十多个专业技术领域的技术服务志愿者队伍，目前已有100多名技术服务志愿者加入，可为企业解决技术难题，提供技术诊断咨询、专业技术培训、技术攻关、共同研发、合作开发等服务，较以往技术服务模式更加精准和有效。

技术服务志愿者的活动流程为"征集企业技术需求—需求落实—匹配志愿者专家—现场诊断咨询—出具初步解决方案—双方自主协商—签订合作开发协议"。

资料来源：笔者根据政府提供的调研资料整理加工而成。

(三)创业创新政策体系基本完备

创业创新所涉及的载体建设、财政税收、投融资等配套政策支撑体系逐步完善。

1. 载体建设

2015年，青岛市编制并发布了《小企业产业园和创业基地发展规划(2016—

2020)》，出台《青岛市人民政府办公厅关于加快全市小企业产业园和创业基地建设的通知》《青岛市激励创业创新加快科技企业孵化器建设与发展的若干政策》等系列配套政策措施，设立小企业创业基地（产业园）股权投资引导基金和补助资金，对经认定的园区开发运营单位给予补助或股权投资扶持。对经认定的创业创新载体，按入驻企业户数、吸纳就业人数、孵化成功率、提供办公面积等对房租、宽带网络、公共软件等方面给予奖补。此外，借助《关于优化小企业产业园工业标准厂房分割转让办理流程的通知》等政策，解决了园区基地内的土地厂房难以分割出售的难题。

2. 投融资服务

开展小微企业转贷引导基金试点。青岛市开展政策性贷款周转服务以来，投融资机构为2885家次企业提供低成本还贷周转资金323.41亿元。建立中小企业融资性担保机构业务补助资金，引导担保机构扩大中小企业担保业务规模。鼓励小微企业在区域性股权交易市场挂牌。

3. 创新扶持

设立中小企业创新转型资金，对"专精特新"小微企业的技术改造、产业链配套和兼并重组项目给予资金补助。设立工业转型升级引导基金、天使投资引导基金，专项支持中小企业创新转型过程的融资。紧扣互联网工业发展要求，为中小微企业购买智能制造管理诊断系列服务。

4. 就业扶持

设立市级创业带动就业扶持资金10亿元，提高创业担保贷款额度。对符合条件的创业者创办小微企业，给予创业担保贷款，并按规定给予贷款贴息。落实小微企业社保补贴和岗位补贴。

5. 税费优惠

认真落实小微企业享受税收优惠政策。清理审批收费事项，认真落实组织机构代码证书正副本、小微企业登记注册费等减免涉企收费有关政策，大大减轻小微企业负担。

（四）线上线下融合的服务模式

1. 中小企业公共服务平台

青岛市在全国率先搭建了以市级平台为中枢、以区市二级平台为骨干、以重点镇街园区三级平台为基础、以专业化平台为分支、线上与线下平台相互融通的全市中小企业公共服务平台网络体系。截至2021年，示范平台总数达到132家。其中，国家级示范平台19个，省级示范平台27个，市级示范平台86个。平台网络每年共组织开展各类服务活动超千次，服务企业超过万家次，服务人数超过 10 万人次。

青岛市中小企业云服务平台运用互联网思维，积极改造提升服务模式，打造以"互联网+小微企业服务"为主要模式的优质服务生态圈，利用移动互联平台，组织小微企业和服务机构接发服务需求。截至 2022 年底，平台注册企业 5.2 万户，合作服务商 114 家提供各类公共服务产品 416 项。平台累计访问量达到 712.97 万次，服务对接数 8.7 万家次。

2. 公共研发平台

青岛市已建设 13 个公共研发平台，其中，软件与信息服务、橡胶新材料、海洋药物、食品药品安全性评价检测等 9 个平台已投入运行，并加入大型科学仪器协作服务平台，面向中小企业提供检验检测、研究开发等服务。截至 2022 年底，入网仪器设备 4486 台（套），对提供共享服务的机构和需要检验检测的企业，引导和支持科技型中小企业利用创新券共享使用科研设施与仪器，以降低小微企业创业成本。

3. 知识产权公共服务平台

青岛市继深圳、苏州之后，获国家知识产权局批复同意建设国家知识产权局青岛专利分理处，青岛市将专利代办处的职能整合至平台服务体系，建成全国首个包含专利代办处公共服务的知识产权公共服务平台。

4. 中小商贸流通企业服务平台

青岛市入选全国中小商贸流通企业公共服务平台建设试点城市，平台在商圈、特色街区、专业市场、行业协会等设立了 26 个联系点。借助服务大厅、网站、手机报、热线、微信公众号等无缝隙的服务网络，以及工作站、联系点、服务机构、行业协会等服务渠道，为全市 38.4 万家中小商贸流通企业提供发展所需的信息咨询、市场开拓、商贸流通、国际合作、政务服务、管理提升、科技应用、投资融资、法律九类公益性服务。

【专栏5-3】胶州市企业发展服务中心

胶州市企业发展服务中心是国家级中小企业公共服务平台，在建设发展中形成了"1+12+X"企业公共服务体系，即 1 个市级综合性企业公共服务平台、12 个镇办企业公共服务分平台、25 个行业协会和若干个特色园区及社会专业化服务机构。

胶州市"1+12+X"企业公共服务体系共联系着全市 4929 家企业，其中，市级企业公共服务平台直接联系企业 1308 家，12 个镇办企业公共服务分平台联系企业 2016 家，社会专业化企业公共服务平台联系企业 1605 家。

资料来源：笔者根据政府提供的调研资料整理加工而成。

第二节　青岛市创业创新服务
需求和问题分析

一、青岛市中小企业对创业创新服务的需求分析

2017年11月，青岛中小企业公共服务中心从青岛市中小企业云服务平台企业登记数据库中随机抽取了500家企业，针对其创业创新服务需求进行了调查。共发放问卷500份，回收问卷473份，回收率94.60%，其中有效问卷472份，有效问卷回收率为94.40%。

(一)调查对象的分布

本次调查的企业主要分布在市南区、市北区等10个区(市)。其中，莱西市最多，为64家，占13.56%；其次是平度市，为63家，占13.35%。如表5-2、图5-3所示。

表5-2　调查对象的地区分布

区(市)	市南区	市北区	崂山区	李沧区	城阳区	黄岛区	即墨区	胶州市	莱西市	平度市
企业数量(家)	46	34	34	41	54	39	67	30	64	63
占比(%)	9.75	7.20	7.20	8.69	11.44	8.26	14.19	6.36	13.56	13.35

(二)调查对象的特征分析

从所属行业来看，调查企业行业分布广泛，主要涵盖了农副食品加工制造业，纺织服装、鞋、帽制造业，木材加工及家具制造业，造纸及纸制品业，化学原料及化学制品制造业，医药制造业，非金属矿物制品业，黑色金属冶炼及压延加工业，有色金属冶炼及压延加工业，金属制品业，电器机械及设备制造业，交通运输设备制造业，通信设备、计算机制造业等行业，如图5-4所示。

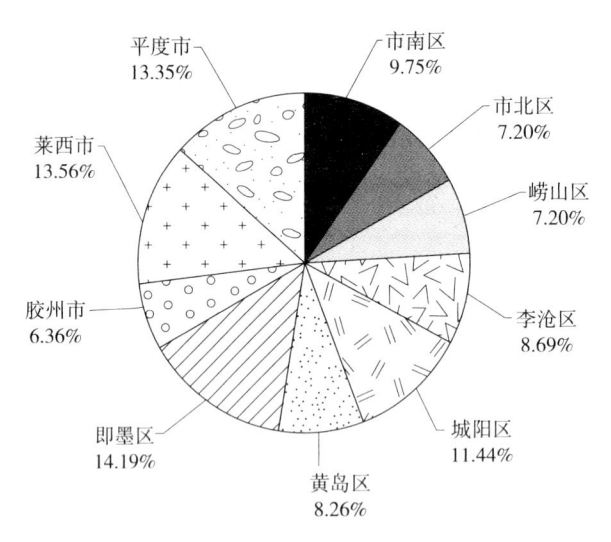

图 5-3 调查对象的区域分布

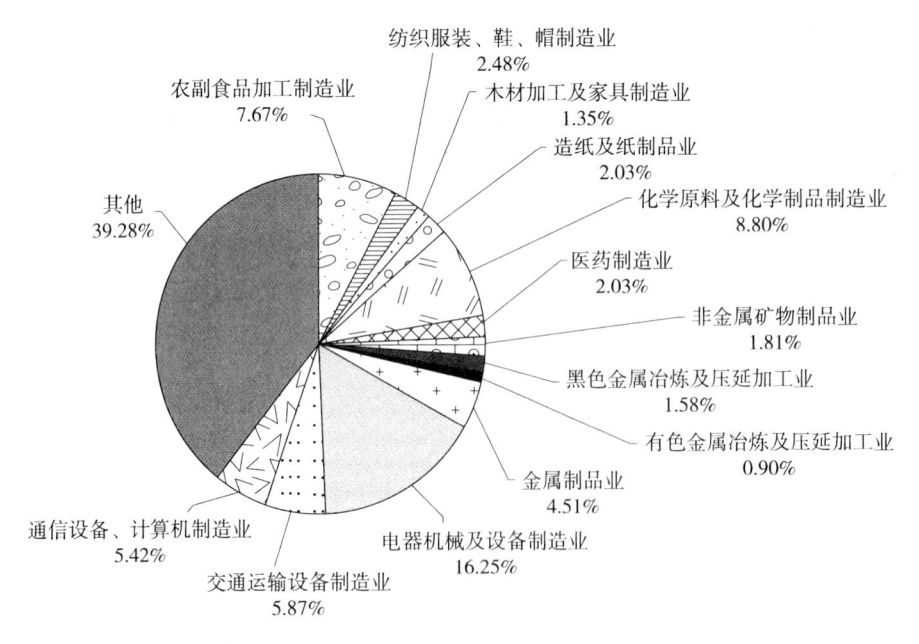

图 5-4 调查企业所属行业分布

按所有制结构来看，私营企业占比最高，超过了 85%，如图 5-5 所示。

(三)企业对创业创新服务环境认识的分析

为了了解企业创业创新过程中政府政策环境以及对青岛市创业创新氛围

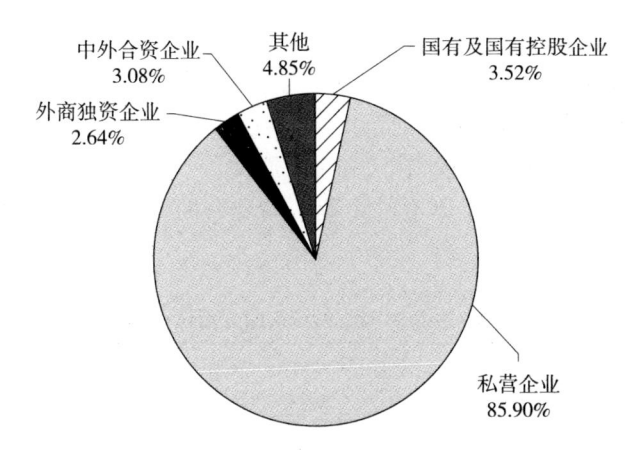

图 5-5 调查企业性质分布

认可情况，调查问卷分别设计了以下相关问题。

政府政策环境的问题包括：
- 地方政府规定政策时优先考虑扶持新成立的和成长型公司；
- 税务机构不构成新成立的和成长型公司的负担；
- 新成立的和成长型公司在与政府机构沟通、政务办理及许可证方面不是特别难；
- 您所在公司是否申请或享受了政府推出的"双创"类优惠政策；
- 产业园、创业基地和科技孵化园给新成立的和成长型公司提供了有效的支持；
- 新成立的和成长型公司可以通过服务代理机构获得政府广泛支持。

从调查结果看，有一半或者一半以上的企业认为不了解或没有享受到政府政策，如表 5-3 所示。

表 5-3 企业对政策环境的了解情况　　单位：%

选项	地方政府规定政策时优先考虑扶持新成立的和成长型公司	税务机构不构成新成立的和成长型公司的负担	新成立的和成长型公司在与政府机构沟通、政务办理及许可证方面不是特别难	您所在公司是否申请或享受了政府推出的"双创"类优惠政策	产业园、创业基地和科技孵化园给新成立的和成长型公司提供了有效的支持	新成立的和成长型公司可以通过服务代理机构获得政府广泛支持
是	50.69	39.17	39.21	26.81	55.37	47.07
否	5.53	16.82	22.04	38.46	5.37	5.15
不了解	43.78	44.01	38.75	34.73	39.25	47.78

创业创新氛围方面的问题包括：
➢ 青岛市有相当多创办新公司的好机会；
➢ 青岛市文化鼓励创造和创新；
➢ 青岛市文化提倡自立、自治和个人原创。

从调查结果看，有一半以上的企业认可现有的创业创新环境，如表5-4所示。

表5-4 企业对创业创新氛围方面认可情况　　　　　单位：%

选项	青岛市有相当多创办新公司的好机会	青岛市文化鼓励创造和创新	青岛市文化提倡自立、自治和个人原创
是	54.03	70.48	66.03
否	8.06	2.86	3.11
不了解	37.91	26.67	30.86

(四)各类服务需求的内容分析

企业对不同的创业创新服务需求也是不一样的。

1. 政策政务服务需求

从调查结果来看，中小企业政策政务类的服务需求依次是资金补贴申报、项目申报、政策政务信息、政策政务咨询和政策实操培训，如表5-5、图5-6所示。

表5-5 政策政务服务需求数量

序号	服务需求种类	数量
1	政策政务信息	192
2	政策政务咨询	183
3	项目申报	214
4	资金补贴申报	266
5	政策实操培训	143
6	其他	0

2. 融资服务需求

从调查结果来看，中小企业融资服务需求依次是银行信用贷款、政府采购贷款、助保金贷款、股权融资、融资租赁、众筹路演、挂牌上市、转贷(过桥)、资产并购重组、私募债权、保理业务和其他，其他主要是无抵押贷款，如表5-6、图5-7所示。

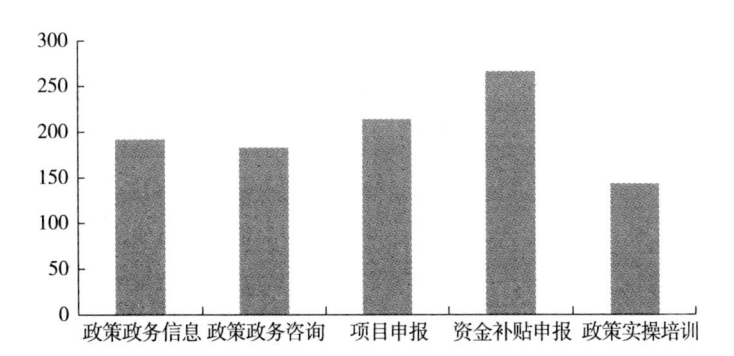

图 5-6 不同种类政策政务服务需求分布

表 5-6 融资服务需求数量

序号	服务需求种类	数量
1	助保金贷款	65
2	政府采购贷款	71
3	银行信用贷款	201
4	融资租赁	49
5	转贷(过桥)	20
6	保理业务	13
7	股权融资	62
8	私募债权	14
9	资产并购重组	20
10	众筹路演	44
11	挂牌上市	39
12	其他	2

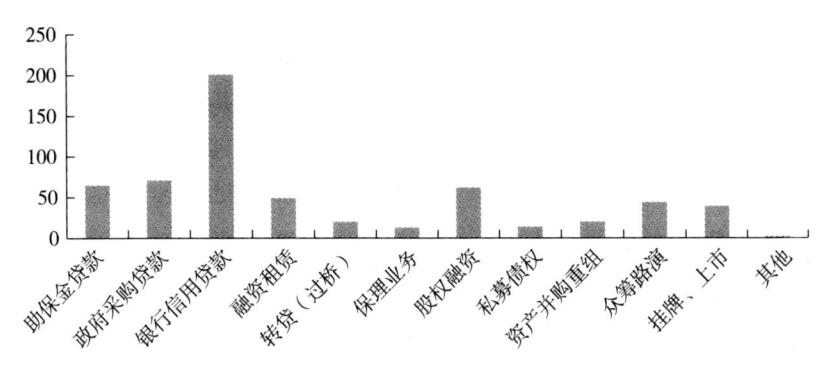

图 5-7 不同种类融资服务需求分布

3. 培训与创业服务需求

从调查结果来看，中小企业培训与创业服务需求依次是高层管理者培训、中层管理者培训、互联网工业知识培训、互联网营销、智能制造培训、创业技能培训、工商管理培训、创业创新项目路演和其他，如表5-7、图5-8所示。

表5-7 培训与创业服务需求数量

序号	服务需求种类	数量
1	互联网工业知识培训	124
2	智能制造培训	119
3	互联网营销	120
4	创业创新项目路演	78
5	创业技能培训	91
6	高层管理者培训	158
7	中层管理者培训	155
8	工商管理培训	86
9	其他	4

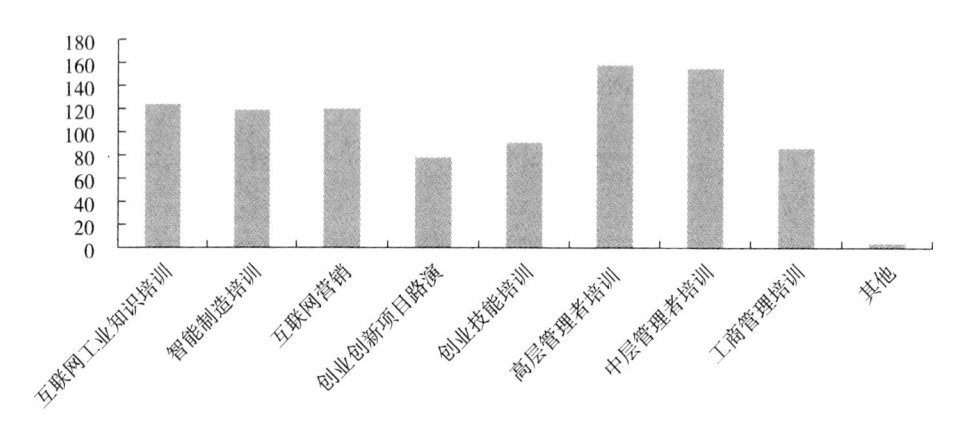

图5-8 不同种类技术服务需求分布

4. 技术服务需求

从调查结果来看，中小企业技术服务需求依次是专业技术培训、产学研对接服务、企业研发费用加计扣除辅导、技术中心辅导、技术需求难题咨询服务、工业设计服务、展会推介服务和其他，如表5-8、图5-9所示。

表 5-8 技术服务需求数量

序号	服务需求种类	数量
1	产学研对接服务	137
2	工业设计服务	78
3	技术中心辅导	97
4	企业研发费用加计扣除辅导	132
5	专业技术培训	149
6	技术需求难题咨询服务	86
7	展会推介服务	58
8	其他	10

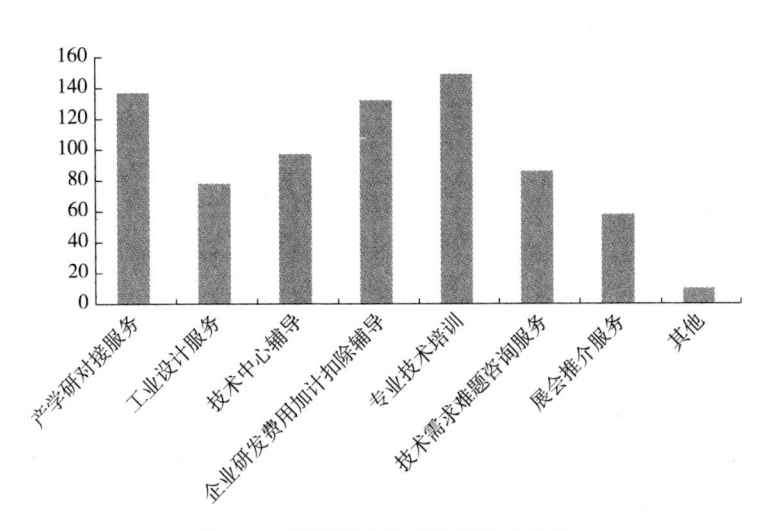

图 5-9 不同种类技术服务需求分布

5. 市场开拓服务需求

从调查结果来看，中小企业市场开拓服务需求依次是电子商务、品牌建设、全媒体推广、营销策划、电商人才、代运营和其他，如表 5-9、图 5-10 所示。

表 5-9 市场开拓服务需求数量

序号	服务需求种类	数量
1	电子商务	182
2	全媒体推广	115

续表

序号	服务需求种类	数量
3	电商人才	76
4	品牌建设	161
5	代运营	33
6	营销策划	114
7	其他	4

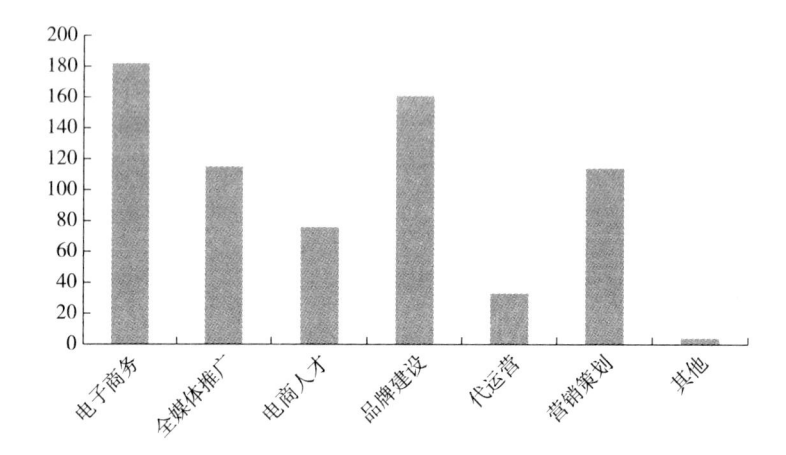

图 5-10　不同种类找场地服务需求分布

6. 找场地服务需求

从调查结果来看，中小企业找场地服务需求依次是小企业产业园、小企业创业(孵化)基地、科技企业孵化器、写字楼、众创空间和其他，其他主要是特殊厂房的需求，如表 5-10、图 5-11 所示。

表 5-10　找场地服务需求数量

序号	服务需求种类	数量
1	小企业产业园	136
2	小企业创业(孵化)基地	96
3	写字楼	59
4	众创空间	32
5	科技企业孵化器	84
6	其他	15

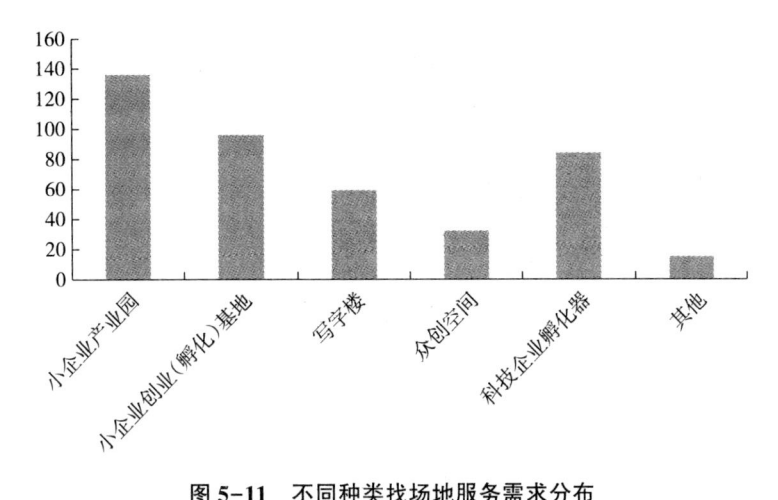

图 5-11 不同种类找场地服务需求分布

7. 信息化服务需求

从调查结果来看，中小企业信息化服务需求依次是自动化生产线、企业信息化建设咨询、生产/财务/销售软件、大数据、互联网技术应用、电子商务、云计算、两化融合贯标咨询、其他和微商，如表 5-11、图 5-12 所示。

表 5-11 信息化服务需求数量

序号	服务需求种类	数量
1	自动化生产线	136
2	生产、财务、销售软件	100
3	企业信息化建设咨询	114
4	两化融合贯标咨询	36
5	互联网技术应用	75
6	大数据	92
7	云计算	44
8	电子商务	61
9	微商	13
10	其他	14

民营经济和中小企业发展蓝皮书

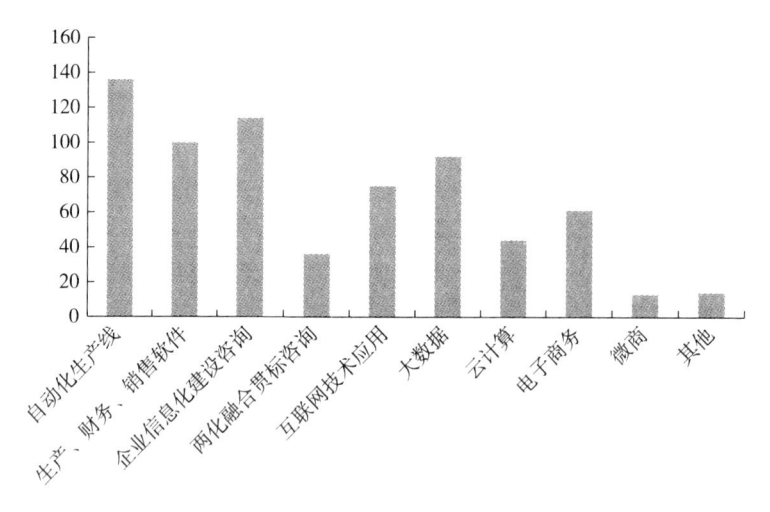

图 5-12　不同种类信息化服务需求分布

8. 法律援助服务需求

从调查结果来看，中小企业法律援助服务需求依次是法律知识讲座、知识产权、合同法律、人力资源法律、税收法律、聘请法律顾问、环境保护、纠纷诉讼和其他，如表 5-12、图 5-13 所示。

表 5-12　法律援助服务需求数量

序号	服务需求种类	数量
1	法律知识讲座	151
2	聘请法律顾问	83
3	合同法律	127
4	知识产权	132
5	人力资源法律	95
6	税收法律	85
7	环境保护	51
8	纠纷诉讼	37
9	其他	17

9. 管理服务需求

从调查结果来看，中小企业管理服务需求依次是管理咨询、战略规划能力、市场营销能力、管理诊断、精益生产和其他，如表 5-13、图 5-14 所示。

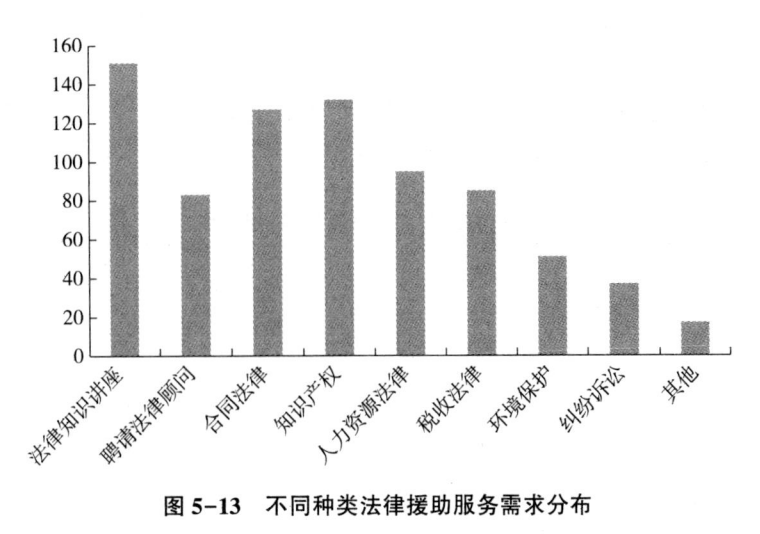

图 5-13　不同种类法律援助服务需求分布

表 5-13　管理服务需求数量

序号	服务需求种类	数量
1	管理诊断	78
2	管理咨询	147
3	战略规划能力	142
4	精益生产	72
5	市场营销能力	122
6	其他	11

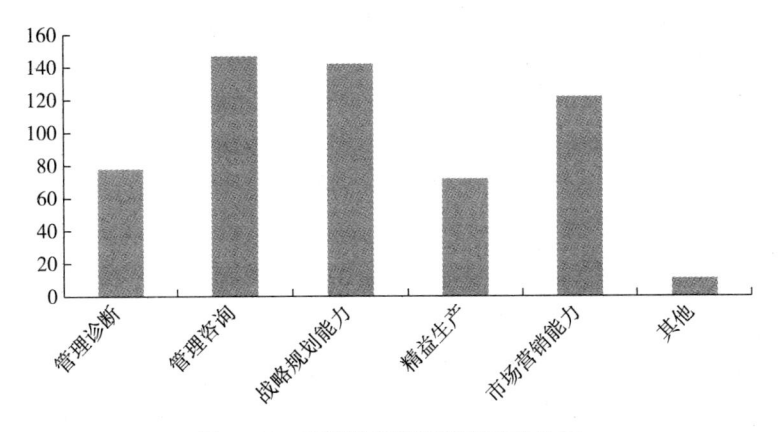

图 5-14　不同种类管理服务需求分布

10. 人力资源服务需求

从调查结果来看，中小企业人力资源服务需求依次是招聘录用管理、规章制度管理、劳动合同管理、社会保险管理、工资福利管理、非典型劳动关系管理和其他，如表5-14、图5-15所示。

表5-14 人力资源服务需求数量

序号	服务需求种类	数量
1	招聘录用管理	140
2	劳动合同管理	139
3	规章制度管理	140
4	工资福利管理	83
5	社会保险管理	107
6	非典型劳动关系管理	49
7	其他	17

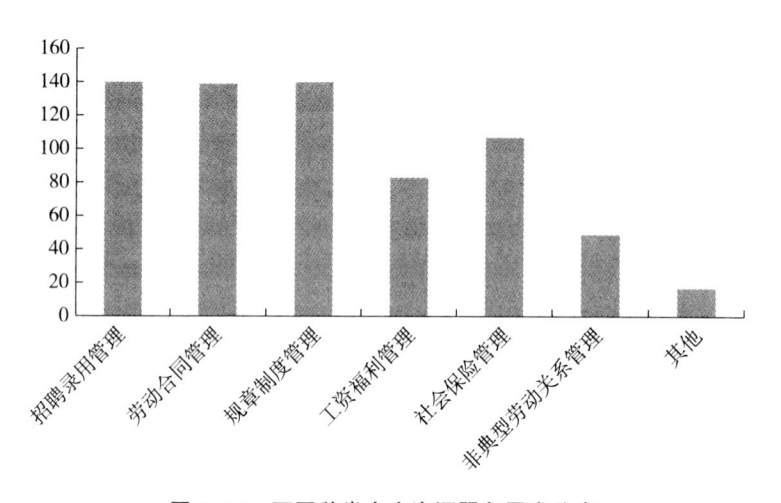

图5-15 不同种类人力资源服务需求分布

11. 投资咨询服务需求

从调查结果来看，中小企业投资咨询服务需求依次是可行性研究报告、立项建议书、节能评估报告、社会稳定风险评估、环境减排贡献量审核咨询、清洁生产咨询、企业食品信用诚信体系建设和其他，其他主要是项目申请报告的需求，有50家企业填报了此类需求，超过了调查对象总数的1/4，如表5-15、图5-16所示。

表 5-15　投资咨询服务需求数量

序号	服务需求种类	数量
1	立项建议书	109
2	可行性研究报告	177
3	节能评估报告	95
4	社会稳定风险评估	66
5	清洁生产咨询	32
6	环境减排贡献量审核咨询	48
7	企业食品信用诚信体系建设	25
8	其他	58

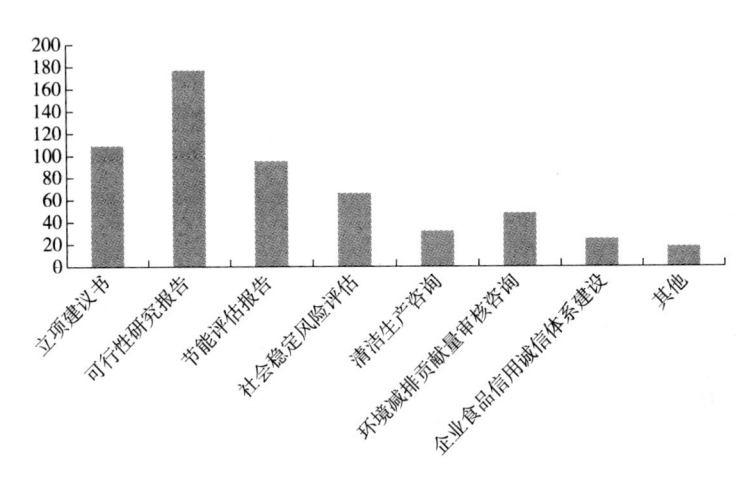

图 5-16　不同种类投资咨询服务需求分布

12. 其他服务需求

从调查结果来看，中小企业其他服务需求依次是检测与认证、财税服务、盘活闲置厂房楼宇建创业创新园区（基地）或"双创"服务平台和其他，如表 5-16、图 5-17 所示。

表 5-16　其他服务需求数量

序号	信息化服务需求种类	数量
1	盘活闲置厂房楼宇建创业创新园区（基地）或"双创"服务平台	92
2	检测与认证	124
3	财税服务	106
4	其他	20

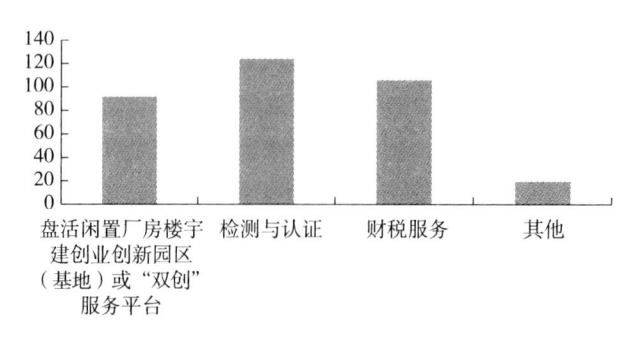

图 5-17　不同种类其他服务需求分布

二、青岛市创业创新服务体系存在的问题

1. 服务机构良莠不齐

经过多年发展，青岛市创业创新服务机构数量和服务人员数量有了大幅度提升，但是与其他先进城市相比，总体上运营能力还不够强，创业创新服务运营机构品牌效应不明显。

作为创新载体的众创空间或小微企业创业创新基地，其运营机构良莠不齐，服务水平参差不齐。有些运营水平高的服务机构可为入驻企业提供多样化、全方位、门到门的服务，但是更多的众创空间或小微企业创业创新基地依然停留在以工位出租或物业服务为主的阶段。这些运营机构无法提供有价值的免费服务，能带来收入的增值服务更无从谈起。究其原因，主要是创业创新载体运营机构自身实力弱、管理水平低、管理方式粗放、管理制度不健全、服务缺少标准化、服务人员水平参差不齐，更重要的是这些载体的运营机构本身没有清晰的战略规划，缺少资源整合意识和能力。如果创业创新运营机构服务管理水平持续低下，必将导致创业创新载体难以吸引到优秀的企业或团队入驻，未来发展的可持续性也将会受到影响。

此外，根据国外成熟经验，创业创新服务机构一般分为公办和民营两种形式。两者之间相互独立，密切联系，形成了一个相互补充的整体。但目前，青岛市的现状是政府主导设立的运营机构实力相对较强，服务能力、服务水平明显高于民营服务机构。这也造成了服务体系中"一条腿长，一条腿短"的现象。

2. 服务深度有待提高

青岛市已初步形成了多元化创业创新服务体系。服务体系的服务种类也涵盖了从政策到技术、从财务到投融资、从信息到管理咨询等多个领域。从广度上讲，较之"十二五"后期和"十三五"初期，创业创新服务有了很大的提升,但是企业需求问卷调查和企业实地调查信息显示,服务深度仍显不足。很多服务往往流于表面,仅仅属于基础性服务,在服务的细节设计、个性化、人性化、专业化方面还有很大的潜力亟待挖掘。服务方式还比较传统、单一,相对成熟的中小企业公共服务信息化平台较少,创业创新载体大多处于2.0版本或者从1.0版本向2.0版本过渡的阶段,即已集聚创业创新服务要素资源或者从单纯提供创业空间载体、集聚创业创新服务要素的服务模式转变的阶段,距离生态化、智慧化、信息化的要求尚有不小的差距。

究其原因,一是小微企业数量庞大,产业分散,且对于需求表达不够充分,作为专业服务机构很少针对这些需求做专业性的调查分析。二是小微企业发展初期组织结构简单,人员少,需求多,而有些服务机构因为针对小微企业的服务收费低,利润不高,不愿意有针对性地开发相应服务产品或者投入较大的人力、物力。三是服务体系建设是一个长期渐进的过程,增加服务的深度同样需要一个过程。而有些服务自身有创新性,比如技术志愿者服务、找场地服务等,这类服务的完善必须基于大量服务对象的反馈。

3. 集聚效应尚不明显

各类创业创新载体建设的终极目标是为地区培育新的产业业态和未来的经济增长点,其发展定位应充分考虑所在城市的资源禀赋和产业基础,以及未来的产业规划。但是就总体而言,青岛市创业创新载体建设距离这一目标尚有不小差距,创业创新载体内产业特征没有凸显,无法对青岛市战略性新兴产业发展提供有效支撑。

目前,青岛市创业创新载体运营"专业不专,综合不综"的现象突出。全市已认定的近350家(次)各类创业创新载体中大多数为综合性的载体,产业分布非常分散,引进企业时一般不会明确产业领域,或者是局限在几个领域。以孵化器为例,专业孵化器仅有36家,占全部孵化器总数的比例不足1/3。即使是专业孵化器在引进企业时,很多也没有严格按照产业领域进行选择。而众创空间的产业选择则更加宽泛。众创空间中强调聚焦单一产业的仅有20家左右,占全部众创空间总数的比例不足1/7。青岛市众创空间主要聚焦信息技术、智能硬件、电子商务、文化创意等轻资产领域,与青岛市蓝色、高端、新兴产业发展方向契合度不够,与本地海洋生物、高端装备、新材料等产业基础关联性不强。这种简单的企业集中很难产生技术聚合效应,无法吸引从事高成长性研发的团队入驻。专业化程度不高,缺少行业资源整合能力,使多数运营机构很难有效地服务于实体经济。

4. 盈利模式尚不清晰

本书调查了120余家创业创新载体。初步统计,2020年120余家创业创新载体总收入达到5.01亿元,其中利润8241.9万元,上缴税金7357.8万元。单纯从总量来看,这些载体收入规模较大,运营效益相对稳定。但是从个体来看,则会发现,部分创业创新载体收入状况并不乐观,尚未形成清晰的盈利模式。有不少创业创新载体全年收入为0。青岛科技局曾对全市112家众创空间运营机构进行过调查,结果发现,扣除财政补贴因素,仅有20家,即18%的机构实现盈利。

我国现阶段创业创新载体的盈利模式主要有租金类收入、服务类收入、政府补贴、股权收益、投资收益5种。从调查的120余家创业创新载体的运营情况来看,服务收入为0的运营机构有80家,投资收入为0的运营机构超过100家,这其中有新冠疫情的原因,但更多地反映出孵化载体收入来源单一、盈利模式不清的问题。为数众多的创业创新载体运营机构的收入来源依旧是"二房东"式收取租金,其盈利主要还是租金差以及政府补贴。兴起时间较短的众创空间同样无法摆脱"政府资助+工位租金"为主的盈利模式,具备持续收取会员费、辅导培训费、广告与活动策划费等创业创新服务费用能力的众创空间为数寥寥。

载体运营机构盈利模式单一、对政府依赖度高的状况使其缺少可持续发展能力。一旦政府补贴减少或取消,很容易面临资金链断裂风险。此外,青岛市大多数载体运营机构资金实力相对薄弱,很难有足够的资金进行投资,股权收益和投资收益也就无从谈起。如果无法破解盈利模式的难题,未来完全的市场化必将导致不少实力薄弱的孵化运营机构破产。

5. 协同作用尚未形成

随着"双创"工作的推进,青岛市不少创业创新载体运营机构借势创立了众创空间,以期更好地为创业者服务。但是从实际效果来看,整个孵化链条并没有完全打通,众创空间与创业创新载体管理"两张皮"的现象仍旧存在。许多众创空间和创业创新载体没有考虑不同阶段的创业需求,提供的服务几近相同。孵化链条下游加速器缺失使孵化工作没有接续,"众创空间—小微企业创业创新基地(孵化器)—加速器(小企业产业园)—产业园"的创业创新孵化链条没有形成。

同时,在青岛市范围内,众创空间与众创空间、创业创新载体与创业创新载体、创业创新载体与在孵企业、创业创新载体与科研院所、在孵企业与在孵企业之间同样缺少有效链接,信息沟通和技术合作往往局限在个别创业创新载体之间,难以形成"蜂群智慧"。由于各个创业创新载体之间定位的同质化,竞争远大于合作,尚未形成多层次、全方位的协同,区域统一、共生的孵化体系更无从谈起。从更大范围上来讲,青岛市与省内乃至国内其他城市的孵化运营机构也缺少必要的交流合作。尽管青岛市曾与国内知名的创业服务机构、创投公司进行过多次合作，但是往往局限于活动层面，缺乏深层次的对接，1+1>2的效果很难在短时间内体现出来，孵化生态群落的建设工作任重道远。以海尔、海信、中车为代表的大中小协同创新平台的建设处于起步阶段，个数相对较少，其影响力往往集中在存量企业上，培育孵化的企业尚未形成气候，辐射带动作用相对有限。

6. 评估机制尚不完善

随着全市创业创新体系的建立，创业创新服务机构的绩效评估也成为创业创新体系建设工作的重要组成部分。各职能部门均着手从各自建设和考核目标出发，建立绩效考核指标体系，并要求各类创业创新孵化载体报送统计数据和相关信息。但是在实际操作中，有些载体运营机构限于人手缺乏，不及时上报数据；有些尽管上报了数据，但是上报统计数据质量不高，有些数据真假难辨，而有些数据存在明显的逻辑错误。数据错误不仅影响绩效考核的公正性，也导致未来政府决策缺少必要的数据支撑。出现这种情况的原因主要是考核工作缺少必要抓手，数据填报缺少强制力。

很多考核工作由区(市)相关主管部门组织实施，但是在实际操作中，有些区(市)职能部门从扶持本地载体运营机构、服务机构发展，多争取上级财政资金的角度出发，存在考核标准把关不严、考核工作流于形式的现象。

7. 政策合力尚未形成

目前，青岛市的创业创新工作涉及科技、人社、经信、发改等诸多部门。各部门均从各自职能范围出发出台相关政策，推进创业创新载体建设。由于部门职能交叉、信息不对称等原因，存在"九龙治水"、政出多门、内容雷同等现象，部门之间难以形成合力。比如，很多创业创新载体既是科技企业孵化器，又是大学生创业孵化基地，还是小微企业创业创新基地或"双创"示范基地，而从政策设计的初衷来看，这些基地的定位、功能并不完全相同。由于缺少相应的联动机制，一方面，有些创业创新载体重复享受各类政策，造成了财政资源的浪费；另一方面，各类创业创新载体发展阶段不同，需求不同，所需扶持的政策也不尽相同，由于缺少分类指导，很难达到精准施策的要求。

8. 高层次专业团队缺乏

创业创新服务体系中，所需要的从业者不仅要了解相关技术，还要对市场有一定的熟识度，不仅要知晓管理知识，更要能懂相关政策法律，应当是某一产业领域的复合型高级人才。但当前，已有的服务机构规模都不大，专业化层次也不高，很难招募到所需的高素质人才。没有较高层次的人才队伍，就无法保证这类机构的服务水准，服务项目比较有限，服务的方式也比较简单,没有专业的服务能力,也就不能满足各类客户的所有需要,自然无法得到社会和企业的首肯。

此外,还存在创业创新服务机构"走出去"手段不足、国际化没有实质性突破、财政补贴申请流程复杂与使用安全性的矛盾、创业导师与创业辅导员的服务链不完善等问题。

第三节 青岛市创业创新服务体系对策建议

一、完善孵化链条,健全孵化体系

1. 打造全流程的孵化链条

围绕产业需求继续推进各类创业创新载体建设,鼓励各类创业创新服务机构入驻创业创新载体,加快产业孵化链条延伸,推进小企业产业园建设和功能完善,将其建设成服务于高成长企业的加速器,为完成孵化阶段企业的快速发展提供空间和配套服务,打造完整的"众创空间—小微企业创业创新基地(孵化器)—加速器(小企业产业园)—产业园"科技企业孵化链条,真正实现从项目孵化到企业孵化再到产业孵化的全链条、系统化服务。

2. 推进创业创新载体专业化发展

优化创业创新载体建设布局,加大专业化创业创新载体的建设力度,引导创业创新载体专业化发展,避免同一区域内创业创新载体的无序引入和同质化建设,防止过度稀释现有创业资源。按照"建设运营专业化、产业领域专业化、资源配置专业化、平台服务专业化"的要求,在红岛经济区、青岛西海岸新区、蓝色硅谷核心区等区域,结合产业规划布局和当地资源优势,引导龙头企业、高校、科研院所、新型研发机构、科技中介等多元化主体建设专业化创业创新载体。加快引导一批综合创业创新载体转型为专业化创业创新载体,面向细分市场实施垂直孵化、精准孵化。

3. 加强运营机构与园区合作

鼓励众创空间、小微企业创业创新基地、孵化器创业创新载体运营机构与小企业产业园(加速器)、对口产业园区建立合作关系,探索链接合作机制,共享研发试验、投融资等公共服务平台,充分利用加速器、产业园区的资源为毕业企业提供后续的发展空间以及相关专业技术服务。

4. 推进服务载体升级

引导和鼓励小企业创业创新基地等服务载体，由集聚创业创新服务要素资源的2.0模式向信息化、智慧化、数字化"双创"模式发展的3.0模式转变，推进创业创新服务载体形成具有共需设施设备公共化、服务资源集聚化、物业服务智慧化、项目管理数字化、产业布局生态化等特点的管理运营模式。

二、完善服务功能，提升孵化质量

1. 壮大创业导师队伍

加大创业导师选拔力度，组建由投资和金融专家、成功创业企业家、管理咨询专家、技术专家等组成的"双创"导师团。完善导师制度，制定清晰的导师工作流程，建立导师辅导绩效评价机制，对符合条件的导师由行业协会授予"青岛市创业导师"称号。

2. 加强服务人员培养

统筹创业创新载体协会、相关服务机构的培训资源，定期举办各类创业创新载体培训班，不断加强对创业创新载体从业人员专业知识、管理理论和服务技能等方面的培养，形成职业化的人才队伍。进一步深化创业辅导员和创业联络员制度，及时了解孵化企业需求，有针对性地实施精准服务。

3. 推行精益创业服务

借鉴上海经验，推进青岛市创业创新载体行业标准化建设，以服务标准化促进创业创新载体管理规范化。扩大创业创新载体与第三方专业服务机构的合作，引导孵化运营机构通过组织、流程和人员等方面的变革，真正从创业企业需求出发，为其提供精准化、定制化的高质量、高效率、高附加值的服务。

4. 强化创业创新服务集成

主动适应中小企业创业创新对公共服务的新要求，突出"产业新高地、综合服务商"发展理念，以工业设计、创意服务、智能制造、工业4.0、电子商务、产业基金等专业服务为重点，打造集成化、社会化服务园区（平台）。整合各方资源推动多层次资本市场建设，促进创业与服务、科技与金融、企业与资本市场的深度融合。

三、完善融资服务，集聚创新资源

1. 强化创业融资服务

围绕债权融资和股权投资，建立涵盖政策性融资担保、科技成果转化基金、创业创新载体种子基金、天使投资基金、产业投资基金等的覆盖企业不同阶段不同需求的全链条融资服务体系。推进互联网股权众筹和实物众筹，开展创客股权众筹融资试点和创客产品互联网众筹推广。复制推广青岛银行科技支行的成功经验，引导金融机构设立特色的科技专营机构。创新科技金融产品，扩大专利权质押保险贷款产品的覆盖范围。

2. 进一步开放平台资源

着力打造基于互联网的制造业"双创"平台，在智能制造、海洋生物等新兴产业领域，采用自建、合作共建或引进等方式，建设一批多主体参与、跨部门、跨领域的网络化协同研发平台，为创业企业提供研发、设计、试验、工艺流程、装备制造、检验检测等公益或低费的专业化服务。搭建线上服务平台，打造便捷的共享服务平台网络，加快各类研发资源在线汇聚和共享。鼓励行业协会、产业联盟等社会组织参与服务平台网络建设。

3. 建设区域信用服务体系

建立区域综合性金融服务平台，链接各类金融业实体，分享企业融资需求数据库和信用库，实现科技资源与信贷资源的常态化、交互式对接。推进以企业投资服务中心为主体，建立中小企业信用数据库，建立中小企业信用评价标准，鼓励商业银行、融资性担保公司、小额贷款公司采信科技企业信用评级报告。积极探索在政府采购、项目招标、财政资助等事项办理中，将科技企业信用评级纳入审核评价指标体系。

4. 扩大政府购买服务规模

适应供给侧结构性改革，特别是"互联网+"对中小微企业提出的技术、管理新要求，加大财政资金投入力度，采取政府购买服务方式，鼓励社会化专业服务机构、平台化企业、综合服务平台为中小微企业提供企业管理变革与生产组织变革诊断、智能制造规划咨询、"互联网+"应用辅导等专业化服务，在全市推广应用科技创新券、中小企业服务券，支持中小微企业购买科技服务。

四、完善协同机制，打造产业生态

1. 以"互联网+"实现线上线下协同

进一步加强青岛市中小企业云平台等创业创新载体综合服务网上平台建设，完善综合服务平台功能，修订创业创新载体运行监测指标，增加相关功能模块，强化众创空间、创业创新载体统计。运用大数据、云计算、移动互联网等现代信息技术手段和工具整合全市创业创新资源，实现孵化载体、创新成果、创业人才、投融资服务、信息数据等资源的互联互通、开放共享。

2. 大数据驱动精准服务协同落地

在现有中小企业云服务平台建设基础上，运用互联网思维和大数据手段，提升各级各类各部门分属服务机构的协同联动水平。以青岛市中小企业云服务平台为枢纽，以全国统一的小微企业名录为大数据基础，整合各部门平台服务资源，根据企业规模、类型和要求，精准分配服务资源，避免平台服务同质化，提高公共服务投送的靶向性、精准性。完善孵化器业务管理系统和线上服务平台，在全市孵化器、众创空间内推行"创客护照"登记制度，对符合入驻条件的创客统一颁发电子版"创客护照"，将其与服务创客的各项优惠政策联动，加大普惠性政策支持力度，同时逐步建立创客大数据，通过分析和挖掘创客服务需求，为创客提供更加精准的服务。

3. 推动大中小企业协同创新

充分依托全市大企业资源优势，发挥产业链龙头企业的带动作用，鼓励海尔、海信、中车、澳柯玛等大型企业开放品牌、渠道和供给链资源，整合汇集产业链上下游企业制造资源和业务能力，推动产业链企业间供应链管理、制造执行系统、工业电子商务、供应链金融等业务系统的横向集成，利用大企业自身的采购、研发、技术、人才、管理、市场、资金等优势对中小企业的创业创新活动进行协同供给，构建资源富集、多方参与、合作共赢、协同演进的"双创"生态体系，实现产业链上下游、大中小微企业融通发展。

4. 多部门联动促进孵化协同

在部门层面，加强创新、创业、孵化、中小企业等相关部门各类政策的统筹协调。在职能层级上，强化部门与区(市)政策联动，充分发挥区(市)职能部门在区域内建设创客街区、创客社区等众创集聚区的基础性作用。

五、完善合作网络，实现联动发展

1. 推进"双创"平台和集聚区融合发展

结合地方重点产业集聚区发展需求，支持制造业"双创"平台在各级开发区、工业园区、产业示范基地等产业集聚区落地，鼓励平台与产业集聚区创业创新资源对接，为园区企业提供集技术、人才、管理、设计、渠道、市场、融资、培训等于一体的一站式服务，打造市场化与专业化结合、线上与线下互动、孵化与创新衔接的创新载体。

2. 构建和完善区域创业创新载体协作网络

发挥创业创新载体协会促进区域合作的平台作用，加强全市各级、各类创业创新载体的交流合作，强化市区创业创新载体对周边区(市)的辐射带动作用,引导市区的载体服务运营机构向胶州、平度、莱西发展,建立区(市)产业园区与创业创新载体的合作沟通机制,推动形成区域内部协同的创业创新载体发展格局。

3. 引导创业创新载体跨区域合作

从建立山东半岛区域的创业创新载体合作交流机制入手,逐步扩大合作交流地域范围,提升合作层次。探索通过产业招商、股份合作、飞地自建、联合共建等方式,开展创业创新载体的跨区域战略合作,促进资金、技术、人才等创新要素的跨区域流动。建立跨区域联动的创业导师网络,实现创业导师云服务,提升创业导师队伍整体水平。

4. 深化创业创新国际合作

坚持"引进来"与"走出去"相结合,深化与美国、德国、俄罗斯、以色列、日本、韩国等国家及国际友好城市的合作关系,通过建设国际创客实验室、引进国际知名孵化机构、链接国际创业创新资源,共同设立风险基金、共建合作创新园、定期组织交流活动等方式,建立长久性国际合作机制,加快跨国技术转移,孵化国际前沿科技成果。

六、完善品牌活动,营造"双创"氛围

1. 丰富各类创业孵化品牌活动

在市级层面整合资源,打造创业创新大赛品牌,举办"市长杯"创新大赛、千帆创业大赛、蓝贝培育企业计划、大学生创业精英计划、创业训练营等各类创业活动,承办中国创新创业大赛、全国大学生创业大赛等全国性创业活动。鼓励各区(市)结合地方产业优势和发展需求举办创新创业大赛。联合深圳证券交易所、上海证券交易所、齐鲁股权交易中心等,围绕中小企业创业创新、培育孵化和挂牌上市开展创业创新项目路演服务。

2. 大力传播创业文化

举办千帆创业节,设立创客产品大集、创业人才市集、创业运动会等创业交流活动,营造浓厚的创业氛围。加强对优秀创业创新载体的宣传,推出一批创业形象大使和创业者偶像,推广创业成功者的先进经验和模式,激发全社会创新动力和创业激情,打造优良的创业创新生态环境。

3. 营造创业创新文化环境

倡导鼓励创新、宽容失败、敢为人先、脚踏实地的城市理念,努力营造全社会崇尚创新的浓厚氛围,大力弘扬新时期工匠精神。研究制定创业风险援助资金及失业保险金等政策,探索建立鼓励创新、宽容失败的考核机制。

七、加强组织领导，强化绩效考核

1. 加强组织领导

加强顶层设计和统筹协调，建立"双创"工作议事协调机制，定期召开创业创新载体建设工作联席会议。做好目标任务分解，各区(市)要明确责任分工，结合本地实际，加大资金投入，加强协调配合，优化办事流程，提高服务保障力度，确保任务完成。

2. 动态监测评估

研究制定符合不同创业创新载体发展规律的运营监测指标体系，完善统计与评价方法，扎实做好对各类创业创新载体的统计监测工作，为未来创业创新载体发展提供数据支撑。充分运用创业创新载体统计监测系统，定期开展载体的运营评价。根据评价结果，设立退出机制，对创业创新载体及运营机构进行动态管理。

3. 突出云平台的桥梁作用

充分发挥青岛市中小企业云平台的桥梁纽带作用，聚焦资本、技术、市场等"双创"关键点，市级枢纽平台做精做好政策速递、一周一策等普惠性服务，做深做细做准技术志愿者服务、创新能力义诊等个性化服务。以青岛市中小企业云平台为枢纽，重点打造 N 个贴近企业"双创"需求、具备"双创"运营特点(专业化、便利化、低成本、开放型)的平台。

第六章
青岛市"市长杯"中小企业创新大赛创新力报告

举办创新创业大赛是激发公众创业热情、推动小微企业创新发展的重要手段。青岛市自2015年起每年举办"市长杯"小微企业创新大赛。回顾大赛发展历程，分析大赛成效，把握大赛发展趋势，对未来更好地推动大赛上层次、上水平，促进大赛更好地服务于区域创新创业，为区域经济高质量发展提供更有力的支撑，具有十分积极的意义。

第一节 青岛市"市长杯"中小企业创新大赛的背景和发展历程

一、大赛背景

2015年，青岛市委、市政府明确提出打造"创新之城、创业之都、创客之岛"城市发展战略。2015年6月，青岛市人民政府办公厅印发《关于进一步支持中小微企业发展的意见》（青政发〔2015〕14号）（以下简称《意见》）。《意见》中明确提出：鼓励采取市场化机制定期举办"市长杯"创新创业大赛、"市长杯"工业设计大奖赛，积极引导小微企业和广大"创客"进入战略性新兴产业和服务业新业态领域。为积极引导小微企业向新技术、新产业、新业态、新模式转型发展，青岛市政府同意举办"市长杯"小微企业创新大赛，通过大赛搭建平台，激发创新、发现项目、扶持创业、聚集人才。

二、大赛发展历程

（一）大赛简介

2015年9月，首届"市长杯"小微企业创新大赛（以下简称"大赛"）开始举办,青岛市经济和信息化委员会(原)、大众报业集团作为指导单位,青岛市中小企业公共服务中心、半岛都市报、青岛天安数码城有限公司作为主办单位。大赛以"服务小微企业 成就三创梦想"为主题,主要面向初创型的小微企业,目的是发掘和培育一批优秀项目和优秀团队,催生新产品、新技术、新模式和新业态,推动小微企业转型升级和成长,为培育专精特新"小巨人"企业做好储备。

2016年,国家工业和信息化部决定举办"创客中国"创新创业大赛。于是,从第二届"市长杯"小微企业创新大赛开始,大赛同时作为"创客中国"青岛赛区选拔赛,大赛主办方变为工业和信息化部信息中心、青岛市经济和信息化委员会(原)和青岛华通国有资本运营(集团)有限责任公司。

2019年3月18日,青岛市在全国15个副省级城市中率先设立民营经济发展局,并将中小企业服务职能划转到青岛市民营经济发展局。作为大赛主办方的青岛市经济和信息化委员会(原)也变为青岛市民营经济发展局。同时,大赛更名为青岛市"市长杯"中小企业创新大赛。

五年来,大赛的主题围绕"产业 创新"这一核心要素逐渐深化,参赛项目逐渐增多。报名参赛项目从2015年的51个增加到2020年的504个。六届大赛累计有1916个项目报名参加大赛。表6-1所示为历届大赛的主题。

表6-1 历届大赛的主题

年份	大赛主题
2015	服务小微企业 成就三创梦想
2016	围绕产业链、打造创新链
2017	围绕产业链、打造创新链,培育四新发展新动能
2018	围绕产业链、打造创新链,助推新旧动能转换
2019	围绕产业链、打造创新链,融通资金链
2020	培育新经济,构建新生态

资料来源:笔者整理。

(二)大赛组织

随着大赛的持续举办,大赛组织机构基本稳定,组织结构日趋完善。目前,大赛组织机构由指导单位、主办单位、承办单位和协办单位构成。第六届大赛由工业和信息化部、财政部、青岛市人民政府指导,青岛市民营经济发展局、青岛市财政局主办,青岛市中小企业公共服务中心、各区(市)民营经济(中小企业)主管部门承办。大赛组织结构采取主办单位领导下的大赛主委会负责制,大赛组委会下设会务组、秘书处、宣传组、评审专家组等机构,结构如图 6-1 所示。

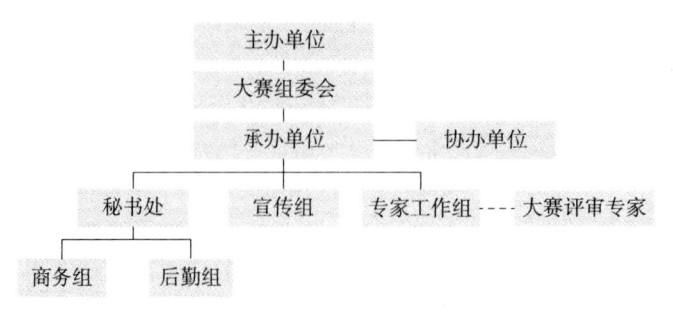

图 6-1　大赛组织结构

(三) 大赛机制

大赛主要分为赛前、赛中、赛后三个阶段。赛前阶段主要是宣传辅导，前期根据大赛组委会统一安排，通过线上线下媒体对大赛进行宣传，并对拟报名企业进行赛前辅导，辅导主要包括市场分析、技术创新要素提炼、商业计划书撰写、路演指导等内容。赛中阶段主要分初赛、复赛、决赛三个环节，大赛组委会确定统一的评分标准和规则。大赛中项目路演采用 PPT 或者 VCR 等形式进行，时间一般在 10 分钟以内，评委打分点评时间一般在 4 分钟以内。初赛、复赛路演设 5 名评委，决赛路演设 7 名评委，参赛项目得分和名次均现场统计公布。大赛设置优秀项目奖、优秀组织奖，其中优秀项目奖主要包括企业组、创业团队组、市长特别关注奖三个组别。赛后阶段主要是参赛项目跟踪培育服务。大赛组委会会结合项目特点、企业需求积极对接资源，为企业提供投融资、技术研发、市场开拓、管理咨询、员工培训等后续服务。

三、大赛的特点

1. 政府搭台

政府举办创新创业大赛的主要目的是激发公众创新创业热情，为小微企业创新创业搭建交流展示、产融对接、项目孵化的高层级平台。这一平台不仅是展示平台，即借助大赛搭建小微企业与全市主导产业的对接渠道，引导广泛的社会资源投入支持创新创业，以创新资源集聚推动传统产业转型升级，培育经济发展新动能，促进经济的高质量发展；同时也是协同创新平台，即借助大赛产业主管部门、国有投资机构、行业龙头企业、政策信息、研发、销售、管理、投融资、创新文化、创业孵化多方资源交汇，形成了大中小微企业协同创新发展平台。

2. 市场运作

大赛采取市场化的运作模式，从赛前准备到赛后资源对接，充分发挥市场在资源配置中的决定性作用。作为主办方的政府部门，在大赛中不直接参与项目的评价和筛选，而是将项目筛选、项目尽职调查、项目评价等工作完全交由大赛组委会在行业专家库中随机抽取的专家组成的评委组来完成。后续参赛项目投融资也完全按照市场化机制进行。

3. 资本对接

大赛重点关注初创期企业融资需求问题，主办单位选择了国企投融资公司，联合德勤中国、深交所、上交所和国内知名VC、PE资本投资以及金融中介服务机构，为项目企业提供更加高端、有效、务实的企业治理体系、股权融资、挂牌上市等服务，同时，大赛评委中创投、风投、基金等投融资机构的专家比重也逐年上升。

4. 创新指引

大赛组织立足于全市产业发展战略，着眼于"新产品、新技术、新模式、新业态"，培育发展"四新"经济，加快青岛市中小微企业新旧动能转换，实现产业智慧化、智慧产业化、跨界融合化、品牌高端化。这一思路贯穿了大赛始终。

5. 全链条服务

针对参赛单位均面临成立时间短、组织结构不健全、专业人员短缺的局面，大赛组委会与承办单位为项目提供了全过程、全方位的服务。前期帮助参赛项目提供市场分析、商业计划书撰写、路演指导等赛前辅导；中期协助企业完善项目商业计划书，了解企业需求；后期协助技术引进与转化、技术团队与资本对接、技术项目与园区及大企业的对接，实现项目落地成长。

第二节 青岛市"市长杯"中小企业创新大赛参赛项目分析

一、历年参赛的总体情况

截至2020年，累计有1916个项目报名参加大赛，1300多个项目获得创客中国平台背书，数量位居全国各省、自治区、直辖市、计划单列市前列。其中，2015年参赛项目为51个，实际参加51个；2016年参赛项目为285个，实际参加285个；2017年参赛项目为390个，实际参加364个；2018年参赛项目为303个，实际参加303个；2019年参赛项目为383个，实际参加350个；2020年参赛项目为504个，实际参加504个（见表6-2）。

表6-2 青岛市"市长杯"中小企业创新大赛项目参赛情况　　　单位：项

年份	报名	实际参赛	企业组	创业团队组
2015	51	51	51	0
2016	285	285	222	63
2017	390	364	364	0
2018	303	303	303	0
2019	383	350	350	0
2020	504	504	394	110
合计	1916	1857	1684	173

资料来源：青岛市中小企业公共服务中心。

二、参赛项目的区（市）分布情况

从区（市）分布来看，六届参赛项目排前三位的区（市）分别是高新区、黄岛区、胶州市。其中，高新区参赛项目总数为287项，占全部参赛项目总数的14.98%；黄岛区参赛项目总数为253项，占全部参赛项目总数的13.20%；胶州市参赛项目总数为199项，占全部参赛项目总数的10.39%（见表6-3和图6-2）。这与区（市）的产业定位和制造业基础密切相关。高新区是青岛市高新技术产业发展的重要集聚区，黄岛区和胶州市是青岛市制造业集聚度最高，也是制造业基础最好的两个区（市）。从2016~2020年的参赛情况来看，增速最快的是市北区、李沧区和即墨区（见图6-3）。

表6-3 青岛市"市长杯"中小企业创新大赛分区（市）参赛情况

年份	城阳区	高新区	黄岛区	即墨区	胶州市	莱西市	崂山区	李沧区	平度市	市北区	市南区	其他
2015	6	5	3	3	5	1	11	6	1	3	2	5
2016	30	65	19	19	20	15	34	17	14	16	32	4
2017	33	68	89	12	56	17	30	21	15	26	23	0
2018	19	57	68	16	34	13	21	21	15	23	15	1
2019	36	34	32	56	58	28	36	22	22	32	27	0

续表

年份	城阳区	高新区	黄岛区	即墨区	胶州市	莱西市	崂山区	李沧区	平度市	市北区	市南区	其他
2020	21	58	42	51	26	23	46	52	22	50	52	61*
合计	146	287	253	157	199	97	177	139	89	150	151	71

注：*为大赛合作单位组织的创客组项目。
资料来源：青岛市中小企业公共服务中心。

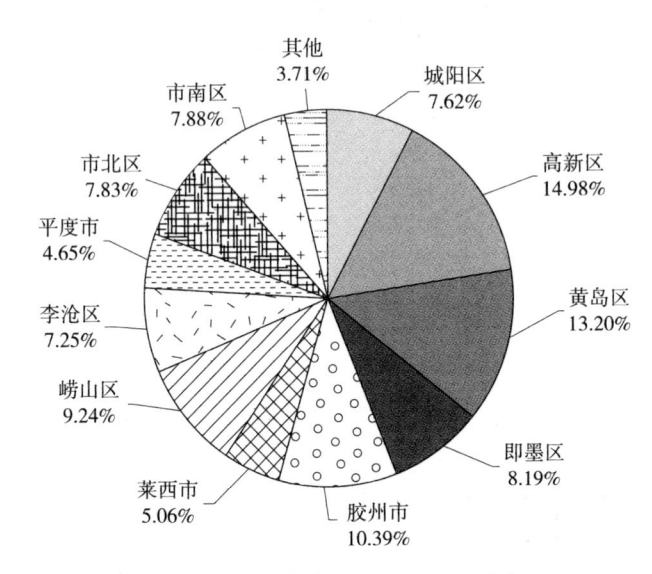

图 6-2 六届大赛项目的区（市）分布

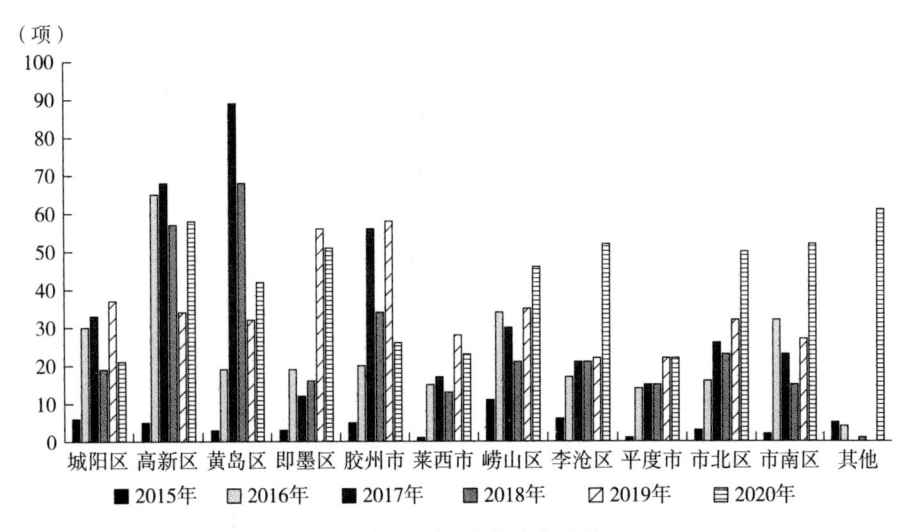

图 6-3 各区（市）分年度参赛情况

青岛市 民营经济和中小企业发展蓝皮书

2015年参赛项目排前三位的区(市)分别是崂山区、城阳区和李沧区。其中，崂山区参赛项目总数为11项，占当年参赛总数的21.57%；城阳区和李沧区参赛项目均为6项，各占全部参赛项目总数的11.76%(见图6-4)。

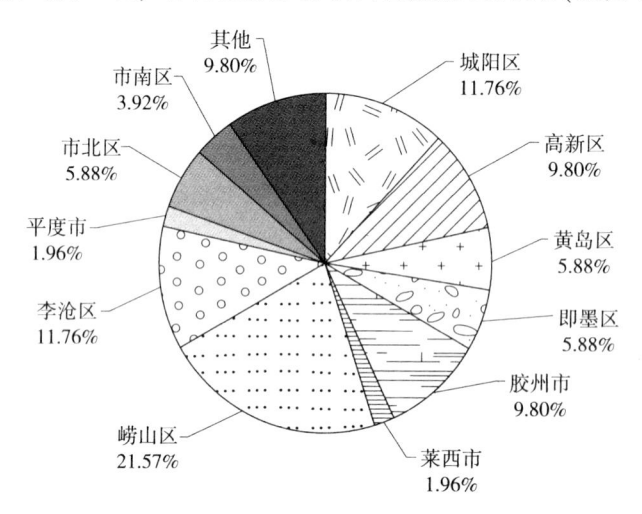

图6-4 2015年参赛项目的区(市)分布

2016年参赛项目排前三位的区(市)分别是高新区、崂山区和市南区。其中，高新区参赛项目总数为65项，占当年参赛总数的22.81%；崂山区参赛项目为34项，占全部参赛项目总数的11.93%；市南区参赛项目为32项，占全部参赛项目总数的11.23%(见图6-5)。

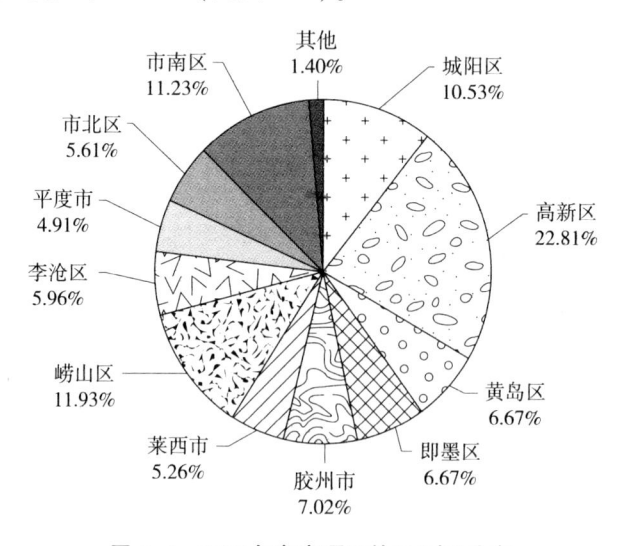

图6-5 2016年参赛项目的区(市)分布

· 190 ·

第六章 · 青岛市"市长杯"中小企业创新大赛创新力报告

2017年参赛项目排前三位的区(市)分别是黄岛区(西海岸新区)、高新区和胶州市。其中，黄岛区(西海岸新区)参赛项目为89项，占全部参赛项目总数的22.82%；高新区参赛项目总数为68项，占当年参赛总数的17.44%；胶州市参赛项目为56项，占全部参赛项目总数的14.36%(见图6-6)。

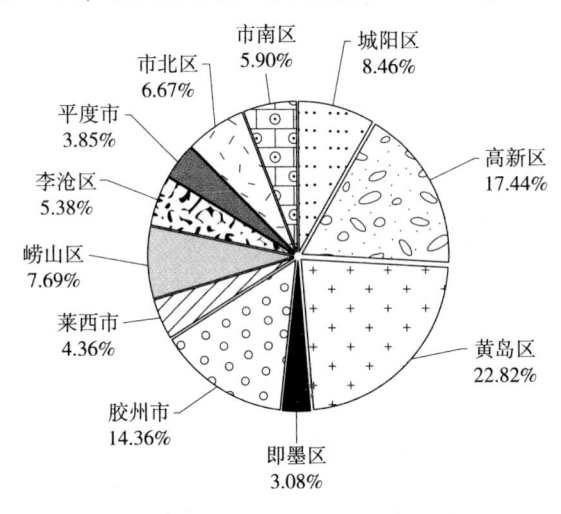

图 6-6　2017年参赛项目的区(市)分布

2018年参赛项目排前三位的区(市)分别是黄岛区(西海岸新区)、高新区和胶州市。其中，黄岛区(西海岸新区)参赛项目为68项，占全部参赛项目总数的22.44%；高新区参赛项目总数为57项，占当年参赛总数的18.81%；胶州市参赛项目为34项，占全部参赛项目总数的11.22%(见图6-7)。

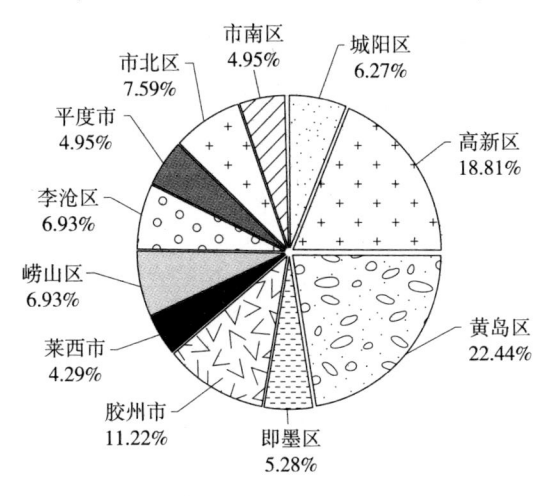

图 6-7　2018年参赛项目的区(市)分布

2019年参赛项目排前三位的区(市)分别是胶州市、即墨区和城阳区。其中,胶州市参赛项目总数为58项,占当年参赛总数的15.14%;即墨区参赛项目为56项,占全部参赛项目总数的14.62%;城阳区参赛项目为37项,占全部参赛项目总数的9.66%(见图6-8)。

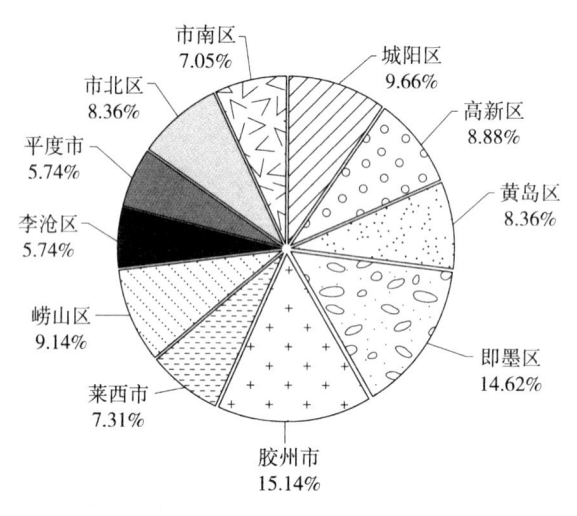

图6-8　2019年参赛项目的区(市)分布

2020年参赛项目排前三位的区(市)分别是高新区、李沧区和市南区。其中,高新区参赛项目总数为58项,占当年参赛总数的11.51%;李沧区和市南区参赛项目均为52项,各占全部参赛项目总数的10.32%(见图6-9)。

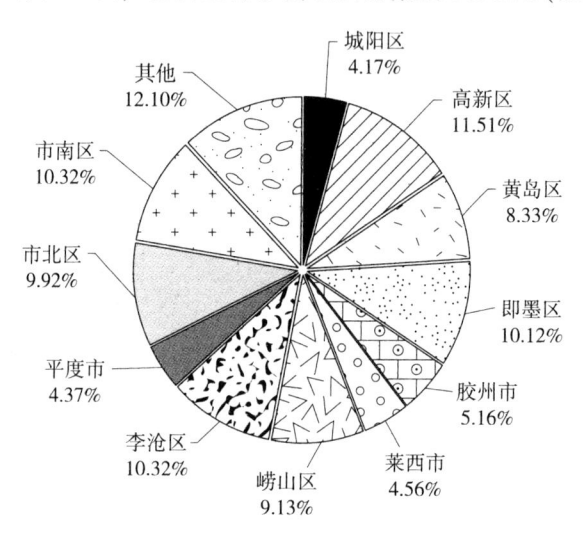

图6-9　2020年参赛项目的区(市)分布

三、参赛项目的行业分布情况

从产业领域来看,参赛项目主要集中于战略性新兴产业和服务业新业态,传统产业占比很小,而且呈下降趋势。

前五届大赛的1412个参赛项目中,无论是从总数量上看,还是分年度数量来看,排前三位的产业分别是服务业新业态、高端装备产业和新一代信息技术产业。从总量上看,前五届服务业新业态项目总数为359项,占全部参赛项目总数的25.42%,这里的服务业新业态主要包括远程教育、智慧社区、现代金融、新零售等新的服务模式;高端装备产业参赛项目总数为340项,占全部参赛项目总数的24.08%;新一代信息技术产业参赛项目总数为272项,占全部参赛项目总数的19.26%(见表6-4和图6-10)。这与青岛市"新产业"稳步发展,"新业态""新模式"显现活力的趋势相吻合。

表6-4　2015~2019年参赛项目产业分布　　　　单位:项

产业＼年份	2015	2016	2017	2018	2019
服务业新业态	17	86	115	83	58
高端装备产业	11	48	105	67	109
节能环保产业	2	14	9	3	3
传统产业	4	27	21	21	25
生物医药产业	5	20	26	22	44
新材料产业	1	30	28	28	40
新一代信息技术产业	11	48	77	60	76
新能源产业	0	12	9	19	28
合计	51	285	390	303	383

资料来源:青岛市中小企业公共服务中心。

2015年高端装备、新一代信息技术、生物医药等新兴产业项目数有30个,占当年参赛项目总数的58.82%;服务业新业态项目有17个,占当年参赛项目总数的33.33%;而传统产业项目仅有4个,占当年参赛项目总数的7.84%(见图6-11)。

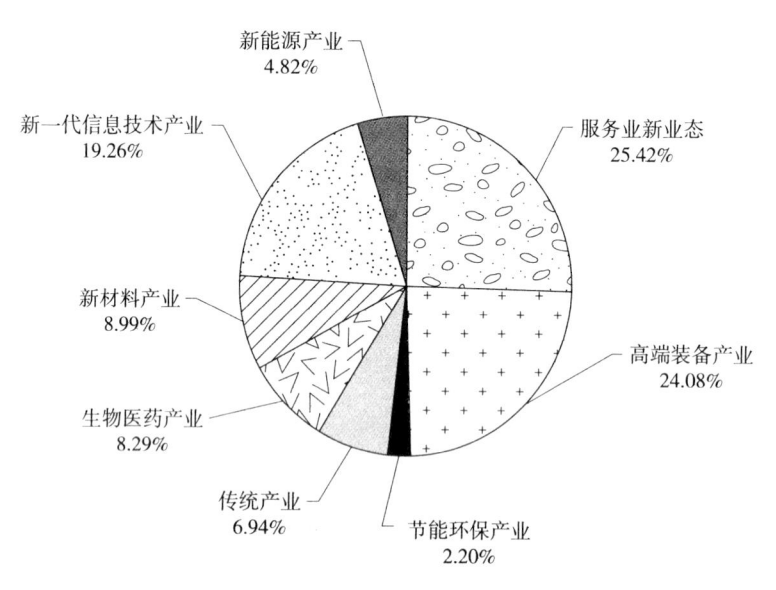

图 6-10 前五届大赛中参赛项目的产业分布

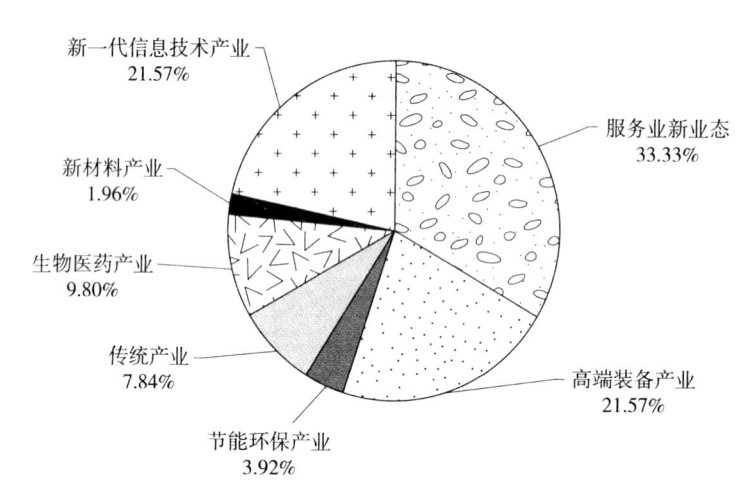

图 6-11 2015 年参赛项目产业分布

2016 年高端装备、新一代信息技术、生物医药等新兴产业项目数有 172 个，占当年参赛项目总数的 60.35%；服务业新业态项目有 86 个，占当年参赛项目总数的 30.18%；而传统产业项目有 27 个，占当年参赛项目总数的 9.47%（见图 6-12）。

2017 年高端装备、新一代信息技术、生物医药等新兴产业项目数有 254 个，占参赛项目总数的 65.13%；服务业新业态项目有 115 个，占参赛项目总数的29.49%；而传统产业项目有21个，占参赛项目总数的5.38%（图6-13）。

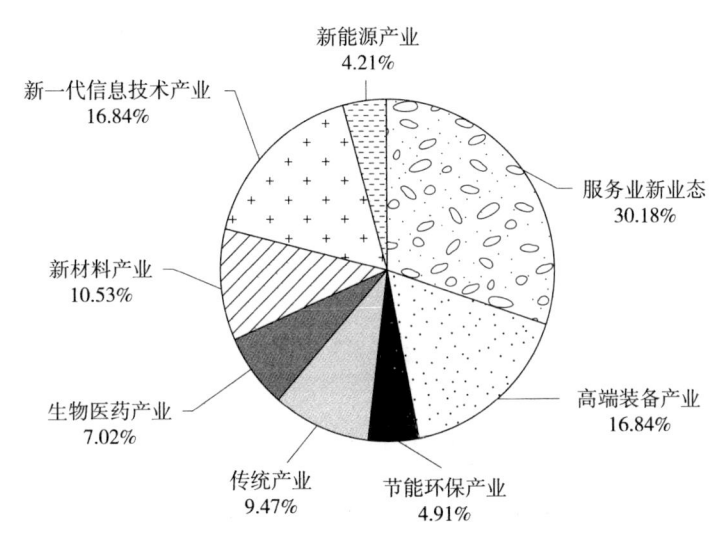

图6-12　2016年参赛项目产业分布

- 新能源产业 4.21%
- 新一代信息技术产业 16.84%
- 新材料产业 10.53%
- 生物医药产业 7.02%
- 传统产业 9.47%
- 节能环保产业 4.91%
- 高端装备产业 16.84%
- 服务业新业态 30.18%

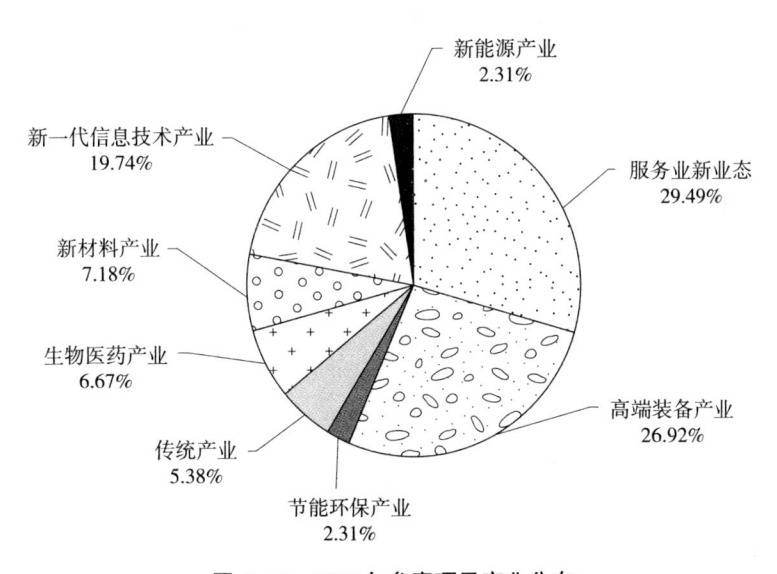

图6-13　2017年参赛项目产业分布

- 新能源产业 2.31%
- 新一代信息技术产业 19.74%
- 新材料产业 7.18%
- 生物医药产业 6.67%
- 传统产业 5.38%
- 节能环保产业 2.31%
- 高端装备产业 26.92%
- 服务业新业态 29.49%

2018年高端装备、新一代信息技术、生物医药等新兴产业项目数有199个，占参赛项目总数的65.68%；服务业新业态项目有83个，占参赛项目总数的27.39%；而传统产业项目有21个，占参赛项目总数的6.93%（见图6-14）。

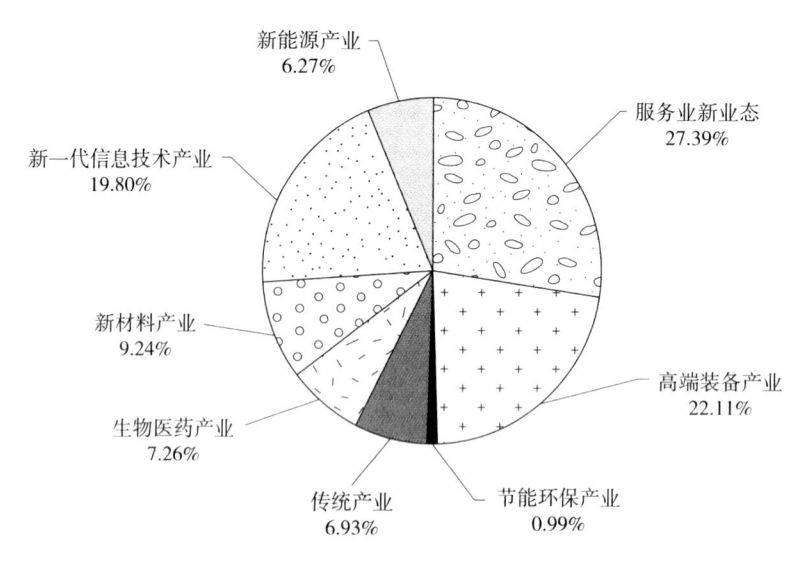

图 6-14 2018 年参赛项目产业分布

2019年高端装备、新一代信息技术、生物医药等新兴产业项目数有300个,占参赛项目总数的78.33%;服务业新业态项目有58个,占参赛项目总数的15.14%;而传统产业项目有25个,占参赛项目总数的6.53%(见图6-15)。

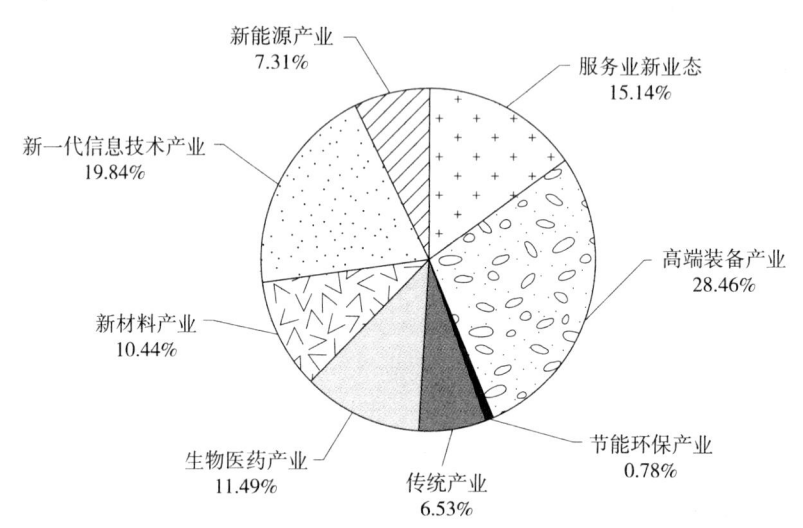

图 6-15 2019 年参赛项目产业分布

四、参赛项目获奖情况

2015~2019年，累计有218个项目获得市级及以上奖项。2015年大赛评出获奖项目16个。2016年大赛评出获奖项目88个。其中，三个项目参加了工信部"创客中国"创新大赛决赛展示并获得山东省唯一的优胜奖、两个项目获邀参加第三届世界互联网大会"创客中国"优秀项目对接会。2017年大赛评出获奖项目78个。其中有19个入围2017"创客中国"创新创业大赛200强。在2017"创客中国"创新创业大赛两个专题赛上，青岛市选派企业分获一、二、三等奖。2018年大赛评出获奖项目15个。在2018"创客中国"创新创业大赛决赛上，青岛康立泰药业有限公司的"国家一类抗肿瘤生物新药KLT-1101的开发"项目荣获本届大赛企业组唯一的一等奖；青岛爱尔家佳新材料有限公司的"一种军民两用特种防护材料"项目荣获大赛三等奖，实现了青岛市在"创客中国"总决赛上一、二、三等奖项零的突破。2019年大赛评出获奖项目16个。同时，青岛市向2019"创客中国"大赛组委会推荐16个优秀创新项目，最终有15个项目入围2019"创客中国"全国500强，7个项目晋级全国200强，两个项目晋级总决赛24强并分获二等奖和三等奖。"纳米纤维产业化应用"项目获2019年"创客中国"中小企业创新创业大赛总决赛创客组二等奖（见表6-5）。

表6-5　青岛市"市长杯"中小企业创新大赛获奖情况

奖项 \ 年份	2015	2016	2017	2018	2019
金奖	1	2	1	1	1
银奖	3	4	1	2	2
铜奖	3	5	3	3	3
优胜奖	—	23	10	9	10
优秀奖	6	54	63	—	—
市长特别关注奖	3	—	—	—	—
国奖	—	1	19	8	7

资料来源：笔者整理。

从区（市）分布来看，五年来，获得大赛奖项最多的是高新区，共计37个参赛项目；其次是黄岛区(西海岸新区)，共计 26 个参赛项目；并列排在第三位的是市南区和城阳区，均为 23 个参赛项目(见图 6-16)。

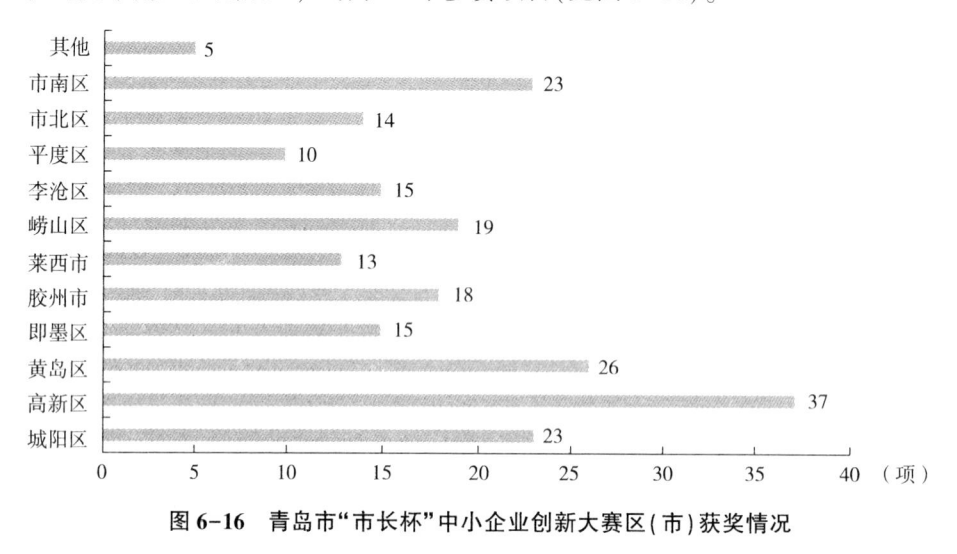

区域	项数
其他	5
市南区	23
市北区	14
平度区	10
李沧区	15
崂山区	19
莱西市	13
胶州市	18
即墨区	15
黄岛区	26
高新区	37
城阳区	23

图 6-16 青岛市"市长杯"中小企业创新大赛区(市)获奖情况

第三节 青岛市"市长杯"中小企业创新大赛效果分析

一、推动企业快速成长

青岛市"市长杯"中小企业创新大赛由青岛市政府批准发起，政府的背书提升了大赛的公信力。通过参加大赛，参赛单位不仅获得了企业、项目、产品的知名度，而且凭借大赛的政府背书获得了更多的市场资源，特别是受到投资机构的青睐，降低了融资成本，大多数企业的经济效益和市场竞争力均有了明显的提升。

2018 年，青岛市中小企业公共服务中心抽取了 79 家 2017 年的参赛企业进行调查。结果显示：参赛后，第二年收入实现明显增长的企业有 53 家，占被调查企业总数的 67.08%，其中高端装备产业、新一代信息技术产业的企业最多(见图 6-17)。此外，79 家企业中有 19 家企业获得外部机构直接投资，金额累计达 3.582 亿元。

2020 年，青岛市中小企业公共服务中心抽取了 31 家 2017~2019 年的获奖

第六章·青岛市"市长杯"中小企业创新大赛创新力报告

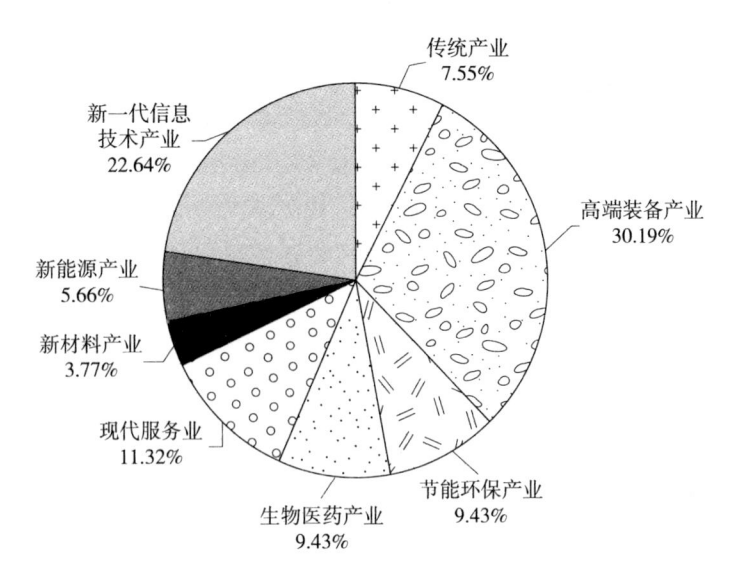

图 6-17 被调查企业中收入增长的企业所属产业分布

传统产业 7.55%
新一代信息技术产业 22.64%
高端装备产业 30.19%
新能源产业 5.66%
新材料产业 3.77%
现代服务业 11.32%
生物医药产业 9.43%
节能环保产业 9.43%

企业进行调查。结果显示，大赛后参赛企业获得的投融资、知识产权数量、营业收入、市场份额等指标较参赛前均有了明显提升。31家企业中，有10个项目累计获得2.47亿元的投资，较赛前增长了47.48%；企业知识产权数量从284件增加到345件，增加了61件，增长了17.68%；企业营业收入从3.78亿元增长到9.02亿元，增加了5.24亿元，增长了58.08%；22个项目产品的市场份额提升，占被调查企业数量的70.97%（见表6-6）。如获奖项目"石墨烯导静电轮胎"顺利通过了科技成果鉴定，产品达到国际先进水平，市场开拓取得成效；获奖项目"基于人工智能的精准数字化手术系统"已进入各地多家医院临床，销售额比赛前翻了三番；获奖项目"多链路弱网聚合图传技术"多次参加"创客中国"平台的国家级赛事和展览展示活动，产品已销售到全国30多个省份的200多家传媒机构；获奖项目"工业设计智力共享平台"赛后市场推广取得突破，截至2019年底，平台入驻企业突破500家，订单突破1000项，年交易额达1000万元。

表 6-6　2017~2019 年 31 家获奖企业发展情况调查

项目投融资情况		项目知识产权数量		项目营业收入	
赛前	赛后	赛前	赛后	赛前	赛后
12987 万元	24726.67 万元	284 件	345 件	37827.91 万元	90240.65 万元
增长率(%)	47.48	增长率(%)	17.68	增长率(%)	58.08

> **【专栏6-1】康立泰药业有限公司"国家一类抗肿瘤生物新药KLT-1101的开发"项目**
>
> 康立泰药业"国家一类抗肿瘤生物新药KLT-1101"是拥有自主知识产权的真正意义上的国家一类新药,也是首个发现能够促进全面恢复造血功能的药物,新药的关键技术及产品质量达到国际先进水平。该项目荣获2018年"创客中国"创新创业大赛全国总决赛企业组一等奖。
>
> 该项目2016年获得Pre-A轮融4000万元,2018年2月获得A轮融1亿元,2019年进行了B轮融资。
>
> 目前,产品已获得临床试验批件,正在开展Ⅰ期临床试验,产业化在实施建设中。
>
> 资料来源:笔者根据政府提供的调研资料整理加工而成。

对2017~2019年参赛的55个培育项目的跟踪调查显示,项目所属企业2019年营业收入达到15.61亿元,利润达到2.27亿元;而项目产品收入达到8.48亿元,利润达到1.46亿元,占企业营业收入和利润的比例分别为54.33%和64.12%;项目产品利润率为17.20%,高出企业利润率2.62个百分点(见图6-18)。这充分显示了项目产品具有较高的利润率和较强的市场竞争力。

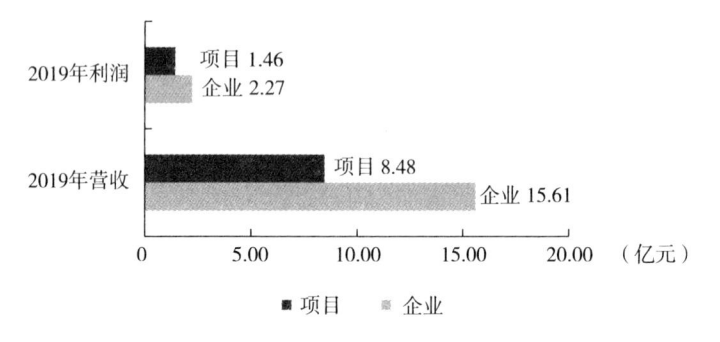

图6-18 2019年培育项目经济效益

调查中还进一步明确了参赛企业未来发展需求,排名前五位的是资源对接需求、投融资需求、政策扶持需求、落地孵化需求、经营管理能力提升培训需求(见图6-19)。

二、助力新旧动能转换

大赛办赛初衷之一就是围绕青岛市产业发展定位,打造创新链,围绕新

第六章 · 青岛市"市长杯"中小企业创新大赛创新力报告

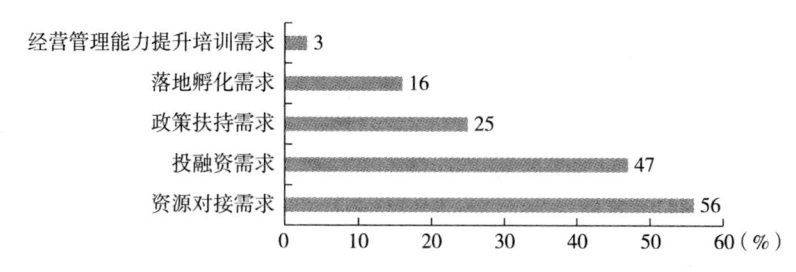

需求类型	百分比
经营管理能力提升培训需求	3
落地孵化需求	16
政策扶持需求	25
投融资需求	47
资源对接需求	56

图6-19 参赛企业未来发展需求前五

技术、新产业、新业态、新模式,培育发展新动能。报名参赛项目主要围绕战略性新兴产业和服务业新业态。五年来,其比重也呈现上升趋势。

通过组织赛前辅导、路演选拔、赛后服务,一批有潜力的中小微企业获得了快速成长,迸发出了勃勃生机,成为青岛市新动能培育中一支不可忽视的力量。

五年来,参赛企业中有95家企业成为专精特新企业。其中,2015年获奖企业有4家成为专精特新企业,2016年获奖企业有11家成为专精特新企业,2017年获奖企业有24家成为专精特新企业,2018年获奖企业有27家成为专精特新企业,2019年获奖企业有29家成为专精特新企业(见图6-20)。成长为专精特新企业的数量呈逐年上升趋势。其中,参赛企业中的青岛海纳光电环保有限公司于2020年被推荐为国家专精特新"小巨人"企业。

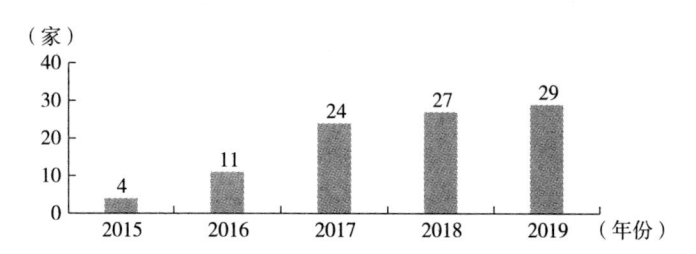

年份	家数
2015	4
2016	11
2017	24
2018	27
2019	29

图6-20 大赛获奖企业成长为专精特新企业数量

赛后,经过几年的发展,参赛企业中有8家成为青岛市制造业隐形冠军企业(见表6-7),有2家企业(青岛日日顺乐信云科技有限公司、青岛云路先进材料技术股份有限公司)被山东省工信厅认定为"瞪羚企业"。

表6-7 参赛企业成长为隐形冠军情况

企业名称	参赛项目	参赛年份
青岛海佳机械有限公司	新型高速高密喷水织机	2017年第三届
青岛新诺科铸造材料科技有限公司	精密铸造中温蜡研发制造项目	2016年第二届

续表

企业名称	参赛项目	参赛年份
青岛点石文具用品有限公司	指间の温柔、安全夹、易手控系列产品	2019 年第五届
青岛海纳光电环保有限公司	超低浓度紫外差分烟气分析仪研发与产业化	2018 年第四届
青岛爱尔家佳新材料股份有限公司	聚脲防水防腐材料	2015 年第一届
青岛岩康塑料机械有限公司	大型多层中空塑料吹塑机	2015 年第一届
青岛洪珠农业机械有限公司	马铃薯机械	2019 年第五届
青岛艾迪森科技股份有限公司	轨道交通专用 UPS	2017 年第三届

资料来源：笔者整理。

三、营造创新创业氛围

大赛不仅是发现项目，初创型企业展示、融资和合作的平台，还是传播创新文化、普及创新创业知识的交流和服务平台。大赛整合了传统媒体、网络媒体、微博微信头条等新媒体资源，构建了全方位、立体化、多层次、线上与线下相结合的宣传体系。据不完全统计，各类传统媒体和网络媒体对整个赛事进行了累计超过 1500 次宣传报道。网络搜索量连年增加，以"201×年青岛市'市长杯'创新大赛"作为关键词进行搜索，百度得到的相关搜索结果由 2015 年的 13.3 万条增加到 2019 年的 16.2 万条，增长了 21.80%。在宣传上，大赛不仅采用了传统的文字、图片、电视电台新闻报道，制作了专题宣传片，借助网络实现了线上线下的互动交流，还借助新媒体进行了现场直播。

【专栏 6-2】历年来参与大赛报道的各类媒体

- "创客中国"大赛数字展馆、"创客中国"国家创新创业公共服务平台、中国国际中小企业博览会、中国中小企业信息网、APEC 中小企业技术交流暨展览会
- 山东卫视、大众日报、半岛都市报、齐鲁晚报、大众网、半岛网
- 青岛电视台、青岛日报、青岛广播电台、青岛交通广播电台、青岛财经日报、青岛早报、青岛晚报、爱青岛
- 网易、搜狐、凤凰网、腾讯网、新浪网、今日头条
- 大赛官网、青岛创客、青岛市中小企业云服务平台

资料来源：笔者根据政府提供的调研资料整理加工而成。

除宣传展示外，企业还可以通过大赛获得国家配套奖励、投融资对接、落地入驻园区、成果转化技术服务、参加特色训练营等活动、入围青岛市民营与中小企业综合培育服务名单、享受专业的技术转移、项目孵化、知识产权评估和交易等服务。

大赛传播了创新文化，为青岛市营造了创新创业氛围，还帮助参赛企业进行了有力的宣传。"市长杯"创新大赛也成为青岛市十大"双创"服务品牌之一。

四、吸引培养创新人才

好的大赛，不仅可以发现好的项目，还能吸引优秀人才，培养创新创业人才。按照大赛机制，每次大赛前，秘书处均会统一选聘经验丰富的专家评委，开展赛前辅导培训，与选手面对面交流答疑，指导选手制作参赛项目PPT。通过辅导和交流，不仅向创业者普及了创新创业知识，而且帮助参赛选手增强了信心，掌握了路演技巧。同时，赛中赛后的对接活动，帮助参赛者学会了如何发现企业需求，实现与资本对接。

大赛整合主管部门、产业龙头、投融资机构、专业服务机构等多方资源，搭建起了大中小微企业协同创新发展平台，促进大赛影响面的扩大，有力地推动了创新生态培育，促进了城市的可持续发展。大赛对人才的吸引力越来越强，不仅更加关注小微企业和"草根创新"伙伴，使"市长杯"中小企业创新大赛更接地气，而且还吸引了高层次人才参与。2019年第一次有院士主导或参与的创新项目报名参赛，提升了大赛项目质量层级。此外，创新大赛的举办推动了岛城高校创新创业教育的开展，驻青高校主动在增加相关创新创业课程的同时，积极对接大赛，组织高年级大学生参加路演，感受创新创业氛围。

第四节　青岛市"市长杯"中小企业创新大赛未来展望

一、聚焦未来产业领域

当今世界正经历百年未有之大变局，新冠疫情的出现使未来大变局更加具有不确定性。在这种不确定性中，洞察先机、把握未来显得尤为重要。举办大赛的初衷是围绕青岛市产业发展定位，着眼于城市发展未来，聚焦战略性新兴产业。今后，大赛会在完善大赛项目库，总结推广高成长项目经验，为后续项目培育树立标杆的基础上，将眼光放得更长远，主动迎接未来，将重心聚焦于集成电路、氢能、新材料、影视文化、现代金融、生命科学、海洋科技、超高清视频、机器人等青岛市的未来产业，扎根于青岛市创新创业优质资源，发现新技术，培育新业态，孕育新模式，打造新产业，进一步提升大赛影响力和含金量，为青岛市产业集群竞争力提升和"双招双引"出成果提供有力支撑。

二、精准对接企业需求

随着创新创业氛围的日益浓厚，会有越来越多的企业加入到大赛之中，同时企业对创新创业服务的需求越发多元化。关注不同成长阶段项目需求，实施全生命周期服务，助力企业成长是大赛组织者的重要使命。结合参赛企业不同成长阶段，针对不同企业的成长需求，按照"比赛期间选项目，休赛之季育项目"的宗旨，沿"专精特新'小巨人'企业—制造业单项冠军—隐形冠军"及"潜在瞪羚—瞪羚—种子独角兽—潜在独角兽—独角兽"成长轨迹，提供全流程、全方位、精准化、个性化的服务，按照"小微企业创业创新示范基地（孵化器）—小企业园—产业园区"孵化培育链条，为企业提供覆盖全生命周期发展的创业载体，将更加有助于企业的成长。

三、协同推进区域合作

《山东省人民政府关于加快胶东经济圈一体化发展的指导意见》明确了青岛都市圈构成主体和胶东五市实现一体化发展的路线图。青岛市在胶东经济圈一体化中的龙头地位也决定和必然要求其在创新创业中扮演相应的角色。未来，大赛将以"一体化"的视角，以大赛为平台，深化青岛、烟台、潍坊、威海、日照五市创新创业的交流与合作，打通要素流通渠道，推进胶东五市创新创业要素资源的整合，促进创新链、创业链、产业链、供应链、人才链、服务链的深度融合，形成资源共享、优势互补、合作共赢的局面，进而提升胶东经济圈创新创业一体化发展的影响力。

四、关注创业生态建设

不断完善创新创业生态体系，是创新创业活动深入开展的必然要求。技术是创新的基础，人才是创新的核心，只有实现人才的流动和聚集，才能实现从项目孵化到产业孵化的跨越。面向海内外，依托青岛的产业基础、龙头企业、园区资源和大赛的品牌优势，进一步挖掘产业升级需求，吸引国内外优秀人才特别是国际优秀人才落户青岛，吸引国际优质创新项目落地成长将成为未来的发展趋势。按照"平台思维做乘法 生态思维创环境"的发展理念，大赛的平台功能将会更加开放和完善。丰富完备的赛事体系、细致有效的服务体系、靶向精准的政策体系、全面覆盖的载体体系将成为大赛赋能企业成长的重要支撑。

未来，随着国际创客团队的引入以及国际创新项目与青岛市企业、产业园区进行对接匹配和落地签约等比赛内容的增加，大赛的内容将会更加丰富，青岛市的创新创业生态将会更加充满活力，更加具有吸引力。

第七章
2021年青岛市科技企业孵化载体发展报告

参照科技部文件，科技企业孵化链条涵盖"众创空间—孵化器—加速器—科技（产业）园区"。本报告所称科技企业孵化载体包含众创空间和科技企业孵化器，是指以促进科技成果转化，培育科技企业和企业家精神为宗旨，提供物理空间、共享设施和专业化服务的科技创业服务机构运营的空间载体。

近年来，市科技局落实《国务院关于推动创新创业高质量发展打造"双创"升级版的意见》《山东省关于推动创新创业高质量发展打造"双创"升级版的实施意见》，根据《青岛市科技引领城建设攻势作战方案（2019—2022）》要求，实施了青岛市科技企业孵化器提升行动，孵化器呈现出"稳步提升、结构多元、存量优化、增量质优"的发展局面，为创新创业的高质量发展提供了有力的支撑。

第一节 青岛市科技企业孵化载体发展基本情况

一、发展历程

青岛市科技企业孵化载体发展大致经历了三个阶段。

2012~2016年为建设阶段。2012年，青岛市启动高端服务业"十个千万平米工程"，其中"千万平米"孵化器是其重要组成部分。同年，《青岛市孵化器发展规划纲要（2012—2016）》《青岛市激励创新创业加快科技企业孵化器建设与发展若干政策》等文件发布。至此，青岛市科技企业孵化器开始进入发展的"快车道"。这一阶段的任务主要是完成孵化器载体建设。至2017年，累计248个项目列入"千万平米"孵化器的建设工程。

2017~2019年为发展阶段。科技企业孵化器载体建设基本完成，孵化器发展重点进入企业孵化和招商引资。这一阶段国家级、市级孵化器数量快速增加。

2019年至今为调整提升阶段。《青岛市科技引领城建设攻势作战方案（2019—2022）》《青岛市科技企业孵化器提升行动实施方案（2019—2022）》等文件的发布标志着青岛市科技企业孵化器发展由强调数量阶段转为强调质量阶段。提质增效工作成为此阶段孵化器发展重点。

《青岛市科技企业孵化器提升行动实施方案（2019—2022）》实施后，青岛市引进华夏基石、春光里、创业黑马、中国科技开发院等优质孵化资源，围绕"产业孵化/加速器"、创投生态综合体、独角兽加速基地、"双创"服务和产业培育平台等功能定位差异化打造新型孵化载体，充实本地孵化力量，丰富孵化产业业态，完善孵化生态。

二、发展现状

截至2021年底，全市已认定各级孵化机构244家。其中，孵化器130家，众创空间114家，载体空间面积总计203.21万平方米。孵化器中包括国家级21家，省级2家，市级40家，区级67家，载体空间面积共174.15万平方米；众创空间114家（国家级69家，省级2家，市级6家，区级37家），载体空间面积共29.06万平方米。从区域分布来看，科技企业孵化器和众创空间实现全域覆盖。

孵化器中，国家认定21家、省级2家、市级40家、区（市）级67家，数量排前三位的是李沧区27家，高新区16家，崂山区15家（见图7-1）。

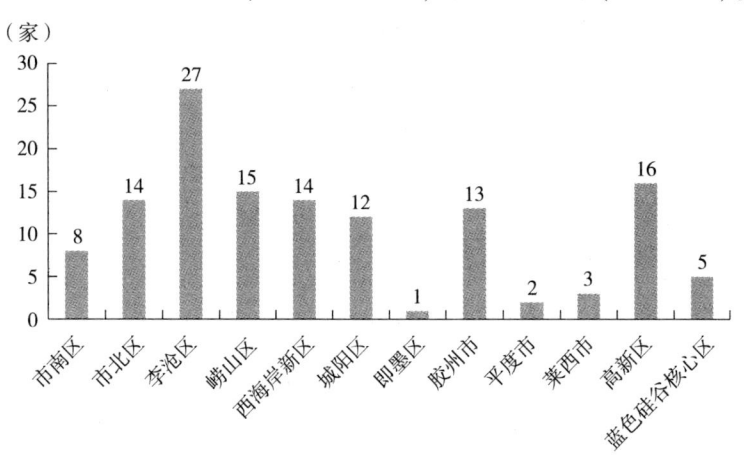

图7-1 青岛市各级科技企业孵化器区域分布

众创空间中，国家认定69家、省级2家、市级6家、区（市）级37家，数量排前三位的是崂山区26家，西海岸新区17家，高新区和李沧区同为15家（见图7-2）。

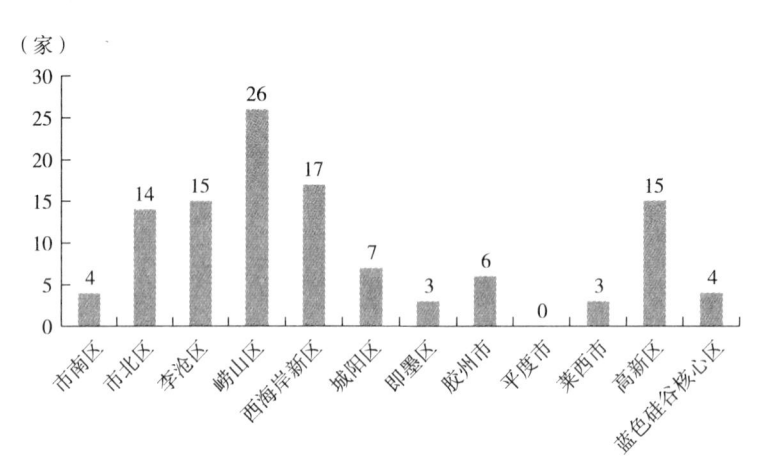

图7-2 青岛市各级众创空间区域分布

全市孵化器中综合型孵化器91家，占孵化器总数的70.0%，专业类孵化器39家，占孵化器总数的30.0%。专业型孵化器产业领域主要集中在电子信息、生物医药、新材料、节能环保等领域。其产业分布如图7-3所示。

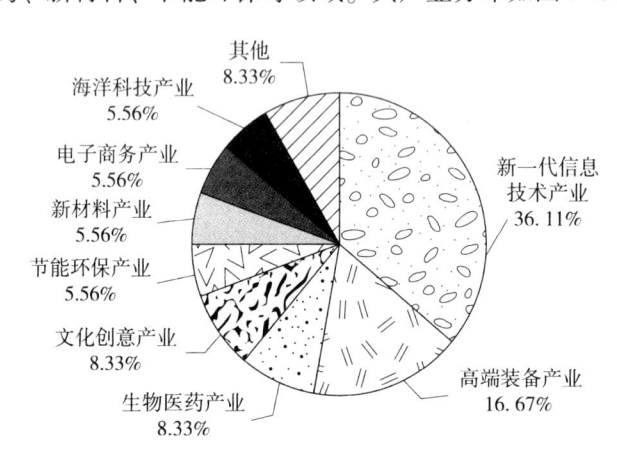

图7-3 青岛市专业孵化器产业领域分布

从专业孵化器发展定位的产业领域与青岛市重点发展产业的匹配度而言，专业孵化器涉及的产业领域全部属于青岛市"十四五"期间的重点发展产业，与《青岛市"十四五"科技创新规划》《青岛市"十四五"战略性新兴产业发展规划》中提出的新一代信息技术、高端装备、新能源、新材料、绿色环保、现代海洋、生物医药及医疗器械等产业领域相匹配。同时，专业孵化器涉及的产业领域也与所在区(市)的"十四五"规划重点产业具有很高的匹配度(见表7-1)。

表7-1　青岛市专业孵化器产业领域与区(市)重点产业匹配情况

区域	各区(市)"十四五"规划重点产业	专业孵化器产业领域	与区(市)重点产业匹配度
市南区	以总部经济、数字经济为牵引，现代金融、商贸商务、航运贸易、文化旅游等为重点的"2+4"特色产业体系	新一代信息技术、文化创意产业	匹配数字经济与文化旅游产业
市北区	涵盖新航运、新贸易、新金融、新一代信息技术等产业领域，包括供应链金融、医养健康、文化创意、新材料等17个产业	新一代信息技术、文化创意产业、新材料	匹配新一代信息技术、文化创意产业、新材料产业
李沧区	发展壮大智慧新能源交通、智能制造和智能建造、生物医药、数字经济等千亿级产业集群，重塑以院士创新和高技术研发为引领的先进制造业	高端装备、节能环保、新一代信息技术、生物医药	匹配智慧新能源交通、智能制造、生物医药和数字经济产业
崂山区	科学谋划发展楼宇经济、消费经济、数字经济、海洋经济，集聚发展现代金融产业、新一代信息技术产业、文化旅游产业、医药健康产业	新一代信息技术、生物医药	匹配新一代信息技术、医药健康产业
西海岸新区	以顶格发展先进制造业为支撑，以聚焦发展高端服务业为主导，以跨越发展战略性新兴产业为增长极，加快产业数字化，推进数字产业化。提升发展智能家电、化工及新材料、新能源、船舶海工、高端装备、海洋食品等产业	新一代信息技术、高端装备、海洋科技	匹配数字产业、高端装备、海洋食品产业
城阳区	构建以战略性新兴产业为核心、数字经济为引领、现代服务业为支撑的现代产业体系，涵盖高端装备制造、新一代信息技术、新能源新材料、生物医药及医疗器械制造	新材料、节能环保、智慧农业	匹配高端装备制造、新能源新材料产业
胶州市	重点发展新一代信息技术、高端装备制造、医药健康和现代金融服务四大战略性新兴产业，促进电力装备、家居家电、食品制造、服装服饰、现代物流和高效农业六大特色产业提质升级，延伸发展物流装备、跨境电商、国际贸易、供应链金融等相关产业	新一代信息技术、电子商务、智能家居	匹配高端装备制造、家居家电、跨境电商产业

续表

区域	各区(市)"十四五"规划重点产业	专业孵化器产业领域	与区(市)重点产业匹配度
高新区	聚焦新一代信息技术、医药医疗、人工智能+高端装备制造和现代服务业等领域	高端装备、生物医药、新一代信息技术	匹配新一代信息技术、医药医疗、人工智能+高端装备制造产业
蓝色硅谷核心区	围绕海洋信息、海洋技术装备、海洋生物医药主导产业	新一代信息技术、海洋科技	匹配海洋信息、海洋生物医药产业

资料来源：笔者整理。

从运营主体来看，全市孵化器运营主体国有企业28家、民营企业91家、事业单位8家、民非3家，企业化运作的孵化器占孵化器总数的92.6%。市场力量和社会资本已成为孵化器投资建设和创业服务主力军。

三、资源投入情况

据不完全统计，截至2021年，全市孵化器孵化基金总额达到31.17亿元，当年获得孵化基金投资的在孵企业有46家，在孵企业累计获得投融资总额24.61亿元，累计获得投融资的企业610家。

全市有关孵化器的财政补贴涉及八项支持，分别是孵化器创业项目资助、孵化器建设项目补助、孵化器种子基金管理费、孵化器房租补贴、国家级孵化器和众创空间认定补助、市级以上孵化器与众创空间专业技术服务平台建设补助、国家级孵化器和众创空间认定补助以及孵化器培育高新技术企业补助。截至2021年，市级财政资金累计投入3.02亿元，支持618个项目。

四、绩效情况

截至2021年底，全市在孵企业1999家，累计毕业企业1035家。据不完全统计，全市孵化器中累计上市(挂牌)企业119家[①]，其中主板上市企业2家，新三板企业40家，四板企业84家。作为高新技术企业(以下简称"高企")培育的重要平台，2021年全市孵化器培育高企334家，占全市高企总数的12.7%。据不完全统计，全市孵化器中在孵企业拥有有效知识产权6433

---

① 不含退市和撤销挂牌企业。

件，其中发明专利 1116 件，软件著作权 3018 件，平均每家在孵企业拥有 3.22 件知识产权。全市专业孵化器在孵企业数量为 1314 家，2021 年度培育高企数量 55 家；累计获得投资的在孵企业达到 200 家，累计获得投资总额 17.3 亿元；累计获得融资的在孵企业达到 95 家，累计获得融资总额 3.4 亿元；累计上市(挂牌)企业 48 家，其中主板上市企业 1 家，新三板企业 20 家，四板企业 27 家。

第二节 青岛市科技企业孵化载体发展中存在的问题

一、专业孵化器比例偏低

孵化运营机构"专业不专"的现象突出。全市已认定的各类孵化器中，大多数为综合孵化器，专业孵化器 39 家，仅占孵化器总数的 30.0%，近三年，专业孵化器比例仅提升 0.5 个百分点，略高于全国平均水平，与先进地区尚有一定差距。专业孵化器数量少，导致产业集聚度低，缺少更专业、技术性更强的服务，很难孵化出明星企业。

二、专业孵化管理团队偏少

孵化运营机构管理团队多为"半路出家"，缺少行业积累。很多运营团队本身也是创业者，缺乏孵化载体运营经验，无法为在孵企业提供有效的服务和帮助。2021 年，青岛市科技局先后调查走访了全市 28 家孵化机构，发现不少孵化器运营仍旧存在单位服务形式单一、服务内容有限、服务层次偏低的现象，甚至极个别机构仅提供物业服务。

三、孵化品牌影响力不足

与其他城市先进的孵化器相比，全市孵化器运营机构规模仍旧偏小，整体实力偏弱，品牌效应不明显，缺少类似于中关村科技园、中国开发研究院、创新工场等的大型孵化机构，尚未形成有影响力的本地孵化器品牌或服务品牌，无法形成向外辐射品牌效应。尽管近年引进了部分国内行业头部企业，但其示范带动作用尚未充分显现。

举办私董会、沙龙、论坛、会展、路演等各类活动，提供增值服务，为在孵企业提供资源对接，是提升孵化载体品牌影响力的重要方式。但由于新冠疫情的反复，很多孵化器线下活动规模和数量大幅缩减，虽然通过构建线上社群方式为在孵企业提供资源对接，但取得的效果比线下面对面的方式差了很多。

四、经济效益不高

全市孵化器尚未形成有效的盈利模式，经济效益偏低。孵化器目前收入来源主要是房租、政府补贴、科技服务、项目投资等。根据对国家级和部分省级、市级孵化器的抽样调查，2021 年被抽样的 54 家孵化器中，仅 22 家实现盈利。同时，"吃瓦片"情况普遍存在，孵化器房租及物业收入占到57.41%，综合服务收入仅为 23.3%，投资收入仅为 3.66%。如位于胶州市的某孵化器，靠价格因素吸引企业入驻，为保证正常运营，其主要精力放到租赁收入的及时性，无暇顾及在孵企业发展需求。盈利模式不清晰不仅制约了孵化器自身发展，也使孵化器难以拿出足够的精力去提供更好的服务。

此外，入驻企业资金不足、投资企业业务开展缓慢、投资项目回收周期长，不仅给孵化器造成较大资金困难，也给资源项目对接造成很大障碍。

五、入孵企业融资难

由于入孵企业均为初创期科技中小企业，规模小，无固定资产作为抵押，因此融资贷款较困难。某孵化器近期曾反映，尽管部分银行响应国家政策支持企业融资，推出 E 税贷或者税 E 贷，企业不用抵押就可以贷款，有效缓解了部分企业的融资需求，但是还无法完全满足企业需求，比如孵化器内的某软件企业，营业额 200 多万元，享受软件企业税收减免，因纳税不多，就享受不到 E 税贷或者税 E 贷，银行也没有合适的产品。知识产权质押融资可以解决这个问题，但是操作起来难度较大。受经济形势影响，投天使轮的投资机构很少，给小企业股权融资也造成了不小的难度。

六、政策的指挥棒弱化

随着全市涉及孵化器的政策逐渐到期，孵化器获得的政策支持也在不断减少。2020年以来，孵化器获得的市级财政支持只剩孵化器培育高新技术企业奖励、国家级孵化器认定补助项目，金额仅有1990万元，占孵化器获得市级财政资金总金额的6.58%。而孵化器培育高新技术企业奖励政策也已到期。目前与孵化器相关的政策所剩无几，这使孵化器的积极性有所减弱。与此同时，国内相关副省级城市新一轮孵化器政策中，相关财政支持依旧。

考核可以起到很好的政策引导作用。2019年新修订的孵化器管理办法，从服务能力、孵化绩效与社会贡献、创新发展三个方面，通过18项指标对孵化器运行情况进行考核，并将绩效评价结果作为市财政有关奖补政策兑现的主要依据，但是截至目前只公布了等级而没有奖补政策兑现。这使部分孵化器为了生存，主要精力不再放在科技企业孵化，转而去招引成熟企业入驻。长此以往，必然会导致政策引导性减弱，影响未来新兴产业培育。

第三节　标杆城市孵化载体发展先进经验

一、北京市

为加强科技企业孵化器建设，北京市结合各区重点产业方向，设立专项资金支持建设一批高精尖产业硬科技孵化器，促进创业孵化服务产业做强做大做优。同时，抓住人工智能、自动驾驶、生命科学等前沿技术产业孕育突破的"窗口期"，研究制定专业孵化行动，布局建设一批相关领域的专业型孵化器。"十四五"期间，北京市将规划打造5~10家具有全球影响力的标杆型孵化器。

二、深圳市

深圳市通过考核推动孵化资源基础化、孵化资本密集化、孵化流程链条化、服务行为职业化、服务要素生态化、孵化过程定制化。市科技部门根据考核结果对孵化机构进行奖励补助。同时，鼓励多形式、多样化孵化模式，形成了中国科技开发研究院的"创业孵化+天使投资+资本运营"、南山区创客孵化中心"创客平台—硬件供应商—企业孵化器（众筹平台）—市场"、"产业园区+创新孵化器+产业基金+产业联盟"等一系列各具特色的孵化模式。

三、杭州市

杭州聚力实施大孵化器战略，推进科创园区、孵化器、众创空间等孵化载体建设，促进创新链、产业链、人才链、资金链、政策链"五链"集成，通过搭建平台，提供"研发、孵化、加速、产业化"全流程链式培育；重视体系建设，实现产业协同、科技金融等全方位服务保障；关注全要素供给，持续深化创新生态建设，为全域各类"双创"活动提供了有力支撑。

第四节 青岛市科技企业孵化载体发展对策建议

一、推进专业孵化器培育

围绕全市产业发展需求，根据在孵企业聚焦的技术领域，充分利用科技创新体系的现有创新平台，构建针对性强的研发服务平台，提升孵化器专业孵化水平，引导科技企业孵化器向专业化过渡，推动在孵企业产业化能力和竞争力提高，形成在孵企业的优势产业集群，为区域新动能提供原动力。

二、加强孵化职业化队伍建设

鼓励行业协会、孵化器与高校合作建立人才培养基地，开展高层次的学历教育，为专业孵化器的发展储备人才，引导高校优秀毕业生进入孵化运营机构，促进专业孵化人才成长。支持社会化专业机构开展孵化服务从业人员不同层次培训，培养有企业家精神和专业技术背景的孵化器领导者。建立针对孵化器运营的导师队伍，帮助孵化器运营加速成长。

三、培育本地化孵化器品牌

本地孵化器往往是各类创新创业服务活动的主体。加快推进区域孵化器的品牌建设，结合其定位，围绕其集聚的创新资源、服务的核心产业链条，以及企业孵化培育机制特点，总结提炼品牌内涵，建立推广品牌形象，扩大影响力，形成示范效应。

四、完善孵化生态网络

引导运营机构聚合孵化、技术转移、人才、金融、知识产权、财务、法律等机构的服务资源，按照企业成长生命周期演化进程，不断探索涵盖项目初创、组织构建、融资需求、商业运营、后续支持等环节在内的全过程全链条孵化生态网络，推动孵化机构明晰盈利模式，实现转型发展，为全市高质量发展提供良好的创新服务生态保障。

五、充分发挥行业协会作用

为更好地服务于孵化器以及入孵企业发展，应充分发挥孵化器协会桥梁纽带作用，完善孵化器协会管理制度，多方位地整合全市孵化服务资源，总结推广孵化器典型案例，发挥协会组织、协调、交流等服务功能。加强与其他区域和全国孵化器协会之间的沟通合作，促进孵化服务资源的交互共享。增强区域内孵化器的共同治理能力，实现行业的自我约束、自我管理。

六、加大政策支持

深入研究政策作用机制，以孵化器专业化发展为导向，围绕技术转移、公共服务平台、科技金融、人才引进等方面的需求，借鉴先进城市发展经验，研究完善促进各类孵化载体发展的政策措施，保证孵化政策延续性，将孵化器运营服务与科技创新券推广应用相结合，并进行动态的跟踪管理，以增强政策普惠性、连贯性和协同性。

第八章
2022年青岛市科技企业孵化载体发展报告[①]

2023年,青岛市深化制度创新,聚焦繁荣创新创业生态,深化"众创空间—科技企业孵化器—加速器—科技园区"孵化链条建设,夯实孵化创新根基,加快孵化载体提质增效,提升科技创新创业服务能力,科技孵化产业呈现出"精准聚焦、量稳质优"的发展局面。

第一节 青岛市科技企业孵化载体发展现状

一、总体状况

截至2022年底,全市已认定各级孵化机构239家。其中,孵化器131家,众创空间108家,载体空间面积总计188.75万平方米。孵化器中包括国家级21家,省级2家,市级37家,区级71家,载体空间面积共161.54万平方米;众创空间108家(国家级70家,省级2家,市级5家,区级31家),载体空间面积共27.21万平方米。

2022年,青岛市入选国家级孵化器1家、省品牌孵化载体13家,获批省科技企业孵化链条试点2个,新增市级标杆孵化器7家。

二、区域分布

从区域分布来看,科技企业孵化器和众创空间实现全域覆盖。

[①] 除特别注明外,本章数据均来自青岛市科技局、青岛市科技企业孵化器协会。

孵化器中,国家认定21家、省级2家、市级37家、区(市)级71家。数量排前三位的是李沧区26家,高新区18家,西海岸新区16家(见图8-1)。

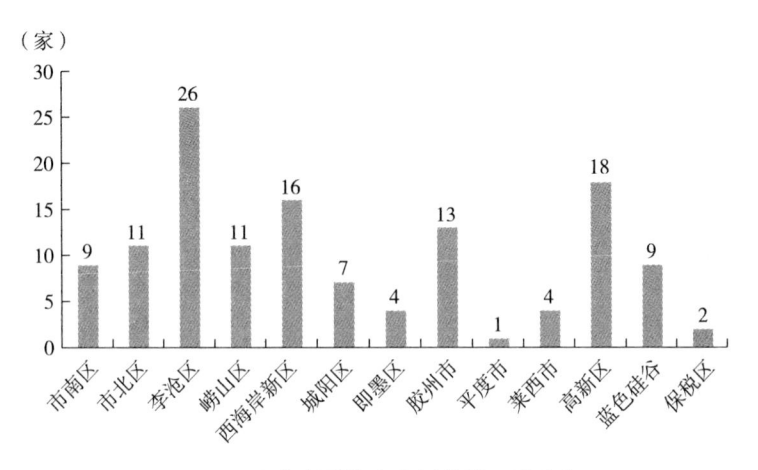

图8-1 青岛市科技企业孵化器区域分布

众创空间中,国家认定70家、省级2家、市级5家、区(市)级31家。数量排前两位的是李沧区和高新区16家,崂山区和西海岸新区15家(见图8-2)。

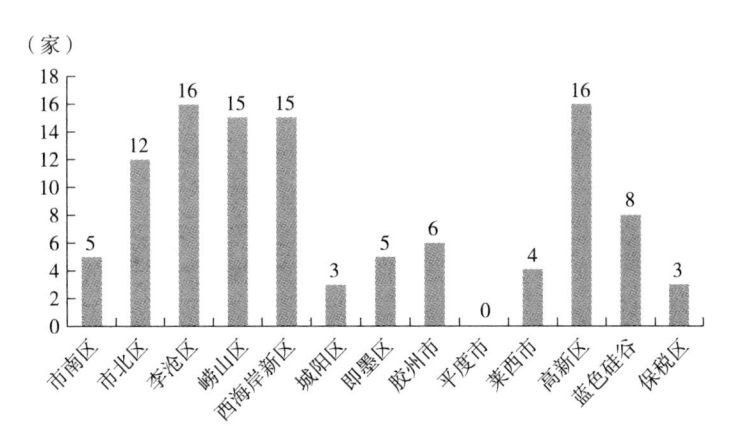

图8-2 青岛市众创空间区域分布

三、类别分布

目前,全市孵化器中综合型孵化器95家,占孵化器总数的72.5%,专类孵化器 36 家,占孵化器总数的 27.5%。专业型孵化器产业领域主要集中在电子信息、生物医药、新材料、节能环保等领域。

四、运营主体分布

从运营主体来看,全市孵化器运营主体国有企业 29 家、民营企业 92 家、事业单位 8 家、民办非企业单位(以下简称"民非")2 家,企业化运作的孵化器占孵化器总数的 92.4%。众创空间运营主体国有企业 13 家、民营企业 85 家、事业单位 6 家、民非 3 家、其他 1 家,企业化运作的众创空间占总数的 90.7%。市场力量和社会资本已成为各类孵化载体投资建设和创业服务主力军。

第二节 青岛市科技企业孵化载体产出绩效情况

青岛市科技企业孵化器协会对会员单位中 60 家市级及以上孵化器(以下简称"孵化器")2022 年运营情况进行了调查,结果如下:

一、培育企业情况

孵化器内各类科技型中小企业总数达到 6265 家,其中入驻企业数 4752 家,在孵企业数 885 家,毕业企业数 628 家。2022 年,孵化器新增入库科小企业 966 家,在孵企业当年新增入库科小企业 354 家。

孵化器中,国家级孵化器内各类科技型中小企业总数达到 2943 家,其中入驻企业数 2361 家,在孵企业数 293 家,毕业企业数 289 家。2022 年,国家级孵化器新增入库科小企业 445 家,在孵企业当年新增入库科小企业 102 家。

省级孵化器内各类科技型中小企业总数达到 214 家,其中入驻企业数 170 家,在孵企业数 27 家,毕业企业数 17 家。2022 年,国家级孵化器新增入库科小企业 33 家,在孵企业当年新增入库科小企业 10 家。

市级孵化器内各类科技型中小企业总数达到 3108 家,其中入驻企业数 2221 家,在孵企业数 565 家,毕业企业数 322 家。2022 年,国家级孵化器新增入库科小企业 488 家，在孵企业当年新增入库科小企业 242 家。

表 8-1 所示为孵化器培育企业情况。

表 8-1　孵化器培育企业情况　　　　　　　单位：家

指标	合计	国家级	省级	市级
企业数	6265	2943	214	3108
入驻企业数	4752	2361	170	2221
在孵企业数	885	293	27	565
毕业企业数	628	289	17	322
当年新增科小企业数	966	445	33	488
当年新增在孵科小企业数	354	102	10	242

二、投融资情况

孵化器内在孵企业获得股权融资企业 111 家，获得股权融资额为 7.68 亿元。2022 年新增股权融资企业 6 家。孵化器内在孵企业获得债权融资企业 42 家，债权融资金额达到 1.47 亿元。2022 年新增债权融资企业 5 家，新增债权融资 2073 万元。孵化器内现有主板上市企业 1 家，中小板上市企业 2 家，科创板上市企业 1 家，新三板上市企业 4 家。2022 年新增新三板上市企业 1 家。

三、企业拥有知识产权情况

孵化器内各类企业拥有有效知识产权数累计为 5408 项件，其中发明专利 708 件，实用新型专利 1568 件，外观专利 173 件，软件著作权登记 2852 项。国家级孵化器内各类企业拥有有效知识产权数累计为 2492 项件，其中发明专利 310 件，实用新型专利 1021 件，外观专利 124 件，软件著作权登记 1033 项。省级孵化器内各类企业拥有有效知识产权数累计为 215 项件，其中发明专利 143 件，实用新型专利 23 件，外观专利 1 件，软件著作权登记 45 项。市级孵化器内各类企业拥有有效知识产权数累计为 2701 项件，其中发明专利 255 件，实用新型专利 524 件，外观专利 48 件，软件著作权登记 1774 项（见图 8-3、表 8-2）。

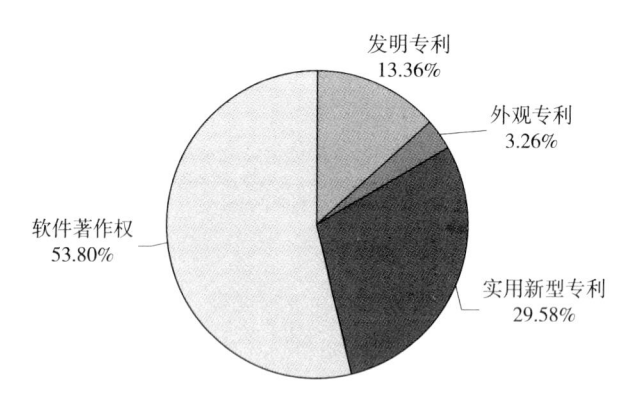

图 8-3　孵化器内企业知识产权构成

表 8-2　孵化器内各类企业拥有有效知识产权情况　　单位：项件

指标	合计	国家级	省级	市级
知识产权数	5408	2492	215	2701
发明专利	708	310	143	255
实用新型专利	1568	1021	23	524
外观专利	173	124	1	48
软件著作权	2852	1033	45	1774

四、科技和就业情况

孵化器内各类企业获得科技立项 128 项，科技奖励数 54 项，申报各类人才培养项目 73 个。孵化器内各类企业获得财政奖补 3086.71 万元。截至 2022 年底，孵化器内企业就业人数 45.76 万人。

五、创新创业服务团队与活动情况

孵化器运营机构管理团队人数达到 511 人，导师团队规模达到 1051 人。2022 年，孵化器举办创新创业活动达到 1281 次，品牌特色工作数量达到 769 次（见表 8-3）。第十一届中国创新创业大赛（青岛赛区）暨首届"引凤莱栖"创新创业大赛中获得一、二、三等奖及优秀奖的 49 家企业中，孵化器内企业就占到了 23 家，占获奖企业数量的比例达到 46.94%，接近一半的水平。

表 8-3　孵化器创新创业服务团队与活动情况

指标	合计	国家级	省级	市级
创新创业大赛获奖(项)	11	10	1	0
管理团队数(人)	511	267	25	219
导师团队数(人)	1051	413	25	613
创新创业活动数(次)	1281	494	0	787
品牌特色工作数(次)	769	543	0	226

六、经济效益

火炬统计显示，2022年，孵化器运营机构总收入达到8.75亿元，其中综合服务收入1.43亿元，房租及物业收入5.27亿元，投资收入1956万元，其他收入1.86亿元，净利润1.57亿元(见图8-4)。

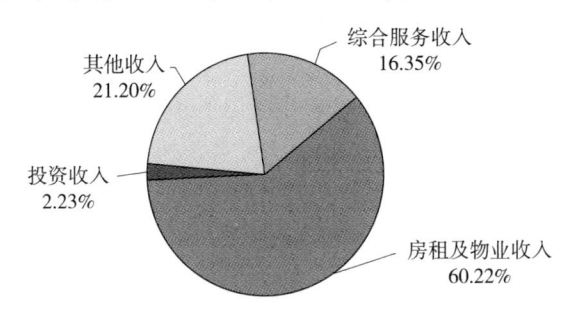

图 8-4　青岛市科技企业孵化器内企业知识产权构成

孵化器内入驻企业经济效益表现良好。针对参与2021年青岛市科技企业孵化器绩效评价的49家孵化器的统计显示，孵化器内入驻企业销售收入达到604.62亿元，上缴税金1.63亿元。

第三节　青岛市科技企业孵化活动特点

一、"双创"政策供给夯实发展底气

重点聚焦"国际化"和"创新型"两个维度，高标准编制国际化创新型城市《青岛市打造国际化创新型城市五年规划(2022—2026年)》和《青岛市打造国际

化创新型城市三年行动方案(2022—2024)》,通过实施"七大计划"、推进"八大工程",深度对接全球创新链、产业链、人才链,进一步增强科技创新策源功能。

出台《青岛市实施"硕果计划"加快促进科技成果转移转化的若干政策措施》,从科技成果转化供给、需求、服务、保障四个方面提出16条具体举措。这其中,既有制度创新的支撑,又有"真金白银"的支持,以此推动全市科技成果转化活跃度和技术转移能力明显提升。

发布《青岛市高新技术企业培育库入库工作实施方案》,明确了企业申请入库所需满足的条件、入库程序、奖补举措、管理方式等。722家企业纳入2022年度青岛市高新技术企业培育库。

青岛市科技局会同青岛市财政局、中国人民银行青岛市中心支行制定印发了《青岛市科技金融投(保)贷融资模式实施细则》。通过持续优化投(保)贷融资模式,放宽业务范围,加码支持力度,让更多科技型企业获得更多的政策红利。

二、创新创业服务体系日臻完善

为进一步推动全市孵化器提升服务能级和孵化绩效,构建全链条创业孵化服务生态,青岛市科技局修改制定了《青岛市标杆孵化器管理办法》。根据《青岛市标杆孵化器管理办法》,标杆孵化器分为引领型和成长型两类。其中,引领型标杆孵化器是指聚焦本市主导产业和新兴产业,集聚培育产业链上下游企业,集成孵化加速功能,为企业提供全生命周期服务,并已取得良好社会效益和经济效益的孵化器;成长型标杆孵化器是指聚焦特色产业领域,形成专业孵化服务能力,经济贡献快速增长,孵化绩效显著的孵化器。2022年评选引领性标杆孵化器4家,成长性标杆孵化器3家(见表8-4)。

表8-4 2022年青岛市标杆孵化器

序号	所在区(市)	标杆孵化器类别	孵化机构名称
1	市北区	引领型标杆孵化器	橡胶谷国家级科技企业孵化器
2	李沧区	引领型标杆孵化器	青岛国际院士产业加速器
3	城阳区	引领型标杆孵化器	青岛天安数码城科技企业孵化器
4	高新区	复核型标杆孵化器	青岛市工业技术研究院
5	市北区	成长型标杆孵化器	青岛生物科技创新园孵化器
6	西海岸新区	成长型标杆孵化器	哈尔滨工程大学青岛船舶科技园
7	蓝色硅谷核心区	成长型标杆孵化器	青岛蓝谷创业中心

资料来源:笔者整理。

青岛市创新创业服务体系建设紧紧围绕产业发展需求,借助打造特色孵化载体,助力企业培育、产业孵化。2022 年,围绕高新区生物医药及医疗器械产业发展需求,以康复大学(筹)建设为契机,青岛市建设了首家专业康复领域专业孵化器,以"康创 100"服务品牌为基础,依托大学、产业研究院、投资基金、银行、产业联盟,搭建"政产学研金用"合作对接桥梁,构建起从科技成果供给、成果转化、企业孵化、成长直至上市的完整培育链条。截至 2022 年底累计入驻项目 24 个。

随着孵化服务体系的日臻完善,孵化链条建设取得成效,2 家单位获批省科技企业孵化链条试点,分别为青岛市工业技术研究院为建设主体的青岛生物医药及医疗器械(康养特色)科技企业孵化链条、哈尔滨工程大学青岛船舶科技有限公司为建设主体的哈尔滨工程大学青岛船舶科技园科技企业孵化链条。

三、科技金融缓解投融资难题

创新手段推动科技金融服务科技企业,降低科技企业信贷融资门槛,为科技企业融资提供可行的解决方案,以改善企业投融资环境。推广投(保)贷融资模式和白名单企业两项金融服务。推动科技金融投(保)贷业务量增面扩,将投资机构"股权投资"与银行机构"信贷投放"相结合,以企业与投资机构达成投资协议或认股承诺为前提,通过投贷、投保贷、跟贷等多元组合,为科技型中小微企业提供融资支持,在国家投贷联动试点基础上探索新的融资模式。完善创新型企业金融服务"白名单"工作机制,组织银行机构对"白名单"企业开展常态化走访对接,提供"一企一策"差异化融资服务。通过以上科技金融产品等业务,助力企业融资超 680 亿元。与中国银行、青岛农商银行、人保财险等金融机构建立战略合作,推动五年新增融资支持额度 450 亿元。

打造科技金融特派员队伍,搭建各类金企对接平台,为企业提供定制化辅导和融资服务,科技金融特派员达 300 名,累计走访园区 750 家次,服务企业 4200 余家,帮助企业融资 140 亿元以上。

四、"双创"大赛营造良好文化环境

举办第十一届中国创新创业大赛(青岛赛区)暨首届"引凤莱栖"创新创业大赛,共有 614 家企业报名参赛,青岛赛区 389 家、深圳赛区 206 家。项目覆盖新一代信息技术、生物医药、新材料、新能源、高端装备制造、节能环保等与青岛市经济发展高度契合的新兴产业领域。本届决赛参赛创新项目 190

个，最终 49 家企业获奖。

举办 2022 年全国颠覆性技术创新大赛青岛赛区领域赛，本次大赛聚焦高端装备制造、未来网络与通信、新材料三大领域，旨在突出颠覆性技术创新、加强颠覆性技术供给、培育颠覆性创新文化、探索颠覆性技术"发现—遴选—培育"机制，汇集了 111 个来自全国的颠覆性技术项目。

第四节　未来科技孵化服务的发展思路

一、完善孵化载体管理政策

强化顶层设计，组织修订《青岛市科技企业孵化器管理办法》，继续推动孵化载体提质增效，加快专业孵化器建设，继续建设一批成长型、引领型标杆孵化器，完善创新服务生态，强化孵化链条后端建设，推进科技园区提升工程，构建要素高效融通的"双创"微生态，让科技"双创"成为城市发展最强劲的内生动力。

二、加强科技企业梯次培育

继续深入实施"沃土计划"，以孵化载体为抓手，推进科技型中小企业、高企培育，完善"高企育苗—高企认定—高企上市"梯次培育体系，构建量质并举、有序成长的科技型企业发展梯队。采取"线下+云上"多元化方式推进企业研发机构建设。推广"云端研发"模式，打造云端研发智造工厂，赋能中小企业技术产业化、规模化。

三、加速科技成果转移转化

继续深入实施"硕果计划"，围绕重点产业谋划搭建中试熟化平台。完善推进驻青岛高校院所科技成果转化举措，做实高校院所技术转移联合办公室，建立专业化技术经纪人队伍和市场化服务机制，完善科技成果评价体系。

参考文献

[1] Acma M Q. Productivity and Performance Evaluation of SME Sector in Bangladesh: Evidence from The Historical Data[J]. Journal of Islamic Finance and Business Research, 2015, 3(1): 14-22.

[2] Čepel M, Stasiukynas A, Kotaskova A, et al. Business Environment Quality Index in The SME Segment[J]. Journal of Competitiveness, 2018(2): 21-40.

[3] Huang X, Binqing C A I, Yalin L I. Evaluation Index System and Measurement of High-quality Development in China[J]. Revista De Cercetare Si Interventie Sociala, 2020(68): 163-178.

[4] Lan J, Chengjun W, Wei Z. Retracted Article: Investigation of the Evaluation System of SMESs' Industrial Cluster Management Performance Based on Wireless Network Development[J]. EURASIP Journal on Wireless Communications and Networking, 2019 (1): 1-7.

[5] Liu J, Zhang L, Zhang N. Analyzing The South-North Gap in The High-Quality Development of China's Urbanization[J]. Sustainability, 2022, 14(4): 2178.

[6] Singh M P, Chakraborty A, Roy M, et al. Developing SME Sustainability Disclosure Index for Bombay Stock Exchange (BSE) Listed Manufacturing SMEs in India[J]. Environment, Development and Sustainability, 2021, 23(1): 399-422.

[7] Sohn S Y, Kim H S, Moon T H. Predicting The Financial Performance Index of Technology Fund for SME Using Structural Equation Model[J]. Expert Systems with Applications, 2007, 32(3): 890-898.

[8] Xiao J, Hu D. Construction and Empirical Study of The Evaluation Index System for High-quality Development of Marine Economy in Guangdong Province Based on Five New Development Concepts[C]//Journal of Physics: Conference Series. IOP Publishing, 2020, 1629(1): 012030.

[9] Yadav V, Jain R, Mittal M L, et al. The Propagation of Lean Thinking

in SMEs[J]. Production Planning & Control，2019，30(10-12)：854-865.

[10] Yang Y，Ren L，Du Z，et al. Measurement and Spatiotemporal Analysis of High-qualityDevelopment of China's Industry[J]. PLOS ONE，2021，16(12)：1-25.

[11] 蔡凤凰. 以数位经济活络创新创业之发展[J].[台]经济前瞻，2017(171)：121-128.

[12] 陈偲. 美国小企业融资服务体系建设[J]. 理论导报，2016(6).

[13] 陈兆录. 民营经济的发展趋势及战略转型研究[J]. 黑龙江科技信息，2013(8)：170.

[14] 池仁勇. 中国中小企业景气指数研究报告[M]. 北京：经济科学出版社，2011.

[15] 杜宇，黄成，吴传清. 长江经济带工业高质量发展指数的时空格局演变[J]. 经济地理，2020(8)：96-103.

[16] 付朋霞，刘青松. 中小企业高质量发展评价体系构建[J]. 信息通信技术与政策，2020(5)：83-86.

[17] 高波，秦学成. 中小企业可持续发展能力的评价体系与方法[J]. 统计与决策，2017(8)：178-181.

[18] 辜胜阻，李俊杰，郑凌云. 我国民营经济的发展趋势和战略转型[J]. 宏观经济研究，2006(1).

[19] 何红光，张玉军. 基于生态位理论的中小企业转型升级能力评价模型[J]. 企业经济，2013，32(5)：13-17.

[20] 何磊. 新一代信息技术产业发展新趋势：数字、智能、跨界、融合[EB/OL].（2019-09-27）[2021-07-17］. https：//www.sohu.com/a/330149807_100017659.

[21] 何盛宝，王红秋. 新形势下我国化工行业发展的几点思考[J]. 石油科技论坛，2020，39(2)：13-20.

[22] 洪宇，马成文. 我国经济高质量发展指数构建与测度[J]. 统计与决策，2020，36(13)：21-25.

[23] 李梦欣，任保平. 新时代中国高质量发展指数的构建、测度及综合评价[J]. 中国经济报告，2019(5)：49-57.

[24] 林园春. 创新创业服务生态链形成机制与优化策略[J]. 中州学刊，2017(7)：25-30.

[25] 刘瑞，郭涛. 高质量发展指数的构建及应用——兼评东北经济高质量发展[J]. 东北大学学报(社会科学版)，2020，22(1)：31-39.

[26] 刘霞,赵宇萱. 区域创新创业服务体系的建设研究[J]. 价值工程,2016(1):97-99.

[27] 卢现祥. 从三个制度维度探讨我国民营经济发展[J]. 学术界,2019(8):52-65.

[28] 牛多佳,戴川. 市场机制下的科技创新创业服务模式研究——深圳[R]. 2015.

[29] 潘莉. 服务业高质量发展指数研究与实证分析[J]. 统计科学与实践,2019(3):36-39.

[30] 齐岳,刘婧仪,吕良. 科技中小企业科技金融效益指数研究——以天津市为例[J]. 科技管理研究,2018,38(24):64-71.

[31] 前瞻产业研究院. 2019年中国新一代信息技术产业市场分析:三大发展趋势分析,市场投资潜力巨大[EB/OL]. (2019-03-13)[2021-07-17]. https://bg.qianzhan.com/report/detail/458/190313-b62daaca.html.

[32] 钱志新,吕小峰,范鹏,等. 国家创新型城市建设的体系、工程与评价[J]. 现代管理科学,2012(11):3-5.

[33] 桑大伟,张杰盛. 上海创业生态环境发展现状与展望[J]. 中国国情国力,2017(3):49-52.

[34] 上海市经济委员会. 世界服务业重点行业发展动态[M]. 上海:上海科学技术文献出版社,2017.

[35] 深圳市华鼎科技发展战略研究院,深圳市综合创新生态体系建设研究[R]. 2013.

[36] 沈智慧. 武汉市民营经济发展SWOT分析[J]. 商场现代化,2020(15).

[37] 孙明增. 新时代民营经济当有新作为[J]. 红旗文稿,2019(2):23-25.

[38] 王明杰. 主要发达国家城市创新创业生态体系建设比较研究——以德国、美国、英国、法国为例[J]. 行政论坛,2016,23(2):99-104.

[39] 王培海. 中小企业成长指数研究[J]. 企业科技与发展,2020(9):189-190,193.

[40] 王曙光. 民营经济可持续高质量发展靠什么[J]. 人民论坛,2020-01-04.

[41] 王艳. 新冠肺炎疫情对民营经济高质量发展的影响及对策研究[J]. 管理评论,2020,32(10):13-23.

[42] 王艳华. 江苏消费高质量发展指数测度研究[J]. 南京工程学院学报(社会科学版),2018,18(3):64-70.

[43] 吴凤菊. 江苏省中小企业政策景气指数的现状及原因分析[J]. 当代

经济，2016(1)：64-67.

[44] 谢延钊，郝寿义.科技型中小企业创新指数评价体系研究[J].现代管理科学，2015(4)：67-69.

[45] 徐振强.德国"工业4.0"科技园区创新创业生态体系研究——基于对柏林州Adlershof科技园的案例研究[J].中国名城，2015(11)：38-49.

[46] 杨嘉懿.中国新时代民营经济发展的指导理论[J].湖北社会科学，2019(7)：40-46.

[47] 佚名.美国小企业信心指数持续回升，经济预计稳步复苏[J].中国贸易救济，2015(17)：32.

[48] 臧志彭，解学芳.全球文化创意产业上市公司发展报告[M].北京：中国社会科学出版社，2019.

[49] 张宝文.我国民营经济发展的战略转型与对策[J].现代企业，2019(3)：23，40.

[50] 张新芝，杨娟，黄秋梅.我国支持民营企业发展政策的演变特征及其经验分析[J].改革与战略，2019(10)：55-65.

[51] 张震，刘雪梦.新时代我国15个副省级城市经济高质量发展评价体系构建与测度[J].经济问题探索，2019(6)：20-31，70.

[52] 赵德友，邱玲，徐委乔.中国省区市高质量发展指数测度模型及结果分析[J].市场研究，2018(11)：15-26.

[53] 赵杰.基于支持向量机的中小企业自主创新能力评价指标识别[J].科技和产业，2019，19(5)：1-5.

[54] 中国信息通信研究院.全球数字经济新图景(2019年)[R].2019.

[55] 中国中小企业协会.中国中小企业发展指数(SMEDI)指标解释[EB/OL].(2022-03-03)[2022-03-17].https://www.ca-sme.org/category/Category/list/cid/364.

[56] 周科.我国中小企业指数综述和评析[J].国际金融，2017(2)：55-64.

[57] 朱卫东，周菲，魏泊宁.新时代中国高质量发展指标体系构建与测度[J].武汉金融，2019(12)：18-26.

附录

附录(一) 2019~2021年青岛民营经济工作大事记

2019年

2019年1月，青岛市民营经济发展局正式揭牌成立。

2019年3月，青岛市民营经济(中小企业)发展工作领导小组成立。

2019年4月，青岛市"送政策进民企"巡回宣讲活动启动。

2019年4月，"胶州湾对接深圳湾"民营中小企业行动计划启动，并赴深圳开展首场创新发展系列活动。

2019年5月，青岛市人民政府主办"APEC优化中小企业营商环境研讨会"

2019年5月，《关于建立服务民营经济发展协作机制的意见》出台。

2019年6月，《青岛市民营经济政策一本通》发放。

2019年7月，《青岛市壮大民营经济攻势作战方案(2019—2022年)》发布。

2019年8月，青岛政策通平台(一期)正式上线启用。

2019年8月，青岛市民营经济专家咨询委员会成立。

2019年8月，"聚民企智慧、促青岛发展"民营经济创意会举办。

2019年8月，青岛市民营和中小企业创投风投促进中心成立。

2019年9月，2019"创客中国"(青岛赛区)暨第五届"市长杯"华通资本创业家中小企业创新大赛总决赛收官。

2019年11月，2019青岛市民营和中小企业区块链技术与行业应用分享会举办。

2019年12月，《青岛市培育和奖励隐形冠军企业、专精特新"小巨人"企业、瞪羚企业、独角兽企业实施方案(2019—2022年)》发布。

2019年12月，知识产权助力企业创新发展——2019创新能力义诊服务活动收官。

2020 年

2020 年 2 月,《青岛市民营和中小企业疫情防控及抓复工保经营政策指导汇编》发布。

2020 年 3 月,青岛市"市长杯"大赛赛后综合培育启动。

2020 年 4 月,青岛市"工业互联网大讲堂"活动举办。

2020 年 5 月,《青岛市推进民营企业创意创新工作实施方案》发布。

2020 年 6 月,《青岛市世界工业互联网之都建设工程中小企业三年行动计划》发布。

2020 年 6 月,《青岛市民营和中小企业服务导航(2020 版)》纸质书和电子书发布。

2020 年 7 月,首季民营经济创意会创意创新项目评审会召开。

2020 年 8 月,"2020 青岛中小企业国际采购暨合作洽谈会·云上展洽会"举办。

2020 年 9 月,2020"创客中国"(青岛赛区)暨第六届"市长杯"中小企业创新大赛收官。大赛现场首度发布了《青岛市"市长杯"中小企业创新大赛创新力报告》。

2020 年 9 月,《关于进一步做好中小微企业政策性转贷工作的通知》印发。

2020 年 11 月,从该年开始,将每年 11 月 1 日定为"青岛企业家日",11 月的第 1 周定为"青岛企业家宣传周"。

2020 年 11 月,"一带一路"(青岛)中小企业合作区获工信部批复。

2020 年 12 月,青岛政策通平台二期正式上线。

2021 年

2021 年 2 月,"抓项目落地、促企业扎根"青岛市促进民间投资政策宣讲活动启动。

2021 年 3 月,《青岛市民营和中小企业发展促进办法》正式实施。

2021 年 3 月,"2021 年青岛市工业互联网赋能中小企业首场应用对接活动"举办。

2021 年 4 月,"创客中国"(青岛赛区)暨第七届"市长杯"·海创汇·中小企业创新创业大赛正式启动。

2021 年 4 月,《青岛市民营和中小企业政策一本通(2021 版)》发布。

2021 年 6 月,《青岛市民营和中小企业政策一本通(2021 版)》电子书上线。

2021 年 8 月,第七届"市长杯"·海创汇·中小企业创新创业大赛城市邀请赛——以色列特拉维夫市专场开启。

2021年8月,《青岛市优化营商环境创新案例专报》刊登《建设"青岛政策通"打造便捷高效的政策兑现服务平台》。

2021年9月,组建了覆盖全市的企业政策服务专员队伍。

2021年9月,青岛市民营经济发展局等承办"第三届全球独角兽企业500强大会"。

2021年10月,青岛入选国家发展改革委首批支持民企发展改革典型做法推广城市。

2021年11月,青岛政策通平台三期正式上线。

附录(二) 2021年中国民营企业500强相关统计

附表1 2021年中国民营企业500强部分副省级城市入围企业

地区	序号	企业名称	排名	营业收入(亿元)
杭州	1	阿里巴巴(中国)有限公司	5	6442.08
	2	浙江吉利控股集团有限公司	11	3256.19
	3	浙江荣盛控股集团有限公司	13	3086.09
	4	浙江恒逸集团有限公司	18	2660.76
	5	万向集团公司	51	1267.38
	6	中天控股集团有限公司	54	1206.53
	7	传化集团有限公司	64	1117.32
	8	杭州锦江集团有限公司	111	788.98
	9	网易(杭州)网络有限公司	122	736.67
	10	广厦控股集团有限公司	129	683.11
	11	巨星控股集团有限公司	151	620.29
	12	浙江富冶集团有限公司	158	590.63
	13	富通集团有限公司	186	509.57
	14	浙江明日控股集团股份有限公司	204	485.48
	15	杭州娃哈哈集团有限公司	227	439.82
	16	浙江新湖集团股份有限公司	259	395.32
	17	金田阳光投资集团有限公司	263	391.76
	18	华东医药股份有限公司	308	336.83
	19	杭州东恒石油有限公司	333	317.84
	20	西子联合控股有限公司	340	312.86
	21	浙江东南网架集团有限公司	346	308.54
	22	百世物流科技(中国)有限公司	361	299.95
	23	杭州滨江房产集团股份有限公司	378	285.97
	24	海外海集团有限公司	390	278.17

续表

地区	序号	企业名称	排名	营业收入(亿元)
杭州	25	华立集团股份有限公司	392	277.58
	26	浙江协和集团有限公司	398	276.05
	27	浙江富春江通信集团有限公司	410	270.18
	28	西子国际控股有限公司	413	266.71
	29	泰地控股集团有限公司	415	265.36
	30	浙江大华技术股份有限公司	419	264.66
	31	兴惠化纤集团有限公司	422	263.22
	32	胜达集团有限公司	431	258.17
	33	浙江中南建设集团有限公司	446	252.58
	34	浙江宝利德股份有限公司	474	242.73
	35	浙江国泰建设集团有限公司	477	242.01
	36	浙江建华集团有限公司	490	238.83
深圳	1	华为投资控股有限公司	1	8913.68
	2	正威国际集团有限公司	4	6919.37
	3	腾讯控股有限公司	6	4820.64
	4	万科企业股份有限公司	8	4191.12
	5	比亚迪股份有限公司	39	1565.98
	6	顺丰控股有限公司	40	1539.87
	7	阳光保险集团股份有限公司	60	1149.80
	8	龙光集团	76	1006.79
	9	前海人寿保险股份有限公司	85	938.73
	10	立讯精密工业股份有限公司	89	925.01
	11	神州数码集团股份有限公司	91	920.60
	12	振烨国际产业控股集团(深圳)有限公司	103	810.51
	13	富德生命人寿保险股份有限公司	108	795.22
	14	深圳市怡亚通供应链股份有限公司	130	681.20
	15	深圳市神州通投资集团有限公司	140	642.00
	16	深圳海王集团股份有限公司	144	633.97
	17	佳兆业集团(深圳)有限公司	169	557.70
	18	研祥高科技控股集团有限公司	187	509.57

续表

地区	序号	企业名称	排名	营业收入（亿元）
深圳	19	欧菲光集团股份有限公司	207	483.50
	20	心里程控股集团有限公司	218	453.81
	21	深圳金雅福控股集团有限公司	245	410.22
	22	深圳传音控股股份有限公司	278	377.92
	23	创维集团有限公司	288	358.62
	24	金发科技股份有限公司	297	350.61
	25	深圳市铜锣湾商业发展有限公司	323	325.22
	26	深圳市信利康供应链管理有限公司	352	304.44
	27	欣旺达电子股份有限公司	366	296.92
	28	深圳理士电源发展有限公司	458	248.51
	29	深圳华强集团有限公司	494	237.89
苏州	1	恒力集团有限公司	3	6953.36
	2	江苏沙钢集团有限公司	17	2667.92
	3	盛虹控股集团有限公司	19	2652.37
	4	亨通集团有限公司	57	1170.06
	5	江苏永钢集团有限公司	75	1009.69
	6	协鑫集团有限公司	78	1003.90
	7	江苏国泰国际集团股份有限公司	172	556.38
	8	通鼎集团有限公司	222	451.19
	9	澳洋集团有限公司	264	391.64
	10	江苏中利控股集团有限公司	269	386.22
	11	攀华集团有限公司	309	336.31
	12	波司登股份有限公司	316	328.85
	13	永鼎集团有限公司	317	328.71
	14	苏州金螳螂企业(集团)有限公司	329	319.22
	15	华芳集团有限公司	337	315.02
	16	东华能源股份有限公司	370	290.82
	17	苏州东山精密制造股份有限公司	387	280.93
	18	常熟市龙腾特种钢有限公司	402	273.87
	19	中亿丰建设集团股份有限公司	404	272.10

续表

地区	序号	企业名称	排名	营业收入（亿元）
苏州	20	江苏吴中集团有限公司	427	260.71
	21	震雄铜业集团有限公司	433	257.09
	22	雅鹿集团股份有限公司	456	249.13
	23	长江润发集团有限公司	460	247.31
	24	东方恒信资本控股集团有限公司	466	245.83
	25	江苏东渡纺织集团有限公司	475	242.56
	26	阿特斯阳光电力集团有限公司	478	241.90
广州	1	广东鼎龙实业集团有限公司	47	1346.23
	2	唯品会（中国）有限公司	73	1018.58
	3	奥园集团有限公司	93	883.52
	4	广州富力地产股份有限公司	97	858.92
	5	雅居乐地产置业有限公司	106	802.45
	6	广东海大集团股份有限公司	156	603.24
	7	雪松大宗商品供应链集团有限公司	223	446.42
	8	广东圣丰集团有限公司	236	428.33
	9	广州市时代控股集团有限公司	271	382.24
	10	金发科技股份有限公司	297	350.61
	11	合景泰富集团控股有限公司	364	297.42
	12	广州市方圆房地产发展有限公司	368	294.18
	13	欧菲光集团股份有限公司	207	483.50
	14	广州中色物联网有限公司	417	265.00
	15	广州华多网络科技有限公司	437	255.93
	16	广州立白凯晟控股有限公司	449	251.85
	17	广州美涂士投资控股有限公司	459	247.54
宁波	1	雅戈尔集团股份有限公司	68	1048.11
	2	宁波金田投资控股有限公司	69	1038.20
	3	中基宁波集团股份有限公司	110	791.32
	4	奥克斯集团有限公司	126	706.43
	5	浙江前程投资股份有限公司	133	662.03
	6	远大物产集团有限公司	159	586.03

续表

地区	序号	企业名称	排名	营业收入（亿元）
宁波	7	宁波均胜电子股份有限公司	209	478.90
	8	宁波富邦控股集团有限公司	239	421.76
	9	得力集团有限公司	273	380.49
	10	舜宇集团有限公司	275	380.02
	11	利时集团股份有限公司	294	351.73
	12	上海韵达货运有限公司	312	335.00
	13	太平鸟集团有限公司	325	322.76
	14	宁波申洲针织有限公司	326	322.24
	15	宁波博洋控股集团有限公司	412	267.74
	16	中哲控股集团有限公司	420	264.13
成都	1	新希望控股集团有限公司	27	2180.80
	2	通威集团有限公司	88	926.35
	3	蓝润集团有限公司	125	710.00
	4	四川科伦实业集团有限公司	250	404.27
	5	成都蛟龙港(成都蛟龙投资有限责任公司、成都蛟龙经济开发有限公司)	443	254.50
青岛	1	海尔智家股份有限公司	28	2097.26
	2	青建集团股份公司	132	666.32
	3	新华锦集团	286	361.62
	4	利群集团股份有限公司	409	271.26
	5	青岛世纪瑞丰集团有限公司	473	243.23

附表2 2021年中国民营制造业企业500强部分副省级城市入围企业

地区	序号	企业名称	排名	营业收入（亿元）
杭州	1	浙江吉利控股集团有限公司	5	3256.19
	2	浙江荣盛控股集团有限公司	6	3086.09
	3	浙江恒逸集团有限公司	11	2660.76
	4	万向集团公司	27	1267.38
	5	杭州锦江集团有限公司	55	788.98
	6	巨星控股集团有限公司	77	620.29

续表

地区	序号	企业名称	排名	营业收入(亿元)
杭州	7	浙江富冶集团有限公司	83	590.63
	8	富通集团有限公司	100	512.36
	9	杭州娃哈哈集团有限公司	127	439.82
	10	华东医药股份有限公司	178	336.83
	11	西子联合控股有限公司	197	312.86
	12	浙江东南网架集团有限公司	201	308.54
	13	华立集团股份有限公司	219	277.58
	14	浙江协和集团有限公司	223	276.05
	15	浙江富春江通信集团有限公司	229	270.18
	16	西子国际控股有限公司	232	266.71
	17	兴惠化纤集团有限公司	237	263.22
	18	胜达集团有限公司	243	258.17
	19	农夫山泉股份有限公司	283	232.08
	20	柳桥集团有限公司	329	188.23
	21	顾家集团有限公司	339	177.16
	22	回音必集团有限公司	405	130.65
	23	杭州永盛集团有限公司	426	121.36
	24	浙江正凯集团有限公司	464	109.97
	25	万向钱潮股份有限公司	470	108.82
	26	浙江航民实业集团有限公司	483	106.15
苏州	1	恒力集团有限公司	2	6953.36
	2	江苏沙钢集团有限公司	10	2667.92
	3	盛虹控股集团有限公司	12	2652.37
	4	亨通集团有限公司	30	1170.06
	5	江苏永钢集团有限公司	39	1009.69
	6	协鑫集团有限公司	41	1003.90
	7	通鼎集团有限公司	123	451.19
	8	澳洋集团有限公司	150	391.64
	9	江苏中利控股集团有限公司	153	386.22
	10	攀华集团有限公司	179	336.31

续表

地区	序号	企业名称	排名	营业收入（亿元）
苏州	11	波司登股份有限公司	182	328.85
	12	永鼎集团有限公司	183	328.71
	13	华芳集团有限公司	195	315.02
	14	苏州东山精密制造股份有限公司	216	280.93
	15	常熟市龙腾特种钢有限公司	226	273.87
	16	震雄铜业集团有限公司	244	257.09
	17	雅鹿集团股份有限公司	256	249.13
	18	长江润发集团有限公司	260	247.31
	19	江苏东渡纺织集团有限公司	268	242.56
	20	阿特斯阳光电力集团有限公司	269	241.90
	21	苏州市相城区江南化纤集团有限公司	428	120.17
	22	香塘集团有限公司	441	117.12
	23	好孩子儿童用品有限公司	486	105.54
深圳	1	华为投资控股有限公司	1	8913.68
	2	正威国际集团有限公司	3	6919.37
	3	比亚迪股份有限公司	21	1565.98
	4	立讯精密工业股份有限公司	48	925.01
	5	深圳海王集团股份有限公司	72	633.97
	6	研祥高科技控股集团有限公司	101	509.57
	7	欧菲光集团股份有限公司	112	483.50
	8	心里程控股集团有限公司	120	453.81
	9	深圳传音控股股份有限公司	158	377.92
	10	创维集团有限公司	163	358.62
	11	欣旺达电子股份有限公司	208	296.92
	12	深圳理士电源发展有限公司	258	248.51
	13	华孚控股有限公司	297	219.49
	14	深圳迈瑞生物医疗电子股份有限公司	305	210.26
	15	深圳市兆驰股份有限公司	311	201.86
	16	深圳市大疆创新科技有限公司	315	201.39
	17	瑞声科技控股股份有限公司	345	171.40